“十二五”职业教育国家规划教材
经全国职业教育教材审定委员会审定
普通高等教育“十一五”国家级规划教材
普通高等教育精品教材

21世纪高职高专规划教材·工商管理系列

管理沟通实务

（第四版）

主编　王建民　副主编　王翘楚

GUANLI GOUTONG SHIWU

中国人民大学出版社
·北京·

图书在版编目（CIP）数据

管理沟通实务/王建民主编. —4 版. —北京：中国人民大学出版社，2015. 1
21 世纪高职高专规划教材. 工商管理系列
ISBN 978-7-300-20545-8

Ⅰ. ①管… Ⅱ. ①王… Ⅲ. ①管理学-高等职业教育-教材 Ⅳ. ①C93

中国版本图书馆 CIP 数据核字（2014）第 312891 号

"十二五"职业教育国家规划教材
经全国职业教育教材审定委员会审定
普通高等教育"十一五"国家级规划教材
普通高等教育精品教材
21 世纪高职高专规划教材 · 工商管理系列
管理沟通实务(第四版)
主　编　王建民
副主编　王翘楚
Guanli Goutong Shiwu

出版发行	中国人民大学出版社		
社　　址	北京中关村大街 31 号	**邮政编码**	100080
电　　话	010－62511242(总编室)		010－62511770(质管部)
	010－82501766(邮购部)		010－62514148(门市部)
	010－62515195(发行公司)		010－62515275(盗版举报)
网　　址	http://www. crup. com. cn		
	http://www. ttrnet. com(人大教研网)		
经　　销	新华书店		
印　　刷	中煤（北京）印务有限公司	**版　　次**	2005 年 12 月第 1 版
规　　格	185 mm×260 mm　16 开本		2015 年 1 月第 4 版
印　　张	12. 75	**印　　次**	2019 年 7 月第 9 次印刷
字　　数	313 000	**定　　价**	26. 00 元

前言

管理离不开沟通，沟通是各种技能中最富有人性化的一种技能。无数事实证明，良好的企业必然存在良好的管理沟通，良好的管理沟通是实现企业目标的基本保证。正如美国著名未来学家奈斯比特指出的那样："未来的竞争是管理的竞争，竞争的焦点在于每个社会组织内部成员之间及其与外部组织的有效沟通上。"也正因为如此，国内外许多企业纷纷开始重视对管理者沟通技能的培养和训练，许多大学或商学院也都相继开设了管理沟通课程，并把它纳入工商管理专业乃至财经类专业的必修课和主干课程之中。

本书第一版、第二版、第三版出版后，得到了许多院校师生和企业管理人员的肯定和欢迎，已发行了数万册，我们作为多年从事高职教学教改的教师为之感到欣慰和鼓舞，在此特向关注本教材的读者和同行们表示诚恳的谢意。在本次修订中，根据广大教师、学生和企业界人士反馈的宝贵意见，在内容和形式上作了大幅度修改，一方面删减了教材中过于抽象的内容，使教材更加精炼和实用；另一方面增加了互动性内容，使教材更具有可读性和趣味性。具体有以下特点：一是注重技能训练。通过课堂互动、案例分析、情景模拟等众多互动式模块，培养和训练学生的沟通技能。二是内容精练实用。在内容选择上不追求知识的完整性和系统性，而追求对学生基本管理沟通能力的培养和训练。三是以学生为主体。通过大量的参与性内容设计，让学生成为教学活动的主体，使学生借助教材能够积极、自主地学习。四是强调针对性。在内容选择和编写风格上，针对高职高专学生的接受能力和特点，力求做到理论精练实用，技能训练具有可操作性，内容难易程度适中。

高职教育是以职业技能为导向的教育，在内容设计上，本教材打破了过去按知识体系设计内容的方式，坚持按完成工作任务所需要的能力来设计内容。根据高职教育的特点和管理沟通课程的性质，本教材共设计了 7 大能力、8 章内容，分别是：沟通与管理沟通（知识铺垫），人际沟通（人际沟通能力），组织沟通（组织沟通能力），口头表达（口头表达能力），书面沟通（书面沟通能力），非语言沟通（非语言沟通能力），倾听技巧（倾听能力）和团队沟通（团队沟通能力）。每一大类能力中又包含一些具体技能，如组织沟通能力中包含与下级沟通的能力、与上级沟通的能力、与同级沟通的能力以及与外部沟通的能力等。在内容编排上，本教材采取了"情景任务设计—知识技能目标—必备知识技能—能力训练"的模块化设计，将能力培养贯穿于课程内容的始终，从而实现了知识学习与能力提升的有机统一。

本教材是“十二五”职业教育国家规划教材和普通高等教育“十一五”国家级规划教材，又是2009年教育部精品教材和2006年北京市精品教材。本教材主要作为高职高专工商管理类专业学生学习的教材，同时也可作为企业管理人员培训教材和普通高等教育的教材或教学参考书。

本教材由王建民任主编，王翘楚任副主编，参加编写和修订工作的还有刘艳、黄志远。其中，第一章、第三章、第五章、第七章由王建民编写，第二章、第四章由王翘楚编写，第六章由刘艳编写，第八章由黄志远编写。全书由王建民统稿。韩泽民、谭俊峰、闫丛立、曹炳政为教材的编写做了大量资料收集工作。

本教材在编写过程中参考和引用了部分国内外有关研究成果与文献资料，得到了中国人民大学商学院汪星明教授、李宝山教授的大力帮助与支持，中国人民大学出版社牛晋芳编辑也为本书的修订和出版付出了许多辛劳与努力，在此一并表示衷心感谢！

由于作者水平有限，书中难免存在错误或遗漏之处，恳请广大读者批评指正。

王建民

2014年11月

目　录

第一章 沟通与管理沟通

情境任务设计

案例情景

吉拉德的经历

吉拉德是美国汽车销售大王。他讲了一件自己亲身经历的卖车经历。一次，吉拉德向一位顾客推销汽车，过程十分顺利。谈妥生意，顾客开始很骄傲地谈起了考上密歇根大学的儿子。这时，另一位推销员跟吉拉德谈起昨天的篮球赛，吉拉德一边津津有味地和同事说笑，一边伸手去接车款。不料顾客却突然掉头而走，连车也不买了。吉拉德冥思苦想了一天，仍不明白顾客为什么对已经挑选好的汽车突然放弃了。夜里 11 点，他终于忍不住给顾客打了一个电话，问清了原委。

问题思考：

顾客为什么会掉头而走？你认为沟通中应遵守哪些原则？

学习任务

1. 根据所学知识，归纳总结聊天与沟通的区别及联系。

2. 根据你的认识和理解，总结沟通中应遵循的基本原则。

3. 请对自己进行深刻的反思与剖析，总结出你在与别人的沟通过程中经常存在哪些问题，并把这些问题列在表 1—1 中，然后与同桌交流，商讨这些问题该怎么解决。

表 1—1

在沟通中自身存在的问题	解决办法

知识技能目标

知识目标

通过学习本章内容，学生应掌握：

- 沟通的基本内涵；
- 沟通的过程及构成要素；
- 沟通的基本原则；
- 沟通的主要类型；
- 正式沟通渠道与非正式沟通渠道；
- 管理沟通的作用与功能。

技能目标

通过学习本章内容，学生应能够：

- 把握沟通障碍产生的环节和原因；
- 采取正确的对策克服沟通障碍；
- 正确运用管理沟通的基本方法；
- 掌握管理沟通的有效策略和技巧。

必备知识技能

第一节　沟通概述

一、沟通的基本内涵

沟通是各种技能中最富有人性化的一种技能。社会就是由人互相沟通所形成的网络。沟通渗透于人们的一切活动之中，是流注人类全部历史的水流，不断延伸人们的感觉和信息渠道。人们已经习惯于生活在沟通的汪洋大海中，很难设想，要是没有沟通，人们该怎样生活。所谓沟通，就是发送者与接收者之间为了一定目的、运用一定符号，所进行的信息传递与交流的过程。

从沟通的定义可以看出，沟通过程涉及沟通主体（发送者和接收者）和沟通客体（信息）的关系以及信息发送者为影响接收者而使用的语言或非语言的行为。在沟通过程中，信息以怎样的方式被传送，又如何传递给接收者，接收者如何解读信息，信息最终以怎样的方式被理解，都与沟通过程中主体的语言行为息息相关。具体来说，要正确理解沟通的含义，可以从下述几点来把握。

（一）沟通是信息的传递与交流

如果信息和想法没有传递到接收者，那么也就没有沟通的发生。沟通中传递的信息包罗万象，不仅包括一般事实，而且还包括思想、情感、价值观、意见和观点等。沟通过程中，发送者把要传送的信息“编码”成符号传递给接收者，接收者则在收到后进行相反的“解码”过程。传递信息要完整，即既要传递事实，又要传递发送者的价值观及个人态度，只有这样才能达到有效的沟通。

（二）沟通成功的关键在于信息被充分理解

有效的沟通，意味着信息不仅被传递，而且还要被理解。我们知道，无论多么伟大的思

想，如果不传递给他人或被他人理解，都是毫无意义的。最理想的沟通应该是信息经过传递后，接收者所感知的信息与发送者发出的信息完全一致。但是在现实生活中，由于信息是一种无形的东西，是一些符号，每个人对同一符号的理解和认识不同，由此导致了不少沟通问题和障碍。因此，在沟通过程中，只有传递的信息被充分理解，才能达到沟通的目的。

（三）有效的沟通在于双方能准确理解彼此的意图

在现实生活中，不少人认为，有效的沟通就是让别人接受自己的观点。实际上，沟通并不一定要使对方完全接受你的观点，但一定要使对方完全明白你的观点。也就是说，对方可以只是准确地理解你所说的意思而不同意你的看法。沟通双方能否达成一致意见，对方是否接受你的观点，并不仅仅取决于沟通是否有效，它还涉及双方根本利益是否一致、价值观念是否相似等其他关键因素。只要沟通过程中双方能准确理解彼此的意图，就是有效沟通。

（四）沟通是一个双向动态的反馈过程

每天我们都在与他人进行各种各样的沟通，但并不能说每个人都是成功的沟通者，也并不是每一次沟通都能成功。这是因为沟通不是一个纯粹单向的活动。有时你已经告诉对方你所要表达的信息，但这并不意味着对方已经与你沟通了，如果接收者并未对你发出的信息作出反馈，那么就没有达成沟通。所以，有效的沟通必然是一个双向互动的反馈过程，这种反馈并非一定要通过语言表现出来，接收者也可以其表情或目光、身体姿势等形式将信息反馈给传递者，从而使发送者得知接收者是否接收与理解其所发出的信息，并了解接收者的感受。

二、沟通的过程和要素

（一）沟通的过程

沟通过程就是发送者将信息通过一定的渠道传递给接收者的过程。该沟通过程涉及发送者与接收者、通道与噪音、反馈等要素，并包括两个“黑箱操作”子过程：一个是发送者对信息的编码过程，另一个则是接收者对信息的解码过程。这两个子过程之所以被视为“黑箱”过程，是因为我们无法监测而且难以控制这两个过程，它们是人脑的思维和理解过程。前者是反映事实、事件的数据和信息如何经过发送者的大脑处理、理解并加工成双方共知的语言的过程，而后者是接收者如何运用已有的知识，将其还原成事实、事件的过程。沟通过程如图 1—1 所示。

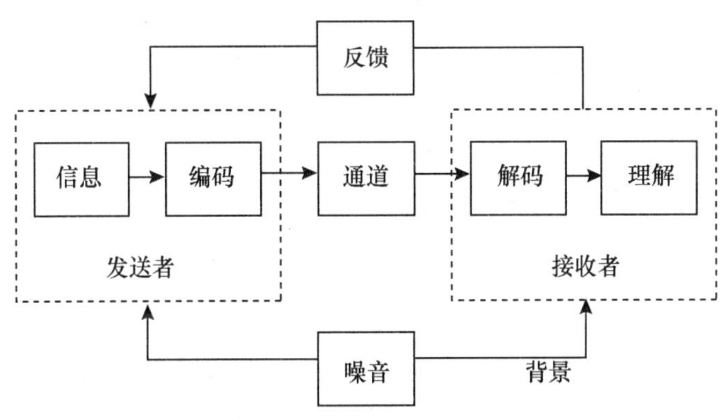

图 1—1　沟通过程模型图

沟通的具体步骤如下：

第一步，发送者获得某些观点或事实（即信息），并且有传送出去的意向。

第二步，发送者将其观点、事实以言辞来描述或以行动来表示（即编码），力求不使信息失真。

第三步，信息通过某种通道传递。

第四步，接收者由通道接收到信息符号。

第五步，接收者将获得的信息解码，转化为其主观理解的意思。

第六步，接收者根据他理解的意思加以判断，以采取不同的反应行为。

由此看出，一个看起来简单的沟通过程事实上包含着许多环节，这些环节都有可能产生沟通的障碍，从而影响沟通目的的实现。现在可以理解，为什么每天我们都有可能遇到一例因沟通而出现的误解、尴尬甚至是矛盾和冲突。

（二）沟通的要素

1. 发送者与接收者

沟通的主体是人，任何形式的信息交流都需要有两个或两个以上的人参加。由于人与人之间的信息交流是一种双向的互动过程，所以，把一个人定义为发送者而把另一人定义为接收者，这只是相对而言，这两种身份可能发生转换。在信息交流过程中，发送者的功能是产生、提供用于交流的信息，是沟通的初始者，处于主动地位；而接收者则被告知事实、观点或被迫改变自己的立场、行为等，所以处于被动地位。发送者和接收者这种地位对比的特点对于信息交流的过程有着重要影响。

2. 编码与解码

编码是发送者将信息转换成可以传输的信号的过程。这些信号或符号可以是文字、数字、图画、声音或身体语言。编码是信息交流过程中极其关键的一环。若此环节出现问题，那么整个信息交流过程就会变得混乱不堪。如果编码的信号不清楚，将会影响接收者对信息的理解。毫无疑问，人们所拥有的语言水平、表达能力和知识结构，对于将自己的思想、观点、感情等进行编码的能力，起着至关重要的作用。评价发送者的编码能力有三个标准：一是认知，即“对不对”的问题；二是逻辑，即“通不通”的问题；三是修辞，即“美不美”的问题。

解码就是接收者将获得的信号翻译、还原为原来的含义。它可能是将信息由一种语言翻译为另一种语言，也可能是理解他人点点头或眨眨眼的意思。在解码过程中，接收者需要利用自己具备的知识、经验以及文化背景，才能使获得的信号转换为正确的信息。如果解码错误，信息将会被误解或曲解。沟通的目的就是希望接收者对发送者所发出的信息作出真实的反应及采取正确的行动，如果达不到这个目的，就说明沟通不灵，产生了沟通障碍。

编码和解码的两个过程是沟通成败的关键。最理想的沟通，应该是经过编码与解码两个过程后接收者形成的信息与发送者发送的信息完全吻合，也就是说，编码与解码完全“对称”.“对称”的前提条件是双方拥有类似的知识、经验、态度、情绪和感情等。如果双方对信息符号及信息内容缺乏共同经验，则容易缺乏共同的语言，那么就无法达到共鸣，从而使编码、解码过程不可避免地出现误差和障碍。

3. 信息

如果说发送者和接收者是沟通活动的主体，那么信息就是沟通传递的客体。接收者并不能直接探知发送者内心的思想和观点，他只有通过接收发送者传递的信息来理解对方真正的意图。而在沟通过程中，人们只有通过“符号—信息”的联系才能理解信息的真正含义，由于不同的人往往有着不同的“符号—信息”系统，因而接收者的理解有可能与发送者的意图存在偏差。

4. 通道

通道是发送者把信息传递到接收者那里所借助的媒介物。口头交流的通道是声波，书面交流的通道是纸张，网上交流的通道是互联网，面对面交流的通道是口头语言与身体语言的共同表现。在管理活动中，对通道的选择必须尽可能符合信息的性质。例如，传达政府工作报告，就不宜通过口头形式而应采用正式文件作为通道；邀请朋友吃饭，宜采用备忘录，如果采用正式通知的形式就显得不伦不类；而员工绩效评估结果的公布，如采用口头表达的形式就会失去其严肃性与权威性，这时宜用书面形式。正确选用恰当的通道对有效的沟通十分重要。然而，在各种通道中影响力最大的仍是面对面的原始沟通方式。因为它可以最直接地发出及感受到彼此对信息的态度与情感，因而，即使是在通信技术高度发达的美国，总统大选时候选人也总是不辞辛苦地四处奔波去选民面前演讲。

5. 背景

背景就是指沟通所面临的总体环境，这种环境可以是物质环境，也可以是非物质环境。任何形式的沟通都必然受到各种环境因素的影响。沟通的背景通常包括以下几个方面：

(1) 心理背景。心理背景是指沟通双方的情绪和态度。它包括两方面内容：一是沟通者的心情和情绪。沟通者处于兴奋、激动状态时与处于悲伤、焦虑状态时的沟通意愿和行为是截然不同的，后者往往沟通意愿不强烈，思维处于抑制或混乱状态，编码、解码过程也会受到干扰。二是沟通双方的态度。如果沟通双方彼此敌视或关系淡漠，则其沟通常常会由于偏见而出现误差，双方都较难准确理解对方的意思。

(2) 社会背景。社会背景是指沟通双方的社会角色及其相互关系。不同的社会角色关系有着不同的沟通模式。上级可以拍拍你的肩头，告诉你要勤奋、敬业，但你绝不能拍拍他的肩头，告诉他要乐于奉献。因为对应于每一种社会角色关系，无论是上下级关系，还是朋友关系，人们都有一种特定的沟通方式，只有采取与社会角色关系相适应的沟通方式，才能得到人们的认可。但是，这种社会角色关系也往往成为沟通的障碍，如下级往往对上级投其所好、报喜不报忧等，这就要求上级能主动改变、消除这种角色预期带来的负面影响。

(3) 文化背景。文化背景是指沟通者的价值取向、思维模式、心理结构的总和。通常人们体会不到文化背景对沟通的影响。实际上，文化背景影响着每一个人的沟通过程，影响着沟通的每一个环节。当不同文化发生碰撞、交融时，人们往往能较明显地发现这种影响。例如，由于文化背景的不同，东西方在沟通方式上存在着较大的差异：东方人重礼仪、多委婉，西方人重独立、多坦率；东方人多自我交流、重心领神会，西方人少自我交流、重言谈沟通；东方人认为和谐重于说服，西方人认为说服重于和谐。这种文化差异使得不同文化背景下的管理人员在沟通时遇到不少困难。

(4) 物理背景。物理背景指沟通发生的场所。特定的物理背景往往造成特定的沟通气氛。如在能容纳千人的大礼堂进行演讲与在自己的办公室高谈阔论，其气氛和沟通过程是大相径庭的。而在嘈杂的市场听到一则小道消息与接到一个电话特意告知你一则小道消息，给你的感受也是截然不同的，前者显示出的是随意性，而后者体现的却是神秘性。

6. 噪音

噪音就是沟通过程中对信息传递和理解产生干扰的一切因素。噪音存在于沟通过程的各个环节，如难以辨认的字迹、模棱两可的语言、不正确的标点符号、电话中的静电干扰、生产场所中设备的轰鸣声，以及接收者固有的成见、身体的不适、对对方的反感等，都可以成为沟通过程中的噪音。根据噪音的来源，可将它分成三种形式：外部噪音、内部噪音和语义噪音。外部噪音来源于环境，它阻碍人们听到和理解信息。最常见的外部噪音就是谈话中其他声音的干扰，如机器的轰鸣声、小商贩的喊叫声、装修房子的声音等。不过这里所说的外部噪音并不单纯指声音，它也可能指刺眼的光线、过冷或过热的环境等。有时在组织中人们之间不太友好的关系、过于强调等级和地位的组织文化等也是影响有效沟通的“外部噪音”。内部噪音发生在沟通主体身上，比如注意力分散、存在某些信念和偏见等。语义噪音是由人们对词语情感上的拒绝反应引起的，如许多人不喜欢听带有亵渎语言的讲话，因为他们认为这些词语是对他们的冒犯。

7. 反馈

反馈就是将信息返回给发送者，并对信息是否被接受和理解进行核实，它是沟通过程的最后一个环节。通过反馈，双方才能真正把握沟通的有效性。在没有得到反馈之前，发送者无法确认信息是否已经得到有效的编码、传递和解码。如果反馈显示接收者接收到并理解了信息的内容，这种反馈称为正反馈，反之则称为负反馈。通过反馈，信息交流变成一种双向的动态过程。由于反馈能让沟通的主体参与并了解信息是否按他们预计的方式发送和接收、信息是否得到分享，所以它对沟通效果的好坏是至关重要的。在沟通过程中，反馈可以是有意的，也可以是无意的。例如，课堂上教与学的过程是个沟通的过程，学生可以用喝倒彩的方式有意识地反馈出他们对教师讲授内容及教学方式的不满；学生也可以在课堂上显得疲惫、精神不集中，用这种无意间的神情与表情的流露反馈出他们对教师所授内容及教学方式不感兴趣。一个经验丰富的教师善于根据学生的不同反馈对教学过程加以及时调整。

反馈可以检验信息传递的程度、速度和质量。获得反馈的方式有很多种，直接向接收者提问，或者观察接收者的面部表情，都可获得其对传递信息的反馈。但只借助观察来获得反馈还不能确保沟通的效果，将观察接收者与直接提问法相结合能够获得更为可靠、完整的反馈信息。

课堂互动

1. 你用马路旁边的公用电话与朋友联系，请你说出在这一沟通过程中沟通的各个要素是什么。

2. 你通过电子邮件联系国外的朋友，请你说出在这一沟通过程中沟通的各个要素是什么。

三、沟通的原则

（一）尊重性原则

美国心理学家马斯洛（Maslow）把人的需求划分为五个层次，即生理的需求、安全的需求、社会的需求、受人尊重的需求以及自我价值实现的需求。可以说，凡是神志健全的人都有自尊心，都有受人尊重的需要，都期望得到别人的认可、注意和欣赏。这种需要的满足会增强人的自信心和上进心；反之则会使人失去自信，产生自卑，甚至影响其人际交往。因此，在沟通中首先要遵循相互尊重的原则。尊重性原则要求沟通者讲究言行举止的礼貌，尊重对方的人格和自尊心，尊重对方的思想感情和言行方式。这里既包括要善于运用相应的礼貌用语，如称呼语、迎候语、致谢语、致歉语、告别语、介绍语等；也包括遣词造句的谦恭得体、恰如其分，如多用委婉征询的语气；还包括平易近人、亲切自然的态度。当然，对对方的尊重不仅仅表现在沟通形式上，更表现在沟通中所交流的信息和思想观念上，即要把对方放在

平等的地位上，以诚相待，摈弃偏见，讲真话。正如古人所说，要做到“以诚感人者，人亦诚而应”。

（二）简洁性原则

良好的沟通追求简洁，即用最少的文字传递大量的信息。无论对谁，沟通简洁都是一个基本点。每一个人的时间和精力都是有价值的，没有人喜欢不必要的烦琐交谈、没完没了又毫无结果的会议。管理沟通中要针对简洁原则作具体规定，以求达到良好的沟通效果。如宝洁公司对简洁作了规定，交高级经理审阅的文件每份不得超过两页。当然，简洁并不意味着绝对地采用短句子，或者为了简洁而省略重要信息，它是指沟通者的语言运用要重点突出、字字有力。

（三）理解性原则

由于人们在社会上所处的地位不同，其思想观念、性格爱好、心理需要、行为方式、利益关系等也各有差异，所以在沟通中人们对同一事物常会表现出不同的看法、情感和态度，尤其在涉及自身利益的问题上，更会反映出从特定地位和立场出发的价值观念与利益追求，因而必定会给沟通造成许多复杂的矛盾和冲突。如果双方缺乏必要的相互理解，各执一端，互不相让，不仅会导致沟通失败，还会影响双方的感情，一切合作与互助就无从谈起了。理解性原则就是要求沟通者要善于换位思考，要站在对方的处境上设身处地考虑，体会对方的心理状态与感受，这样才能产生与对方趋向一致的共同语言。同时还要耐心、仔细地倾听对方的意见，准确领会对方的观点、依据、意图和要求，这既可以表现出对对方的尊重和重视，也可更加深入地理解对方。

（四）包容性原则

在沟通中难免会发生意见分歧，引起争论，有的还会牵涉个人、团体或组织的利益，如果事无大小，动辄怒气冲冲，双方的心理距离就会越拉越大，正常的沟通就会转化为失去理智的口角，这种后果显然是与沟通的目的相悖的。因此，沟通双方要心胸开阔、宽宏大量，把原则性和灵活性结合起来，只要不是原则性的重大问题，应力求以谦恭容忍、豁达超然的风度来对待各种分歧、误会和矛盾，以诙谐幽默、委婉劝导等与人为善的方式来缓解紧张气氛、消除隔阂。事实证明，沟通中心胸开阔、态度宽容、谦让得体、诱导得法，会使沟通更加顺畅并赢得对方的配合与尊重。

（五）准确性原则

良好的沟通是以准确为基础的。所谓准确，是指沟通所用的符号和传递方式能被接收者正确理解。在沟通中典型的不准确信息有：数据不足，资料解释错误，对关键因素无知，存在没有意识到的偏见，以及对信息的夸张，等等。如果传递的信息不准确、不真实，不仅会给沟通造成极大的障碍，而且还会失去对方的信任和理解。因此，为了保证沟通的准确性，在信息收集过程中应注意选择可靠的信息来源，用准确的语言或精确的数字客观地记录原始信息；在信息加工过程中，应采用科学的方法，尽可能排除人为因素（如加工者的主观偏见、智力或技术水平的不足）对信息内容及其价值的客观性的干扰。

（六）及时性原则

任何信息都是在一定的时空背景下产生的，都有其特定的使用范围；离开特定的时间和控制限制，原本非常重要的信息可能变得毫无价值。坚持沟通的及时性原则，就是要求在信息传递和交流过程中一定注意信息的时效性，既注重传递信息的主要内容，又注意传递信息产生与发挥作用的时间、范围及条件，做到信息及时传递及时反馈，这样才能使信息不因时间问题而失真。

四、沟通的类型

（一）正式沟通与非正式沟通

1. 正式沟通

所谓正式沟通，就是按照组织结构所规定的路线和程序进行的信息传递与交流，如组织间的公函来往、组织内部的文件传达、汇报制度、例会制度等。正式沟通的优点是沟通效果好，有较强的约束力，可使内部各项工作保持一定的权威性。重要的信息和文件、组织的决策等一般都采用正式沟通的渠道传递。其缺点是信息层层传递，沟通速度慢，缺乏灵活性。

2. 非正式沟通

所谓非正式沟通，就是运用组织结构以外的渠道所进行的信息传递与交流，如员工之间的私下交谈、朋友聚会时的议论以及小道消息等。非正式沟通的优点是沟通方便，沟通速度快，能够提供一些正式沟通中难以获得的“内幕新闻”。其缺点是沟通难以控制，传递信息不确切，容易失真，而且还有可能导致小集团、小圈子的滋生，影响组织的凝聚力和人心稳定。

（二）语言沟通与非语言沟通

1. 语言沟通

语言沟通是指利用语言、文字、图画、表格等形式进行的信息传递与交流。它建立在语言文字的基础上，可细分为口头沟通和书面沟通两种形式。研究结果表明，口头与书面混合沟通的效果最好，口头沟通次之，书面沟通最差。

（1）口头沟通。是指运用口头语言进行的信息交流活动，如谈话、演讲、讨论、电话联系等。它是所有沟通形式中最直接的方式。口头沟通的优点是沟通方式灵活多样，简便易行，具有亲切感，信息可以在最短时间内被传送，并能在最短时间内得到对方回复。如果接收者对信息有疑问，信息的迅速反馈可使发送者及时反省所发信息中不够明确的地方并进行改正，有助于双方对问题的了解。其缺点是口说无凭，沟通范围有限，随机性强；口头沟通时所采取的面对面方式会增加沟通双方的心理压力，造成心理紧张，影响沟通效果；此外，在口头传递信息过程中，每个人都以自己的偏好增删信息，从而使信息存在着失真的可能性。

（2）书面沟通。是指运用书面的形式所进行的信息传递和交流，如书信、通知、文件、报刊、备忘录等。其优点是：第一，传播内容不易被歪曲，有利于长期保存，有据可查。一般情况下，发送者与接收者双方都拥有沟通记录，沟通的信息可以长期保存下去，便于事后查询。第二，书面沟通对信息的组织更周密，逻辑性强，条理清楚。书面语言在正式发表之前能够反复修改，直至作者满意，想表达的信息能被充分、完整地表达出来，其他因素对信息传达的影响大大减少。第三，书面沟通的内容易于复制，有利于大规模传播。其缺点是耗费时间较长，不能及时提供信息反馈，沟通效果受文化修养的影响较大，对情况变化的适应性较差等。

2. 非语言沟通

非语言沟通是指借助非正式语言符号（即语言及文字以外的符号系统）所进行的信息传递与交流。一般而言，非语言沟通与语言沟通相互补充，在某种程度上强化了语言沟通的效果，不仅能使沟通双方正确估计到对方要表达的思想和情感，而且往往能引起“他（即对方）是怎样一个人”的猜想。美国心理学家艾伯特·梅拉比安（Albert Mehrabian）经过研究认为：人们在沟通中所发送的全部信息仅有7%是通过语言来表达的，而93%的信息则是通过非语言来表达。非语言沟通的内涵十分丰富，包括身体语言沟通、副语言沟通、物体的操纵

及空间距离等多种形式。

（1）身体语言沟通。这种沟通是通过动态无声的目光、表情、手势语言等身体运动或者是静态无声的身体姿势、衣着打扮等形式来实现的。一个动作、一个表情、一个姿势都可以向对方传递某种信息。人们可以借由面部表情、手部动作等身体姿态来传达诸如攻击、恐怖、腼腆、傲慢、愉快、愤怒等情绪或意图。比如欢乐时手舞足蹈，悔恨时捶胸顿足，惧怕时手足无措，等等。

（2）副语言沟通。这种沟通是通过非语词的声音、语调、语速的变化来实现的信息传递与交流。语音表达方式的变化，尤其是语调的变化，可以使字面相同的一句话具有完全不同的含义。一句话的含义往往不仅取决于其字面的意义，而且取决于它的弦外之音。比如一句简单的口头语——“讨厌”，当音调较低、语气委婉时，“讨厌”表达的是一种撒娇；而当音调升高、语气生硬时，“讨厌”则表达了一种反感和憎恶。

（3）物体的操纵及空间距离。是指人们通过物体的运用和环境布置等手段进行的非语言沟通。日常生活中，客人常常通过观察主人的办公室或住所的房间布置、装饰等，来获得对其性格、爱好等方面的初步认识。

（三）单向沟通与双向沟通

（1）单向沟通。是指信息接收者只接收信息而不向发送者反馈信息的沟通，如发布指示、下达命令、作报告、书面通知等。其优点是信息传递速度快，信息发送者不会受到信息接收者的影响。其缺点是信息发送者与接收者之间没有交流，接收者无论理解还是不理解都必须执行，容易使接收者产生挫折感和抗拒对立情绪；信息的准确性较差；沟通形式比较严肃、呆板。

（2）双向沟通。是指发送者与接收者之间所进行的双向信息传递与交流，如讨论、座谈会、协商、交谈、面谈等。在双向沟通中，发送者和接收者之间的角色不断交换，信息发送者不仅要发出信息，而且还需要听取信息接收者的反馈意见，必要时双方还要进行多次交流，直到双方理解一致为止。双向沟通的优点是沟通信息准确性较高；接收者有反馈意见的机会，容易产生平等感和参与感，增加了其自信心和责任心；有助于增进双方的理解和信任。其缺点是信息传递速度慢，易受干扰，缺乏条理性；在沟通时，信息发送者随时会受到接收者的质询、批评和挑剔，因而有较大的心理压力。

在管理过程中，双向沟通和单向沟通各有不同的作用。一般情况下，在要求接收者准确无误地接收信息，或处理重大问题，或作出重要决策时，适合采用双向沟通。而在强调工作速度和工作秩序，或者例行公务时，适合采用单向沟通。

与单向沟通相比，双向沟通在处理人际关系和加强双方紧密合作方面有着更为重要的作用。因为双向沟通更能激发员工参与管理的热情，有利于组织的发展，因而现代组织的沟通也越来越多地从单向沟通转变为双向沟通。

（四）上行沟通、下行沟通和平行沟通

（1）上行沟通。是指下级向上级反映意见，即自下而上的沟通。只有上行沟通渠道畅通，上级才能掌握全面情况，作出符合实际的决策。上行沟通有两种形式：一是层层传递，即依据一定的组织原则和组织程序逐级向上反映；二是越级反映，即减少中间层次，让一般员工与最高决策者直接沟通。

（2）下行沟通。是指上级对下级进行的自上而下的信息传递和交流，如发布规章制度、下达各种任务、对一些具体问题提出处理意见等。这是领导者向被领导者发布命令和指示的

过程。有关专家认为，这种沟通方式有如下目的：向下属明确组织的目标；传达工作方面的有关指示；加强下属对工作任务的了解；向下属提供工作所需的资料；向下属反馈其工作绩效。

（3）平行沟通。是指组织中各平行部门之间的信息传递与交流。在组织运行过程中，经常会遇到部门之间发生矛盾和冲突的情况。部门之间沟通不力是造成这一现象的重要原因之一。因此，保证部门之间沟通渠道畅通，是减少部门之间冲突的一个重要途径。

（五）人际沟通、组织沟通和跨文化沟通

（1）人际沟通。是指人和人之间所进行的信息和情感的传递与交流。它是组织沟通乃至管理沟通的基础。人际沟通在形成组织规范、协调人际关系、实现组织目标和加强组织领导方面是一个举足轻重的因素。

（2）组织沟通。是指涉及组织特质的各种类型的沟通。它不同于人际沟通，但包括组织内的人际沟通，是以人际沟通为基础的。一般来说，组织沟通又分为组织内部沟通和组织外部沟通。其中，组织内部沟通又可以细分为正式沟通和非正式沟通；组织外部沟通则可以细分为组织与顾客、股东、上下游企业、社区、新闻媒体等之间的沟通。

（3）跨文化沟通。是指发生在不同文化背景下的人们之间的信息和情感的相互传递过程。它是同文化沟通的变体。相对于同文化沟通而言，跨文化沟通要逾越更多的障碍。

（六）直接沟通与间接沟通

（1）直接沟通。是指信息在发送者与接收者之间直接进行的传递与交流，如面对面谈话、电话中直接对话等。其优点是双方可以充分交换意见，获得准确的信息。其缺点是有时受时间、地点等条件的限制。

（2）间接沟通。是指信息在发送者与接收者之间通过第三者进行的传递和交流。其优点是不受时间的限制，应用机会多。其缺点是浪费的人力与时间多，有时会使信息在传递过程中受损或失真，甚至使信息失去使用价值。

课堂互动

在这些沟通类型中，你最常用的沟通类型是什么？在生活中与在工作中最常用的沟通类型有什么不同？

五、沟通渠道

所谓沟通渠道，就是信息在传递与交流时所经过的通道。当人们为解决某个问题或协调人际关系进行沟通时，必然要有相应的沟通渠道。沟通渠道的结构形式不同，对沟通的效率和效果产生的影响也不同。一般来说，按照沟通渠道的性质划分，可以把沟通渠道分为正式沟通渠道与非正式沟通渠道。

（一）正式沟通渠道

正式沟通渠道是指根据组织结构规定的路线和程序，由组织内部的规章制度明确规定进行的信息传递与交流的渠道。例如，组织与组织之间的信函来往，组织内部的文件传达、召开会议、上下级之间的定期情报交换，以及组织正式颁布的法令、规章、公告等，都属于通过正式渠道进行沟通。这种正式渠道一般包括链式、轮式、环式、全通道式和Y式五种结构形式，如图1—2所示。

1. 链式沟通渠道

链式沟通渠道，就是指在一个组织系统中，上下级之间交流信息采取的是上情下达和下

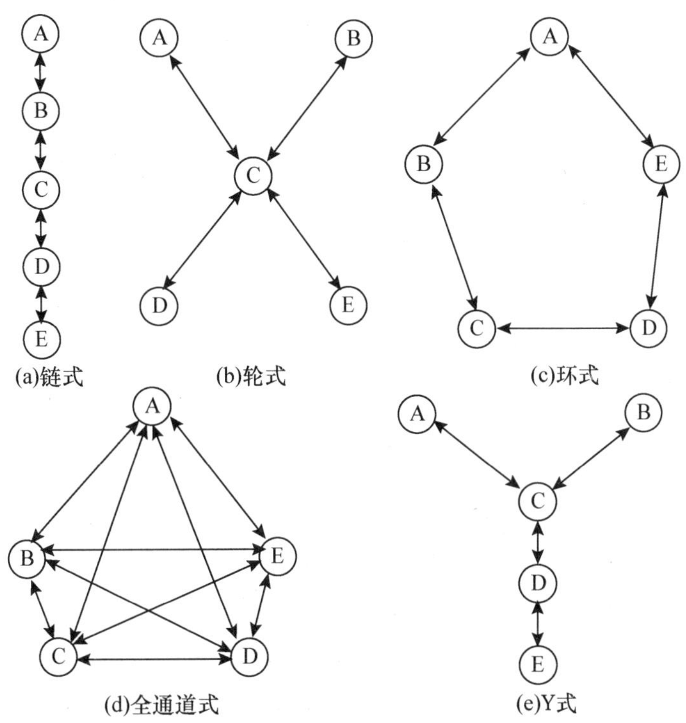

图 1—2　正式沟通渠道

情上报的形式。其优点是信息传递速度快，解决简单问题效率较高。其缺点是：(1) 信息经过层层筛选，容易出现失真现象，使上级不能直接了解下级的真实情况，下级也不能直接了解上级的真实意图；(2) 各层信息传递者接收的信息差异很大，平均满意程度有很大的差距；(3) 处于最低层次的沟通者只能作上行沟通，所接收的信息失真度较大，这易使其心理压力大，产生不满足感；(4) 每个成员的沟通面狭窄，彼此沟通的内容分散，不易形成群体共同意见，最低层次的沟通者与最高层次的沟通者难以沟通，不利于培养群体凝聚力。如果一个组织系统过于庞大，需要实行分层授权管理，链式沟通不失为一种行之有效的方法。

2. 轮式沟通渠道

按轮式沟通渠道沟通，就是指信息沟通通过中间人来进行，其他人只能与中间人进行交流，中间人是各种信息的汇集点与传递中心，起着一种领导、支配与协调的作用。其优点是：权力高度集中；沟通速度快；解决问题精确度高；处于中心地位的领导（即中间人）掌握的信息多，能够汇总全面情况并迅速把自己的意见反馈出去。其缺点是：沟通渠道少；缺乏横向交往，成员之间互不交流，平行沟通不足，不利于提高士气；下属经常被动地接收和传递信息，较少承担责任，不利于发挥下属的主观能动性。采用这种沟通渠道是加强组织控制以及争时间、抢速度的一个有效方法。在某一组织接受了紧急攻关任务，或要求进行严格控制时，采用这种沟通渠道比较合适。

3. 环式沟通渠道

环式沟通渠道可以看成是一个封闭式的控制结构，该结构中的每个人都可以与两侧的人同时进行沟通。其优点是组织内民主气氛较浓，团体成员都具有一定的满意度。其缺点是组织的集中化程度和领导人的预测程度较低，沟通速度较慢，信息分散，往往难以形成中心。如果需要在组织中创造出一种高昂的士气来实现组织目标，采用环式沟通渠道是一种有效的措施。通常组织中的决策机构、咨询机构、研发机构以及小规模工作群体适宜采用环式沟通渠道。

4. 全通道式沟通渠道

全通道式沟通渠道是一个开放式的系统，成员之间能够自由主动地交流信息，通过协商进行决策。其优点是：(1) 渠道高度分散，组织内每一个成员都能同其他成员进行直接交流；(2) 所有成员平等，人们能够比较自由地发表意见，提出解决问题的方案；(3) 沟通者之间全面开放，组织成员平均满足程度较高；(4) 组织内士气高昂，合作气氛浓厚，可充分发挥组织成员的创新精神。其缺点是：(1) 沟通渠道多，容易造成混乱；(2) 对较大的组织不太适用，在一个较大的企业组织中各成员不可能都有面对面接触的机会；(3) 沟通路线的数目会限制信息的接收和传出的能力；(4) 信息传递费时，影响工作效率。民主气氛很浓或合作精神很强的团体、委员会之类的组织机构一般都采用这种沟通模式。

5. Y 式沟通渠道

Y 式沟通渠道，是指在一个组织系统中，从上层领导到中层机构，再到基层部门，最后到基层工作单位的纵向沟通系统。其优点是集中化程度高，较有组织性，信息传递和解决问题的速度都较快，组织控制比较严格。其缺点是信息经过层层筛选，使上级较难了解下级的真实情况，信息被过多的中间环节所控制，可能造成信息失真，给工作带来不良影响。Y 式沟通渠道通常适用于那些规模较大而管理水平不高的组织。

一个组织要达到有效管理的目的，对沟通渠道的选择应视不同的情况而定。如果要求速度快，易于控制，且成员具有较大的自主权与责任感，则轮式沟通较好。如果要求团体有高昂的士气，则环式沟通比较理想。如果组织非常庞大，需要分层授权管理，则链式沟通比较有效。总之，应具体情况具体分析，以确定适当的沟通渠道。

(二) 非正式沟通渠道

非正式沟通渠道是指按照组织结构以外的路线和程序，进行信息传递与交流的渠道。一般来说，非正式沟通渠道的主要形式有单串型、饶舌型、概率型和密集型，如图 1—3 所示。图 1—3 (a) 为单串型，即信息通过一连串的人进行传递，人与人之间的信息传播呈直线式。图 1—3 (b) 为饶舌型，即信息通过一个关键人物向其他所有人进行传播。图 1—3 (c) 为概率型，即信息由一个人按偶然的机会传递给其他人，再由这些人传递给其他人，并无一定的中心人物，选择性较弱。图 1—3 (d) 为密集型，即在沟通过程中可能有几个中心人物有选择地把信息传递给其他人。

管理学家认为，任何一个组织，无论设计了多么合适的正式沟通渠道，但也总会存在非正式沟通渠道在起作用。因此，为有效地达到目标，管理者应该像利用正式沟通渠道那样利用非正式沟通渠道，既要正视它的存在，又要正确利用它，用其所长，避其所短，让其为达到组织目标服务。

但是也必须看到，非正式沟通渠道一般是以口头方式进行的，不留证据，不负责任，且传播速度快，一旦发生之后，很难加以控制，因此常被某些居心不良的人利用，如故意捏造一些无中生有的消息来破坏领导的威信，破坏集体的团结或瓦解组织的士气，等等。因此，管理者必须对非正式沟通渠道加以引导，对好的传闻善于利用，对恶意的传闻妥善处理，既要有效利用正式沟通渠道来发挥沟通的功能，使非正式沟通渠道减到最少，又要注意培养良好的人际关系，发挥和衷共济的精神，形成高度的凝聚力，使破坏性的谣言无法滋长。

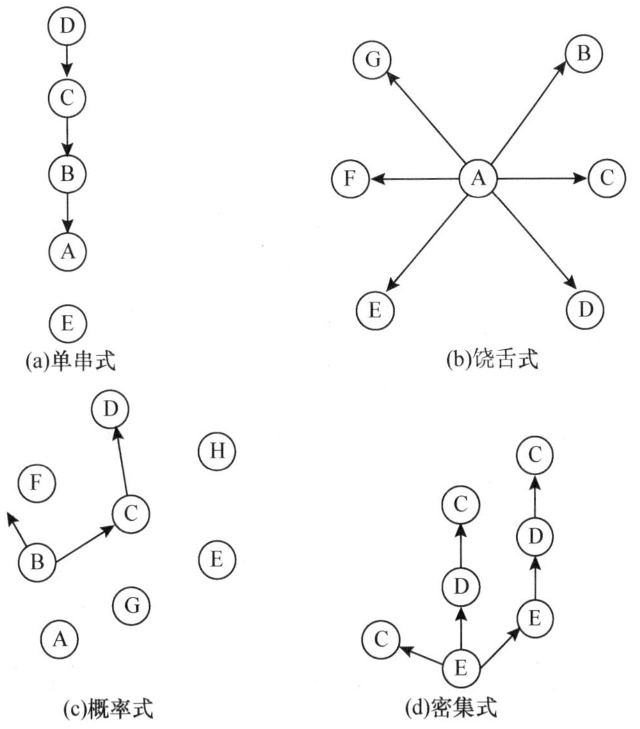

(a)单串式 (b)饶舌式 (c)概率式 (d)密集式

图 1—3 非正式沟通渠道

六、有效控制小道消息

(一) 小道消息的传播特点和影响

如果认为人们只是从正式的渠道获得信息，那就太天真了。研究显示，每六个信息中几乎有五个是以小道消息形式传送的。一项研究调查了人们之间传递小道消息的特点，其一就是其传播速度比大多数正式系统要快。有些信息在正式公布之前甚至还在准备阶段就已被传播出去。例如一个经理要跳槽，在他办好调离手续之前已有 87%的员工知道了此事，平均说来，每个传话者要向七八个人传递消息，但有意思的是，只有 11%的员工承认自己传播过这条消息。

小道消息通常在以下情况出现和盛行：一是该信息对人们极为重要，关系到切身利益；二是现实令人有模糊感；三是现实情形令人焦虑；四是组织或群体之间不透明和存在竞争；五是管理失误或欠缺造成了损失；六是组织处于变革和危机时期。总之，当人们只能从正式渠道获得一点点支离破碎的信息而又非常想了解信息时，小道消息就显示出它的力量来。

小道消息在组织沟通中不可能被杜绝。它具有双重作用：积极的一面是，作为非正式沟通的一种，它可以弥补正式沟通系统的不足。它反映了员工们关心和焦虑的内容，是员工对组织的政策和管理的反馈，同时也反映了潜在的问题；有时它则是人们之间表达关怀、缩短距离、缓解压力的表示。消极的一面是，它有可能摧毁正式沟通系统。传播错误的小道消息不仅破坏正常的沟通渠道，还可能伤害某些特定对象，或者影响组织的整体绩效。若人们完全依赖这一方式来沟通，那么组织的正式沟通系统将无法运作。

(二) 控制小道消息的方法

管理者可以采取一些策略来降低小道消息的消极影响，使组织的沟通系统更为有效。

（1）不予理会。许多受小道消息困扰的人和组织选择不做任何事，让时间使谣言不攻自破。公共关系专家有时也提倡采取这种方法。因为反谣言行动可能会助长谣言的气焰并给组织带来负面的压力，许多人本来不关注谣言，而反谣言行动反倒使人们注意谣言了。

(2) 尽快告知事实。信息内容被了解后传播的速度最快，尤其当涉及朋友和同事时，人们会传递更多并且丰富了传言。因此，不管是解雇、升迁还是停职等信息，必须让员工尽早知道真相，如果他们无法从公司的正式渠道获得信息，就会去传播或接收小道消息。

(3) 直接说明某些决策或计划的保密性。不要遮掩、躲避，这或许不能减少谣言，但比让人们胡乱猜测更好些。有可能的话，明确公开进行决策的时间表，以减少人们的焦虑。

(4) 教育员工认识传播小道消息的不良影响。举行讲习会或讨论会，对员工进行教育，使员工了解谣言产生的原因、对组织的影响与控制谣言的方法。

(5) 设立行动计划，让管理人员针对小道消息传播者进行必要的沟通，沟通时应特别注意技巧。以下是一套使企业摆脱小道消息的行动计划表，此计划包含四个步骤：

第一，如果小道消息只限于组织内部流传，则向每个员工发送备忘录，阻止员工士气的下落，防止小道消息传出公司。备忘录以对话的方式撰写，避免严厉的官僚口气，因为那样会使人们失去兴趣并产生不信任感。

第二，如果发送备忘录无效，可让中层管理者召开员工会议来沟通信息，以杜绝对小道消息的谈论。会议最好不要由员工不认识的高层主管主持，以免员工产生不信任感。

第三，如果小道消息已经传到组织外，就应立刻正式发布和公开讨论人们有权知道的那些信息，以促进沟通的透明性。

第四，营造良好的上下级关系。控制小道消息还需从平时的沟通入手。要与下属维持良好的关系，及时发现下属想要知道和需要知道的信息与他们实际接收到的信息的差距，并尽快提供相关资讯来弥补。

第二节　沟通障碍及克服技巧

从信息发送者到接收者的沟通过程并非都是畅通无阻的，沟通过程中经常存在这样或那样的障碍，从而导致沟通失败或无法实现沟通的目的。沟通中的障碍，是指导致信息在传递过程中出现的失真、错误或丢失的各种因素，其中既有发送者与接收者的问题，也有编码与解码的问题，还有渠道、噪音及反馈的问题。可以说，沟通障碍存在于沟通过程的各个环节，也正因为如此，才导致了沟通障碍的普遍存在。就一般情况而言，对沟通过程产生重要影响的是发送者的障碍与接收者的障碍。

一、发送者的障碍

发送者在把信息传递给接收者之前首先必须整理信息，将之变成双方都能理解的信号，也就是说，把要传达的信息表达出来，并表达得十分清楚。而这方面容易出现的障碍如下所述。

(一) 目的不明确，导致信息内容的不确定

发送者对自己要交流的目的不明确，不知道自己到底要向对方说些什么、怎么去说，也不知道接收者想听些什么。这使信息沟通遇到无法逾越的障碍。因此，发送者在传递信息之前必须有一个明确的目的和清楚的概念，即“我要通过什么通道、向谁传递什么信息、达到什么目的”。

(二) 表达不清，导致信息传递失真

无论是口头交流还是书面沟通，都要求发送者必须清晰地表达自己的意思或意图。如果

发送者含糊其辞、语无伦次、口齿不清，或字迹模糊、文理不通、词不达意，都会造成信息失真，使接收者无法了解发送者所要传递的真实信息。

(三) 选择失误，导致信息误解的可能性增大

对传送信息的时机把握不准，缺乏审时度势的能力，会大大降低信息交流的价值，时间上的耽搁与拖延会使信息过时而无用；信息沟通通道选择失误，则会使信息传递受阻，或延误传递的时机；沟通对象选择错误，无疑会造成"对牛弹琴"或自讨没趣的局面，直接影响信息交流的效果。

(四) 形式不当，导致信息失效

当人们使用语言和非语言形式表达同样的信息时，一定要相互协调，否则会使人"丈二和尚摸不着头脑"。比如，当我们传递一些十万火急的信息时，若不采用电话、传真或互联网等现代化的快速通道，而是通过邮递寄信的方式，那么接收者收到的信息往往会由于时过境迁而毫无价值。

课堂互动

1. 公司每年2月份宣布优秀员工升职名单，人事部门通常在1月份确定初步人选。人事部职员A与销售部职员B闲聊时，在后者一再追问并承诺不外传的前提下，被迫透露了升职人选的一些内幕，不久，公司内有关升职的传闻沸沸扬扬。职员们纷纷向部门经理抱怨，部门经理纷纷向人事部经理询问，公司正常的工作气氛受到很大影响。请问这一沟通问题出在谁的身上？

2. 下属对上级说："他们部门说这件事要抓紧给他们办一下。不过又说，万一我们特别忙的话，可以再缓几天。"上级马上问下属："他们到底是什么意见呢？"请问在这一沟通中存在什么问题？

二、接收者的障碍

在沟通过程中，接收者接收信息符号后对之进行解码，从而理解信息。在这一过程中，经常会出现如下障碍。

(一) 过度加工，导致信息的模糊或失真

在信息交流过程中，接收者有时会按照自己的主观意愿对信息进行"过滤"和"添加"。现实生活中许多沟通失败的主要原因是接收者对信息做了过多的加工。我们常可以看到，由下级向上级所进行的上行沟通中，某些部下"投其所好"，报喜不报忧，所传递的信息经过层层"过滤"后或变得片面，或变得完美无缺，使上司难以了解到实际情况；而上级向下级所进行的下行沟通中，所传递的信息经过逐级领会而"添枝加叶"，变得或断章取义，或面目全非，从而导致信息的模糊或失真。

(二) 知觉的选择性，导致对信息理解的偏差

由于人们的个性特点、认知水平、价值标准、权力地位、社会阶层、文化修养、智商情商等方面的不同，在信息交流过程中总习惯于以自己为准则来选择接受哪些信息，一般来说接受的往往是自己感兴趣的内容、与自己利益紧密相连的事情等；对不利于自己的信息，要么视而不见，要么熟视无睹，甚至颠倒黑白，以达到防御的目的。例如，某公司广告大力宣传他们制造的鸟枪如何优良，可是许多环境保护主义者完全不接受这则信息，因为这则信息不符合他们的价值观。

（三）心理定势，导致对信息的理解片面和极端

接收者若在人际沟通或信息交流过程中曾经受到过伤害，有过不良的情感体验，造成"一朝被蛇咬，十年怕井绳"的思维惯性和心理定势，对发送者心存疑惑、怀有敌意，或内心恐惧、忐忑不安，就会拒绝接收所传递的信息，甚至抵制参与信息交流。

（四）思想差异，导致对信息交流的困难和中断

由于接收者与发送者在知识水平、社会阅历、性别、年龄等方面有所不同，因而往往会出现发送者用心良苦而仅仅换来"对牛弹琴"的局面，或者造成二者思想上的隔阂与误解，甚至引发冲突，导致信息交流的中断以及人际关系的破裂。

（五）文化差异，导致对同一信息有不同的理解和认识

文化差异对人际交流产生重要影响。例如，在世界上大部分国家里，点头表示"同意"，摇头表示"不同意"，而在印度的一些地区却截然相反，点头表示"不同意"，摇头表示"同意"。再如，企业研发部门人员多具有长期意识，注重未来，而生产部门管理者更关心装配流水线的运行现状，关心每日生产指标的完成情况，这种文化差异也会影响沟通的效率和效果。

（六）忽视反馈，导致信息传递受阻和重复

反馈的实质是接收者给发送者一个信息，告知已收到发送者发的信息，以及理解信息的程度。在沟通过程中，如果沟通双方不能及时反馈信息，可能产生以下问题：一是导致发送者再次发出信息。由于发送者没有收到反馈信息，他不知道接收者是否接受或理解了信息，因此会导致信息的重复发送，影响信息传递的时效性。二是导致接收者可能按不确定的信息行动。如果接收者对信息的理解正确，那么不会产生严重后果；一旦接收者对信息的理解错误，后果有可能不堪设想。

课堂互动

销售部张经理让下属小王与某个大客户洽谈下一步合作问题。过了好几天，张经理想起了这件事，不知道有没有结果，就问小王："你与客户洽谈完之后怎么不和我说一下？"请问这一沟通问题出在谁的身上？属于什么问题？

三、克服沟通障碍的策略与技巧

尽管在沟通过程中可能会遇到各种各样的障碍，但是，只要人们树立正确的沟通理念，采取科学的沟通渠道和方法，仍然能够克服沟通中的障碍，实现有效沟通。具体来说，克服沟通障碍的策略与技巧主要表现在下述方面。

（一）明确沟通的目的

沟通双方在沟通之前必须弄清楚沟通的真正目的是什么，动机是什么，要对方理解什么。确定了沟通的目标，沟通的内容就容易规划了。因为从本质上讲，沟通意味着目标、价值、态度和兴趣的共识，如果缺乏共同的目标和感受，而只是一味地去尝试沟通，不仅失去了沟通的意义，更无法实现有效沟通。因此，在沟通前必须确定沟通的目标，然后对要沟通的信息进行详尽的准备，并根据具体的情景选择合适的沟通形式来实现这个目标；另外，不仅要分析听众或读者的特点，学会"换位思考"，而且还要善于激发接收者的兴趣，这样才能达到有效沟通的目的。

（二）尊重别人的意见和观点

在沟通过程中，要试着去适应别人的思维架构，并体会他的看法。也就是说，不只是

“替他着想”，更要能够想象他的思路，体会他的世界，感受他的感觉。因此，无论自己是否同意对方的意见和观点，都要学会尊重对方，给对方说出意见的权利，同时将自己的观点更有效地与对方进行交换。需要注意的是，有效的沟通不是斗勇斗智，更不是辩论比赛。对接收者而言，沟通中的发送者所扮演的角色是仆人，而不是主人。如果说话人发觉听话人心不在焉或不以为然时，他就必须改变他的沟通方式。接收者握有“要不要听”和“要不要谈”的决定权。作为发送者，你或许可以强制对方进行沟通，但是却没有办法指挥对方的反应和态度。因此，在沟通中沟通双方都不能把自己的观点强加到对方身上，更不能因不同意对方的观点而对其横加指责。沟通的真正目的在于了解他人，而不是同意或不同意他人。

（三）考虑沟通对象的差异

发送者必须充分考虑接收者的心理特征、知识背景等状况，依此调整自己的谈话方式、措辞或是服饰、仪态，要避免以自己的职务、地位、身份为基础去进行沟通。如上级在车间与一线工人沟通，如果穿得西装革履，且又咬文嚼字，势必给工人造成一道心理上的鸿沟。技术人员在与其他员工沟通时，也要尽量避免使用过多的专业词汇，否则不仅达不到应有的沟通效果，反而可能会弄巧成拙。

（四）充分利用反馈机制

许多沟通的问题是由于接收者未能准确把握发送者意思造成的，为减少这些问题的发生，沟通双方应该在沟通中积极反馈。只有通过反馈，确认接收者接收并理解了发送者所发送的信息，沟通过程才算完成；发送者要检验沟通是否达到目标，也只有通过获得接收者的反馈才能确定。因此，建立并充分利用反馈机制，无疑是实现有效沟通的重要环节。当然，反馈的方式多种多样，发送者可以通过提问、聆听的方式来获得反馈信息，也可以通过观察、感受等方式来获得反馈信息。

（五）学会积极倾听

积极倾听就是要求沟通双方能站在对方的立场上，运用对方的思维架构去理解信息。一般来说，要做到积极倾听，需要遵守以下四项基本原则：专心、移情、客观、完整。专心是指要认真倾听对方所要表达的内容及其细节。移情是指在情绪和理智上都能与对方感同身受。客观是指要切实把握沟通的真实内容，而不是迅速地加以价值评判。完整是指要对沟通的内容有一个完整的了解，而不是断章取义。

（六）注意非言语信息

非语言信息往往比语言信息更能打动人。因此，如果你是发送者，你必须确保你发出的非语言信息能强化语言的作用。如果你是接收者，你则要密切注意对方的非语言提示，从而全面理解对方的思想、情感。高明的接收者精于察言观色，窥一斑而见全豹。

（七）避免一味说教

有效沟通是一种心灵的交流，美国著名管理学家彼得·圣吉在《第五项修炼》中称之为“深度汇谈”，即一个团体的所有成员都敞开心扉，彼此进行心与心的交流。这就要求沟通双方必须撇开个人职务、学历和地位的影响，以开放的心态、平等的视野进行沟通。如果信息发送者总是居高临下，采取教育或教训的口吻与人交流，那么，即使发送者传递的信息非常重要，也会因引起接收者的不满和反感而不为接收者正确接收。

（八）保持积极健康的心态

人的情绪、心态等对沟通过程和结果具有巨大影响，过于兴奋、失望等情绪一方面易造成对信息的误解，另一方面也易造成过激的反应。因而，沟通双方在沟通前应主动调整各自的心态和情绪，明确自己的角色位置，只有做到心平气和，才能对人、对事、对物作出客观公正的评价。

第三节 管理沟通

一、管理沟通的含义

管理离不开沟通，沟通隐含在管理的各个职能之中，并贯穿于管理的整个过程。无论是计划、组织、协调，还是领导、控制、决策，都与沟通密切相关。可以说，在企业生产经营活动中，到处都存在着沟通。例如，企业要想达到预期的目标，要使每个成员能够在共同目标的指引下方向一致地工作，无疑离不开管理沟通；企业成员要表达要求、交流感情、提出意见，管理者要了解民情、发布命令等，也同样离不开管理沟通。管理沟通已经成为与计划、组织、领导、控制等同样重要的概念。没有管理沟通，组织就不能正常运行，管理沟通的过程贯穿组织运行的始终，良好的管理沟通是实现企业目标的保证。

所谓管理沟通，是指为了实现组织目标，管理者把信息、观念或想法传递给其他人的过程。要理解这个概念，需要把握以下几点：

第一，管理沟通是一种有目的的活动。严格来说，任何沟通活动都有自己的目的，只不过管理沟通与其他沟通形式相比目的性更为明确罢了。管理沟通的目的是实现组织目标，因此，在管理沟通过程中必须依照目标进行沟通，不能为了沟通而沟通。

第二，管理沟通是一个互动过程。多数情况下，管理沟通不是单向或单方面的，而是一个涉及思想、信息、情感、态度或印象交流的互动过程。这种互动不是仅仅发生在对谈话的认识、表述或逻辑层面，而是涉及一个较大范围的相互交流。在这个过程中，人们的态度和印象可能无法用语言表达，但这类沟通的互动性依然存在。

第三，管理沟通强调的是理解能力。从一定程度上说，管理的本质就是给出命令和指示，因此，管理沟通就是传达信息。然而只有当传达的信息被理解和接受，这样的信息才有意义。有效的管理沟通常常通过反馈来核实理解的正确与否。

第四，管理沟通是多层面的沟通。管理沟通是一个涉及个体、组织和外部社会多个层面的过程，在这个过程中，既存在个体与个体之间的沟通，也存在群体与群体之间的沟通，还存在个体与群体、群体内部与外部的沟通等。不同的管理沟通具有不同的特点和要求。

二、管理沟通的作用

沟通是管理中极为重要的部分，管理者与被管理者之间的沟通可以说是管理艺术的精髓。著名管理学大师彼得·德鲁克就明确地把沟通作为管理的一项基本职能，他认为，无论是决策前的调研与论证，还是计划的制定、工作的组织、人事的管理、部门间的协调、与外界的交流，都离不开沟通。无数事实证明，良好的企业必然存在着良好的沟通。正如美国著名未来学家奈斯比特指出的那样："未来的竞争是管理的竞争，竞争的焦点在于每个社会组织内部成员之间及其与外部组织的有效沟通上。"具体而言，管理沟通的重要作用主要表现在下述几个方面。

（一）管理沟通是实现有效管理的基本保证

随着经济全球化步伐的日趋加快和现代通讯技术、网络技术的迅猛发展，全球经济的依存度节节攀升，经济活动的国家界限、区域界限及企业界限变得日益模糊，伴随而来的是企业规模越来越大，目标也越来越复杂。为了管理规模更大的企业和实现更为复杂的目标，企业必须加强从最高层到中层、基层的各个环节的沟通。只有企业各部门、各环节沟通渠道通

畅，才能实现上下、左右之间的有机配合与协调，从而将机构庞大且业务繁杂的企业整合成一个具有功能放大效应的大团队。

（二）管理沟通能够促进企业与个人的和谐发展

有效的管理沟通能使企业各部门紧密配合，增强目标的导向性，促进企业体系的健康发展。企业是由众多个体组成的组织，企业的健康发展有赖于个人的全面发展。心理学家的研究结果表明，心理健康水平越高则个性越健康，与人交往就越积极主动，人际关系也越融洽，越符合社会期望，其工作绩效也越大。通过管理沟通，员工之间可以互相启发、互相学习，不仅能够培养员工思考问题、解决问题的能力，建立良好的人际关系，培养团队精神，形成积极向上的工作风气；而且能够营造团队学习与个人学习的良好氛围，进而实现企业与个人的和谐发展。

（三）管理沟通能够稳定员工的思想情绪，改善企业内部人际关系

在企业生产经营过程中，无论是部门与部门之间、部门与个人之间，还是个人与个人之间，进行有效的沟通都是极其重要的。企业中之所以经常出现这样那样的矛盾和冲突，导致人际关系紧张、矛盾激化以及合作破裂，其最主要的原因就在于缺乏沟通或者沟通方式不当。众所周知，人们互相沟通与交流是一种重要的心理需要，沟通可以解除人们内心的紧张与怨恨，使人们感到心情舒畅，并能够加深彼此之间的理解，极大地改善人际关系。如果企业信息沟通渠道不畅，员工间的意见难以交流，将使人们产生压抑、郁闷的心理。长此以往，不仅影响员工心理健康，还将严重影响企业生产经营活动的正常进行。因此，企业若要顺利发展壮大，必须要保证企业内部上下左右各种沟通渠道畅通，这样才能激发员工的积极性，促进人际关系的和谐，从而更好地提高管理效能。

（四）管理沟通有利于收集资料与分享信息

面对日趋激烈的市场竞争，企业要想顺利实现预期目标，就必须及时、全面掌握企业内外环境变化的各种信息、情报与资料，只有这样，企业才能作出正确的决策，并采取相应的行动。而管理沟通正是企业收集信息并分享信息的重要渠道。通过管理沟通，企业不仅可以收集到有关外部环境的各种信息与情报，而且能够及时了解员工的意见和工作结果，洞察各部门之间的关系，从而掌握管理的效率。不仅如此，通过企业内部上下左右的信息传递与交流，还能够实现信息的共享和集成，从而做到上情下达、下情上传，最后实现上下统一，形成一个有机的整体。

（五）管理沟通能够调动员工参与管理的积极性，增强员工的责任感

随着社会的发展和人们生活水平的不断提高，人们逐渐由“经济人”向“社会人”、“文化人”的角色转变。不管人们是否承认，从单纯追求物质享受到追求精神满足与自我实现，已经成为社会发展和人们需求变化的必然趋势。而这种自我实现与精神满足在工作中就主要体现在员工能否参与或者多大程度参与企业管理上。而在企业管理中，管理者的知识、经验及观念往往通过沟通影响着员工的知觉、思维与态度。特别是当管理者为适应发展的需要必须进行某项改革时，他的一个重要任务就是通过管理沟通来转变员工的态度和行为，只有这样，改革才能得到员工的支持与配合，否则，不仅难以推动改革的进行，而且还会产生“积极抵制”的现象。可见，管理沟通不仅有助于调动广大员工参与管理的积极性，而且能够增强员工的责任感，并进而实现员工行为的根本转变，由“要我干”转变为“我要干”。

（六）管理沟通能够激发员工的创新意识，使决策更加合理有效

随着企业规模的不断扩大和员工队伍素质的日益提高，民主管理已经成为企业管理的必

然趋势，而民主管理的主要形式就是在企业中开展全方位的管理沟通。如目前许多企业采取的高层接待日、意见箱制度、恳谈会、网上建议等，都是实现民主管理的有效形式。通过构建畅通无阻的沟通渠道，让员工积极讨论、思考、探索企业发展中的各种问题，不仅能够集思广益，激发员工的创意和灵感，而且能够为企业的科学决策提供依据，从而使管理决策更加科学和有效。

三、管理沟通的内容

管理沟通是为实现组织目标而进行的信息传递和交流活动。根据企业运转的需要，管理沟通的内容总体上包括信息、知识和情感三个方面。

（一）信息沟通

信息是企业进行活动的前提，企业的有效运转离不开信息，只有信息顺畅流动，才能确保企业按既定目标运转。根据企业信息流动的特点，可以把信息沟通分为下述两类。

1. 任务信息的沟通

任务信息的沟通，主要是指在企业运转过程中各种工作任务协调中的职能型沟通。任何企业都有其自身的任务，只有完成自身的任务才有存在的价值，因此，任务沟通对于任何企业来讲都是最重要的内容。在企业生产经营活动中，最重要的信息沟通内容主要包括：公司的目标和价值；公司主要的战略变化；公司预期的财务信息；人员变动情况；等等。

2. 数据信息的传递

随着信息技术和网络技术的发展，信息已经成为企业生产经营活动中不可或缺的资源。企业拥有的信息多种多样，除了任务信息外，还包含大量数据化的信息，这些数据信息主要包括：市场数据信息，如市场占有率、市场营销费用、顾客信息等；财务数据信息，如财务状况、现金流动、成本费用等信息；专业技术信息，如技术标准等专业知识。

（二）知识沟通

任何企业都是知识的集合体，知识在企业中占有重要地位，作为企业管理手段的沟通也必然为知识沟通服务。

1. 知识的类别

知识是一种能够改变某些人或者某些事物的信息。概括起来，企业中的知识主要包括以下类型：一是关于事实方面的知识，这种知识最为简单和明显。二是关于自然原理和规律方面的科学理论，这种知识可以通过学习科学知识获得。三是关于能力与才能，是某人或组织区别于其他的独特知识，是隐形知识。四是有关的专业知识以及如何有效利用它们。此外，企业中的知识还可以划分为显性知识和隐性知识、管理知识和技术知识、一般知识和创造性知识等。

2. 知识沟通的特点与准则

知识沟通的特点包括：沟通的频率较高；沟通的层次多；正式沟通与非正式沟通共存。知识沟通的准则是：层次简单，结构扁平，渠道畅通，以实现知识共享。

（三）情感沟通

企业是由人所组成的，情感是人内心世界的表达。一般来说，情感可以分为情绪、感受和情操。情绪是指员工的社会性情绪，包括愉快、痛苦、愤怒以及悲喜交加等。感受是较为高级的感情现象，具有稳定、持久、含蓄的特点，包括交往需要、尊重需要等。情操是最为高级的感情现象，是人的社会性需求和社会价值观的结合，包括道德观、理智感、审美感等。沟通时不仅要进行信息沟通、知识沟通，还要进行心理上的情感沟通。尤其是人们需求层次

在不断提高，企业更应重视情感沟通。情感沟通具有动力支持和情绪调节作用，可以使管理者了解员工对企业政策的好恶程度，并培养员工对组织的热爱和忠诚。

四、管理沟通的常用方法

沟通方法是指在沟通过程中所采取的具体方式与手段。管理沟通的方法多种多样，既有外部沟通的方法，如广告、谈判、公关等，也有内部沟通的方法，如批示、汇报、会议与个别访谈等。在管理过程中最经常使用的管理沟通方法主要包括下述七种。

（一）发布指示

指示具有强制性与权威性，是上级对下级指导工作时常用的管理沟通方法，它可以使一项活动开始，也可以使一项活动的内容、方式变更或中止。指示明确规定了上下级之间的关系以及各自的职责，它由上级发布，由下级服从并执行。如果上级不能正确地向下级下达命令、发布指示，则会导致下级无所适从，上级的权威也将难以树立；如果下级不服从指示或不恰当地执行了指示，那么上级的指示会失去作用，下级的职位也将难以维持。为了避免这种情况的出现，就要求上级在发布指示之前必须进行调查研究，征求各方面的意见，并对下级进行必要的训导，这样才能保证上级的指示正确并使下级能够贯彻执行。

在管理过程中，上级应根据不同的情况采取相应的指示方法。常用的有以下三类：

（1）一般指示或具体指示。一项指示是一般的还是具体的，取决于管理人员对周围环境的预见能力以及下级的响应程度。对情况熟悉的管理人员应采用具体指示，而在对周围环境情况不可能悉数预见时，大多采用一般指示。

（2）书面指示或口头指示。在决定指示是书面的还是口头的时，应考虑上下级之间关系的持久性、双方的信任程度，以及指示的重复性等。如果上下级之间关系持久，信任程度较高，则可用口头指示。如果是为了防止命令的重复和司法上的争执，或者是对所有人员宣布一项特定的任务，则书面指示大为必要。

（3）正式指示或非正式指示。对每一个下级准确地选择正式指示或非正式指示是一种艺术。一般而言，当上级启发下级时适宜采用非正式的指示，当上级命令下级时则适宜采用正式的指示。

（二）请示汇报

请示是下级向上级表达要求的一种常用的沟通方法，它可采用书面与口头两种方式。如果要求上级给予支持的事项较为复杂，且涉及的部门较多，可采用书面请示形式；如果要求上级给予支持的事项较为简单，且不需经繁杂与严谨的手续和程序就可以解决的，则可采用口头请示的形式。

汇报是下级在执行上级指示及工作任务的过程中，将其所遇到的困难与问题、工作的进展等情况向上级反映并提出设想的一种沟通方式。汇报通常也可以分为书面汇报与口头汇报两种。若所碰到的问题需要经过上级批示或需要两个以上部门的协调才能加以解决的，一般采用书面汇报的形式；只向上级反映工作进度的，可采用口头汇报的形式；带有总结性质及规划意向的，为显示其严肃性与权威性，通常采用书面汇报与口头汇报相结合的沟通方式，如年度工作总结及工作计划，经常采用的就是书面汇报与口头汇报相结合的沟通方法。

（三）召开会议

人与人之间的沟通是人们思想、情感的交流，开会就是给人与人的沟通提供交流的场所和机会。会议的种类很多，包括汇报会、研讨会、论证会、总结会、表彰会、座谈会等。必须强调的是，虽然会议是管理沟通的重要方法，但绝不能完全依赖这种方法。尤其是在信息技术相当发达的今天，随着人们生活节奏的加快、竞争的加剧以及人们效率意识的不断提高，企业内部相当数量的会议完全可以利用计算机网络来进行。用网络开会可以打破空间的界限，克服参会人员难以集中的困难，提高会议的效率。

（四）个别访谈

个别访谈是企业内部为了收集信息或了解工作进展情况而向员工进行访问谈话的沟通方式。这种沟通方式能够拉近上下级之间以及组织成员之间的情感距离。由于它是一对一、面对面的直接沟通，因而能够消除人们沟通中的心理压力，所获得的信息可信性也相对较强。在这种情况下，人们往往更愿意表露自己的真实思想，提出不便于在会议场所提出的问题，因而有助于领导者掌握下属的思想动态。

（五）内部沟通制度

要搞好企业内部沟通，除了要掌握企业内部人际关系类型、了解各种沟通模式之外，还必须具备一套系统的、完善的沟通制度，这样才能取得最佳的沟通效果，使企业走上科学化、程序化、规范化的道路。内部沟通制度主要包括员工建议制度、领导接待来访制度、例会制度等。企业应根据本企业实际情况制定相应的沟通制度，并把沟通制度落到实处，切实贯彻执行。为此，应注意以下几点：第一，必须有专人负责实施沟通制度。第二，及时反馈信息。“有去无回”会挫伤员工的积极性，使企业沟通失去真诚的协作。第三，适当的奖励。这是保证职工积极参与沟通的重要措施。

（六）员工手册

员工手册主要是用来向新员工或来访者详细介绍企业发展概况、规章制度、工作性质及有关要求的一种沟通形式。员工手册涉及企业的建议制度、医疗方案、利润分享、劳保措施、退休制度、娱乐设施、培训教育以及企业的方针、政策等多项内容，它使员工在工作和生活中能非常方便地查找到所需的专门信息。员工手册不仅能使员工更好地了解企业，而且也让员工清楚地知道自己该做什么、该怎样去做、该向谁负责。

（七）内部刊物

内部刊物主要是以企业内部员工为读者对象的刊物，主要有报纸、杂志、电子读物等形式，内容包括时事通讯、企业消息、文化艺术、体育娱乐等。内部刊物一般是定期或不定期发行。我国许多企业的内部刊物大多以免费赠阅的方式发行。内部刊物是企业内部沟通的重要手段之一，企业管理人员必须掌握为企业内部刊物写作、编辑、摄影、设计的有关知识和技能，不断提高内部刊物的质量。

课堂互动

除了本书介绍的管理沟通的常用方法之外，你认为还有哪些管理沟通的方法和形式？

五、有效管理沟通的策略

管理沟通是否能有效进行受到多方面的影响。管理沟通的过程常常会受到来自内外部各种因素的影响和干扰，使信息丢失或被曲解，造成管理沟通受阻。为了克服管理沟通中的障碍，管理人员必须采用某些策略和方法，努力解决沟通中存在的各种问题，只有这样，才能实现有效沟通。一般来说，管理沟通中常用的策略包括以下几种。

（一）明确管理沟通的目的

管理沟通具有很强的目的性，没有目的的“沟通”不能称为管理沟通，只能谓之聊天。

事实上，人们在管理过程中普遍缺乏的不是聊天，而是管理沟通。因此，在进行管理沟通之前必须明确沟通的目的，即：为什么沟通？要达到什么目的和结果？是为了提供信息还是为了劝说？是为了质疑还是为了提出建议？不同的目的，沟通渠道和媒介的选择就不同。只有目的明确，才能在沟通时做到有的放矢，从而使信息接收者能很好地理解所收到的信息进而正确地反馈。但每次管理沟通的目的不能太多，只有管理沟通的范围集中，接收者才能注意力集中，沟通才能顺利和有效。

（二）优化管理沟通环境

在管理沟通中，要想实现有效沟通，必须进行企业沟通环境的优化。这具体包括三个步骤：一是制定共同的目标。这是消除上下级之间以及不同部门之间沟通障碍的有效途径。成员目标一致，方能够同心协力，从而可以有效消除管理过程中的沟通障碍。二是营造良好的组织氛围。营造一个支持性的、值得信赖的和诚实的组织氛围，是改善管理沟通的前提条件。管理人员不应压制下属的感觉，而应耐心地处理下属的感觉和情绪。三是必须具备一定的沟通知识。企业成员必须具备沟通的操作性知识和理论背景知识，如沟通的含义、沟通的种类、沟通网络、沟通可利用的各种媒介、有关沟通的研究成果和最新观念等。更为重要的是，管理人员不仅要掌握沟通的有关知识，而且还要有能力把这些沟通知识运用到实践中去。

（三）疏通管理沟通渠道

企业要经常检查管理沟通渠道是否畅通，一般可通过检查沟通政策、沟通网络以及沟通活动等内容来保证组织沟通网络的畅通无阻。可以说，检查沟通渠道是克服沟通障碍、实现有效沟通的一个基本途径。需要经常加以检查的沟通网络主要包括：一是与政策、程序、规则和上下级关系有关的管理网络，或与任务有关的网络。二是与解决问题、提出建议等有关的创新活动网络。三是与表扬、奖赏、提升有关的以及联系组织目标和个人所需事项的整合性网络。四是与出版物、布告栏和小道消息有关的新闻性网络。检查管理沟通网络时所发现的问题要及时处理，以实现管理的有效沟通。

（四）调整管理沟通风格

在日常工作与生活中，人们习惯于使用某种沟通方式与人交往，每当使用这种方式时使用者便感到得心应手且游刃有余，久而久之这种沟通方式便逐渐发展成为个人的沟通风格。如果不同沟通风格的人在一起工作，彼此不能协调与适应，那么彼此不仅不能有效沟通，还会造成许多无谓的冲突和矛盾，阻碍管理工作的顺利进行。因此，沟通双方首先要尊重和适应对方的沟通风格，积极寻找双方利益相关的热点效应。其次，必须调整自己的沟通风格。这时要始终把握的基本原则是：需要改变的不是他人，而是你自己。这方面的技巧主要有：一是感同身受。站在对方的立场来考虑问题，将心比心，换位思考，不断降低自身的习惯性防卫。二是高瞻远瞩。沟通双方要具有前瞻性与创造性，为此，沟通双方必须不断学习，争取持续进步。三是随机应变。要根据不同的沟通情形与沟通对象采取不同的沟通对策。四是自我超越。沟通双方要对自我的沟通风格及其行为有清楚的认知，并不断反思、评估、调整及超越。

（五）因人而异进行管理沟通

在管理沟通过程中，信息发送者要充分考虑接收者的心理特点、知识背景等状况，并根据沟通对象的特点选择、调整自己的沟通方式、措辞以及服饰、表情等。要慎重选择语言文字，使用意义准确、对方容易接受的词句，做到叙事条理清楚、言简意赅。

（六）减少管理沟通的干扰

对重要的信息应该选择在接收者能够全神贯注地倾听的时间段进行沟通。如果一个人正在接听电话，或者情绪低落，这一时间就不利于其接受信息，因为他有可能听不进去，或者容易误解。因此，在进行管理沟通时应尽量避免外界环境的干扰。例如组织召开重大会议时，一般都选择安静的场所，以避免被电话、请示工作打断。

（七）选择恰当的管理沟通方式

在进行管理沟通时，沟通的时机、方式和环境都会对沟通效果产生重大影响。领导在宣布某项任务时，应考虑何时宣布、采用何种方式宣布才能增加积极作用，减少消极作用，如人事任命就宜采用公开的方式通过正式渠道进行传递。管理者应根据要传递的信息，对沟通的时间、地点、条件等都充分加以考虑，使沟通信息的形式与沟通的时机、方式和环境相适应，以确保沟通的有效。

（八）建立双向沟通机制

传统的组织主要依靠单向沟通，即在组织内从上到下传递信息，下级无法表达自己的感觉、意见和建议。而以建议系统或申诉系统为主的双向沟通渠道对下级表达想法和建议有很大的帮助，能增进管理沟通的效果。

本章提要

所谓沟通，就是发送者与接收者之间以语言、文字、符号等形式进行信息传递与交流的过程。沟通的构成要素包括：发送者与接收者、编码与解码、信息、通道、反馈、背景、噪音。常见的沟通类型有：正式沟通与非正式沟通，语言沟通与非语言沟通，单向沟通与双向沟通，上行沟通、下行沟通和平行沟通，人际沟通、组织沟通和跨文化沟通，直接沟通与间接沟通。沟通渠道分为正式渠道与非正式渠道。正式沟通渠道一般包括链式、轮式、环式、全通道式和Y式五种结构形式，非正式沟通渠道主要有单串型、饶舌型、概率型和密集型。

沟通中的障碍是指导致信息在传递过程中出现的失真、错误或丢失的各种因素。它存在于沟通过程的各个环节，其中发送者的障碍主要有：目的不明、表达不清、选择失误和形式不当；接收者的障碍主要有：过度加工、知觉的选择性、心理定势、思想差异、文化差异和忽视反馈。克服沟通障碍的策略与技巧有：明确沟通的目的，尊重别人的意见和观点，考虑沟通对象的差异，充分利用反馈机制，学会积极倾听，注意非言语信息，避免一味说教，保持积极健康的心态。

管理沟通是管理活动的重要组成部分。所谓管理沟通，是指为了能够实现组织目标，管理者把信息、观念或想法传递给其他人的过程。管理沟通是实现有效管理的基本保证；能够促进企业与个人的和谐发展，能够稳定员工的思想情绪，改善企业内的人际关系；有利于收集资料与分享信息；能够调动员工参与管理的积极性，增强员工的责任感；能够激发员工的创新意识，使决策更加合理有效。管理沟通的常用方法有：发布指示、请示汇报、召开会议、个别访谈、内部沟通制度、员工手册、内部刊物。管理沟通常用的策略主要有：明确管理沟通目的，优化管理沟通环境，疏通管理沟通渠道，调整管理沟通风格，因人而异进行管理沟通，减少管理沟通的干扰，选择恰当的管理沟通方式，建立双向沟通机制。

能力训练

思考练习

1. 什么是沟通？怎样才能正确理解沟通的基本内涵？
2. 简述沟通的基本要素。
3. 沟通的主要类型有哪些？
4. 控制小道消息的方法有哪些？
5. 简述沟通的障碍及克服对策。
6. 管理沟通的作用有哪些？
7. 简述管理沟通的常用方法。
8. 怎样才能进行有效的管理沟通？

能力测评

你的沟通能力如何？

请阅读下面的情境性问题，选出你认为最合适的处理方法。请尽快回答，不要遗漏。

1. 你的一位上司邀请你共进午餐。餐后你回到办公室，发现你的另一位上司对此颇为好奇，此时你会：

A. 告诉他详细内容。

B. 不透露蛛丝马迹。

C. 粗略描述，淡化内容的重要性。

2. 你正在主持会议，有一位下属一直以不相干的问题干扰会议，此时你会：

A. 要求所有的下属先别提出问题，直到你把正题讲完。

B. 纵容该下属提问。

C. 告诉该下属在预定的议程完成之前先别提出问题。

3. 你跟上司正在讨论事情，有人打来长途电话找你，此时你会：

A. 告诉对方你在开会，待会儿再回电话。

B. 请上司的秘书代接并说你不在。

C. 接电话，而且该说多久就说多久。

4. 有位下属连续四次在周末向你要求他想提早下班，此时你会说：

A. 你对我们相当重要，我需要你的帮助，特别是在周末。

B. 今天不行，下午四点我要开个会。

C. 我不能再容许你早退了，你要顾及他人的想法。

5. 你刚被聘为某部门主管，你知道还有几个人关注着这个职位，上班的第一天，你会：

A. 把问题记在心上，但立即投入工作，并开始认识每一个人。

B. 忽略这个问题，并认为情绪的波动很快会过去。

C. 找人个别谈话以确认哪几个人有意竞争职位。

6. 你有位下属对你说："有件事我本不应该告诉你的，但你有没有听到……"你会说：

A. 跟公司有关的事我才有兴趣听。

B. 我不想听办公室的流言。

C. 谢谢你告诉我怎么回事，让我知道详情。

评分标准：

A=1　B=0　C=－1

结果评价：

● 如果你的得分在0分～2分之间，表明你的沟通能力较差，沟通存在较大的障碍，你急需加强沟通技能的学习和训练。

● 如果你的得分在3分～4分之间，说明你的沟通能力一般。如果你能够进一步加强沟通能力的学习和训练，将会使你受益匪浅。

● 如果你的得分在5分～6分之间，表明你具有较强的沟通能力，你能够与人进行有效沟通。

案例分析

案例一　工作丰富化与员工的“消极怠工”

开心果食品公司是一个中型的健康食品企业。最近总经理庞云为员工缺乏工作兴趣而担心，因为这导致了包装质量问题的产生。如果品质问题在检查阶段被发现，袋装食品就被送回流水线，否则它们将最终被客户所拒绝。在生产经理的建议下，在重要工段设置了管理监督岗位，由他们进行随机检查，但这样增加了成本，而且对返回率的降低并没有起到预期的作用。

庞云召集职能部门管理者举行质量讨论会议，以审议形势与采取有效的对策。生产经理李松认为一些问题是策划引起的，他建议在设计阶段进行检查。人事部门也被指责没有招聘到合适的员工。公司还存在人员频繁流动及缺勤的问题。策划及人事部门的主管都为自己辩护。策划部门的主管周卓认为设计并没有什么问题，而提高质量标准则意味着要耗费更多的成本。人事部门的主管王菲则指出，由于劳动市场上劳动力紧缺，她无法在挑选员工过程中过于苛刻，另外，包装工作枯燥乏味，期望员工对此类工作产生更大的兴趣也不合理。

王菲提出了使员工对其所从事的包装线工作增加兴趣的一些建议。建议之一就是要求扩大包装线个人的工作范围。她建议每个员工将同工作群体的其他工人一起处理几个操作程序，而不是只做单纯的一项工作。另外她还建议采取工作轮换，以使工人们的工作更具挑战性。

庞云非常赞同这个建议，并采取措施立即付诸实施。但是在实施变革的一周内，工人们却对这些变革表达了诸多不满，而且还存在一种“消极怠工”的状况；工人们认为他们现在要进行更多的作业，而工资却没有增加。

总经理和部门主管，包括人事部门主管，都对工人们的反应感到吃惊。王菲也非常泄气地说：“我被搞糊涂了，似乎他们并不想使自己的工作更有趣。”

（资料来源：康青主编：《管理沟通教程》，56～57页，上海，立信会计出版社，2003。）

讨论：

1. 人事部门主管王菲的建议出了什么差错？
2. 从管理沟通的角度分析问题的原因。
3. 若你是庞云的话，你将采取什么补救对策？

案例二　一场不该发生的空难事故

仅仅几句话能否决定生与死的命运？1990年1月25日恰恰发生了这样的悲剧。那一天，由于阿维安卡52航班（Avianca Flight 52）飞行员与纽约肯尼迪机场航空交通管理员之间的

沟通障碍，导致了一场空难事故，机上 73 名人员全部遇难。

1 月 25 日晚 7:40，阿维安卡 52 航班飞行在南新泽西海岸上空 37 000 英尺的高空，机上的油量可以维持近两个小时的航程。在正常情况下飞机降落至纽约肯尼迪机场仅需不到半小时的时间，这一缓冲保护措施可以说十分安全。然而，此后发生了一系列耽搁。首先，8:00，肯尼迪机场管理人员通知 52 航班由于严重的交通问题他们必须在机场上空盘旋待命。8:45，52 航班的副驾驶员向肯尼迪机场报告他们的“燃料快用完了”，管理员收到了这一信息，但在 9:24 之前没有批准飞机降落。在此期间，阿维安卡 52 航班机组成员再没有向肯尼迪机场传递任何情况十分危急的信息，但飞机座舱中的机组成员却相互紧张地通知他们的燃料供给出现了危机。

9:24，52 航班第一次试降失败。由于飞行高度太低以及能见度太差，因而无法保证安全着陆。当肯尼迪机场指示 52 航班进行第二次试降时，机组人员再次提到他们的燃料将要用尽，但飞行员却告诉管理员新分配的飞行跑道“可行”。9:32，飞机的两个引擎停止工作，1 分钟后，另外两个引擎也停止了工作，耗尽燃料的飞机 9:34 坠毁于长岛。

当调查人员考察了飞机座舱中的磁带并与当事的管理员交谈之后，他们发现导致这场悲剧的原因是沟通的障碍。为什么一个简单的信息既未被清楚地传递又未被充分地接收呢？针对这一事件作出以下分析：

首先，飞行员一直说他们“燃料不足”，交通管理员告诉调查者这是飞行员们经常使用的一句话。当被延误时，管理员认为每架飞机都存在燃料问题。但是，如果飞行员发出“燃料危急”的呼声，管理员有义务优先为其导航，并尽可能迅速地安排其着陆。一位管理员指出，如果飞行员“表明情况十分危急，那么所有的规则程序都可以不顾，我们会尽可能以最快的速度引导其降落的”。遗憾的是，52 航班的飞行员从未说过“情况紧急”，所以肯尼迪机场的管理员一直未能理解到飞行员所面对的真正困境。

其次，52 航班飞行员的语调也并未向管理员传递燃料紧急的严重信息。许多管理员接受过专门训练，可以在这种情境下捕捉到飞行员声音中极细微的语调变化。尽管 52 航班的机组成员相互之间表现出对燃料问题的极大忧虑，但他们向肯尼迪机场传达信息的语调却是冷静而职业化的。

最后，飞行员的文化和传统以及机场的职权也使 52 航班的飞行员不愿意声明情况紧急。正式报告紧急情况之后，飞行员需要写出大量的书面汇报。另外，如果发现飞行员在计算飞行过程需要多少油量方面疏忽大意，联邦飞行管理局就会吊销其驾驶执照。这些消极因素极大阻碍了飞行员发出紧急呼救的信息。在这种情况下，飞行员的专业技能和荣誉感可能变成赌注。

（资料来源：孙健敏主编：《管理中的沟通》，2～3 页，北京，企业管理出版社，2004。）

讨论：

1. 你认为造成 52 航班失事的主要原因是什么？飞行员与机场管理员之间在沟通上存在什么问题？产生这些问题的原因是什么？

2. 从这个案例中，我们能够得到什么启发和借鉴？

4 延伸阅读

约哈瑞窗

约哈瑞窗是由约瑟夫·卢夫特和哈雷·英格姆于 1961 年提出的一种用于研究人信息沟通

改进的方法，它将人的心灵想象成一扇窗，其中的四个区域分别代表个人特征中与沟通有关的部分（见图 1—4）。

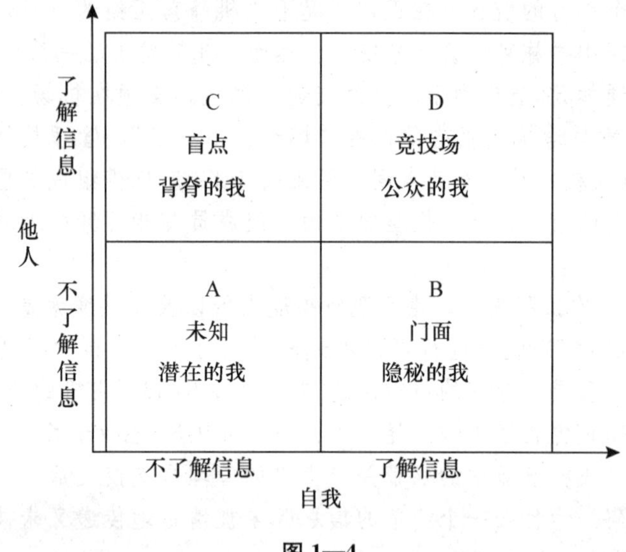

图 1—4

约哈瑞窗实际上是一种人际沟通与信息处理的方式。四方形的区域代表我们的人际关系。区域中心的四扇“窗子”中所包含的信息对我们人际关系的质量是很重要的。为衡量我们管理沟通的有效性，我们需要确定每扇“窗子”的大小与形状。

约哈瑞窗可以帮助我们提供自我认知，更加客观地了解他人，并减少管理沟通中的知觉偏差。

第一扇窗：竞技场 D（公众的我）

这个区域反映互相理解与分享信息。在这个区域，自己了解，别人也了解，双方不存在沟通障碍。你的公开场区域越大，工作关系越倾向于高回报、高效率和高生产力。

第二扇窗：盲点 C（背脊的我）

这个区域包括了那些别人全部知道而自己却一无所知的信息。这是一个隐藏且难察觉的区域。例如你的同事如何评价你的管理与沟通能力，是太武断或非常果断？通常我们不能真正了解。常言道：“当局者迷，旁观者清。”因而，必须通过不断的反馈了解并理解他人对自己的评价。

第三扇窗：门面 B（隐秘的我）

这个区域包括自己知道，但别人完全不知道的信息。在工作场合，这指的是我们的上司、同事或其他重要的人并不知道的关于我们的工作表现与能力的信息。我们有时表现得含蓄，并不对所有的人和事敞开心扉。换句话说，我们是戴着“面具”与人交往的。显然，过度自我暴露会讨人嫌，但是过于“自我封闭”也绝非是一件好事。若想获得成功，一定要争取他人的支持与合作。

第四扇窗：未知 A（潜在的我）

这个区域由自己不知道，他人也不知道的信息组成。这是个有潜力与创造力的区域，我们在扩大公开区域范围的同时，通过有效的沟通，可以加强工作联系与自我认知来缩小未知区域的范围。通过自我学习与团队学习来激发自我潜力的开发，将潜在意识与愿望变成美好的现实。

第二章
人际沟通

情境任务设计

案例情景

案例情景 1　从同事到冤家

小贾是公司销售部的一名员工，为人比较随和，不喜争执，和同事的关系处得都比较好。但是，前一段时间，不知道为什么，同一部门的小李老是处处和他过不去，有时候还故意在别人面前指桑骂槐，跟他合作时也有意让小贾做得多，甚至还抢了小贾的好几个老客户。

起初，小贾觉得都是同事，没什么大不了的，忍一忍就算了。但是，看到小李如此嚣张，小贾一赌气，告到了经理那儿。经理把小李批评了一通，从此，小贾和小李成了绝对的冤家。

问题思考：

小贾、小李和经理在沟通中各存在什么问题？他们分别应该怎么做？

案例情景 2　处理冲突

一位业绩一直很优秀的员工，认为一项具体的工作流程是应该改进的，她也向主管包括部门经理提出过，但没有受到重视，领导反而认为她多管闲事。

一天，她私自违反工作流程进行改变。主管发现后带着情绪批评了她。而她不但不改，反而认为主管有私心，于是就和主管吵翻了，并退出了工作岗位。主管反映到部门经理那里，经理也带着情绪严肃批评了她，她置若罔闻。

于是经理和主管就决定严惩，或开除她，或扣三个月奖金。这位员工拒不接受。于是部门经理就把问题报告到总经理那里。

总经理把这位早有耳闻的业务尖子叫到办公室谈话。没有一上来就批评她，而是让她先叙述事情的经过，通过和她交谈，交换意见和看法，总经理发现这位员工确实很有思路，她违反的那项工作流程确实应该改进，而且还谈出了许多现行的工作流程和管理制度中存在的不完善之处。

总经理的这种朋友式的平等的交流方式，让她感觉受到了重视和尊重，反抗情绪渐渐平息下来，开始冷静地反思自己的行为，从开始的只认为主管有错，到最后承认自己做得也不对。在总经理策略性的询问下，她也说出了她认为自己的错误应该受到的处罚程度。最后高兴地离开了办公室。

此后，总经理与部门经理以及主管交换了意见和看法，经理和主管也都认同了“人才有用不好用，奴才好用没有用”的道理。

大家经过讨论决定，以该位员工自己认为应受的罚金减半罚款，让她在班前会上公开做自我检讨，并补一个工作日的工作。她十分愉快地甚至可以说是怀着感激之情接受了处罚，而且公司还以最快的速度把那项工作流程给改进了。

事情过后，这位员工改变了原来的傲气和不服的情绪，并积极配合主管的工作，工作热情大增，大家说她好像变了个人似的。

问题思考：

1. 你认为员工、主管和部门经理在处理冲突时分别存在什么问题？

2. 总经理在处理冲突方面有哪些成功经验值得我们学习借鉴？

学习任务

1. 请你认真反思总结一下，你在与人沟通中自身存在哪些主要障碍，请按表 2—1 列出来。

表 2—1

自身存在的沟通障碍	产生沟通障碍的原因	解决或克服办法

2. 以“见什么人说什么话”为题进行课堂辩论，赞成的为正方，反对的为反方，教师对学生的辩论情况进行点评。

3. 请你认真思考一下，总结出 10 句赞美你妈妈或爸爸的话，这些赞美的话一定要实事求是、恰到好处，回家后请当面向妈妈或爸爸说出来，并观察他们的反应和感受。

知识技能目标

知识目标

通过学习本章内容，学生应掌握：

- 人际沟通的特点和原则；
- 人际沟通的作用；
- 冲突的含义及分类；
- 冲突的积极作用与消极作用。

技能目标

通过学习本章内容，学生应能够：

- 掌握人际沟通的障碍及克服对策；
- 熟悉人际沟通的各种方法和技巧；
- 把握人际冲突的处理策略；
- 正确运用冲突管理的技术和方法。

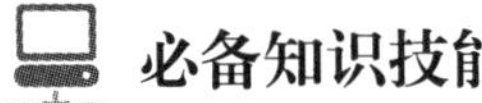

必备知识技能

第一节　人际沟通的障碍及克服对策

所谓人际沟通，就是指人与人之间进行信息传递和情感交流的过程。通过人际沟通，人们彼此交流思想、观点、情感、态度和意见，从而达到交流信息、调节情绪、增进友谊、加强团结的目的。在现代社会中，人际沟通的广度和深度不仅是人们生活质量的重要体现，而且也是组织沟通、团队沟通的前提和基础。可以说，有效的管理沟通都是通过有效的人际沟通来实现的。

一、人际沟通的特点

由于人是有思想、有感情的高级动物，所以人际沟通与其他形式的沟通相比，具有下述特点。

（一）沟通双方都是积极的主体

在人际沟通过程中，每一个参加者都是积极的主体——人。在双向沟通过程中，信息接收者在接收到信息发送者发出的信息后，要根据自己对信息的理解作出反馈，发送者则根据反馈信息及时调整自己的言行，因此双方之间的沟通是一个相互作用的互动过程。即便是在单向沟通过程中，信息接收者也要按照自己的需要、动机和态度理解发送者，分析发送者言行的目的和意图，而不是像机器一样消极被动地接收信息。

（二）人际沟通受到人际关系的影响

人际沟通总是在一定的人际关系下进行的，人际关系状况对人际沟通的深度和广度产生重要影响，俗话所说的“酒逢知己千杯少，话不投机半句多”，就是这种影响的真实写照。而人际沟通对人际关系也会产生一定的影响，人际沟通并不是单纯的信息传递和交流，人们总是力图通过沟通来达到影响对方的目的，使双方的态度和行为趋于一致以保持良好的人际关系。有效的人际沟通，可以达到沟通信息、消除误解、增进感情的目的。

（三）人际沟通存在社会性和心理性的障碍

人际沟通过程中，沟通双方的社会文化因素和心理因素，包括沟通双方的社会地位、文化水平、风俗习惯和社会传统以及个人的需要、动机、情绪、兴趣、价值观、个性、经验与知识结构等，都会造成人际沟通的障碍，产生信息的过滤和曲解，从而妨碍人际沟通的正常进行，这是人际沟通过程中特有的一种现象。

（四）人际沟通的主要工具是语言

除了书面语言以外，人际沟通还经常通过口头语言进行。在口头沟通过程中，除了语言符号系统外，语音、语调、停顿、重音以及语速等辅助语言符号系统也会传递大量的信息和丰富的情感，同时，表情、姿态、手势等非语言符号系统在沟通过程中也起到很大的作用，因此，在口头沟通时常常出现言外之意和弦外之音。

二、人际沟通的作用

人际沟通除包括信息的传递外，还包括情感、思想、知识和经验等多方面的交流，它对于改善人际关系、调整和转变人的行为都具有十分重要的意义和作用。具体来说，人际沟通的作用主要表现在下述几个方面。①

（一）人际沟通能够丰富人们的知识和经验

任何一个人，要适应社会环境的变化，具备一定的生存能力，就必须掌握一定的知识和经验。在人际沟通过程中，个体可从对方那里吸取对自己工作、学习和生活有意义、有价值的知识与经验，以别人的长处弥补自己的不足，借鉴别人的优势来改变自己的劣势，学习他人的成功经验，吸取他人的失败教训，以此扩充自己的知识积累，更好地提高自己对环境的适应能力。这既是知识经济时代提出的客观要求，也是个人在社会中谋求生存发展的必然选择。

（二）人际沟通有助于协调和改善人际关系

在社会实践中，人们为了协调共同活动的需要，使社会成员有秩序地生活，避免各种矛盾和冲突，形成了调整人与人之间社会关系的行为规范和准则。这些规范和准则要想发挥作用，必须通过人际沟通，把信息传递给社会中的每个成员，促使人们的行为保持一致。个体只有通过人际沟通，掌握人类社会的行为规范和道德准则，才能完成由自然人向社会人的转变，从而实现人的社会化。同时，人际沟通不仅可以交流信息，而且可以增进情感。世界上最美的东西就是人与人之间的情感联结，而人与人之间的情感联结就是通过人际沟通来实现的。沟通的过程使积极的情感体验加深，使消极的情感体验减弱，从而使人际关系不断得以改善。

（三）人际沟通有助于客观地认识自我

人在与他人的沟通过程中理解了别人的同时，也认识了别人眼中的自己。人们常问自己："我究竟是怎样一个人？"这在人际沟通中可求得解答。人对自己的认识总是以他人为镜，即通过与别人的比较，把自己的形象反射出来从而加以认识。别人是尊重、喜爱、赞扬你，还是轻视、讨厌、疏远你，这常常成为认识自我的尺度。人们从他人对自己的反映、态度和评价中，发现自己的长处和短处，找到自己恰当的社会位置，为自我的设计、发展、完善创造了有利条件。离开了人际沟通，人就永远无法客观地认识他人，也无法真正地了解自己，因此，有必要多方位、多层次地与人进行沟通。与他人更密切地接触，可以吸收更多可靠的信息，使我们能更清楚地回答"我是谁"，更清楚地确定自己的形象，更清楚地知道怎样的行为才最符合自身情况、最有利于自身发展。

（四）人际沟通有助于人的心理健康

沟通与交往是人类最基本的社会需要之一，同时也是人们同外界保持联系的重要途径。根据马斯洛的需求层次理论，每个人都有归属和社交的需要，通过彼此间的相互沟通和交往，可以诉说各人的喜怒哀乐，这样就增进了成员之间思想和情感的交流，促使其产生依恋之情。我们知道，人的伤心、孤独、悲痛、烦闷和痛苦等体验必须与人进行沟通才能获得释放，从而避免向抑郁症、精神病等令人痛苦的疾病方向发展。而人一旦有了幸福、成功、得意等感情体验，也会产生与人沟通的强烈愿望。所以有人说，当我们快乐时，把我们的快乐告诉自己的朋友，会使快乐加倍；当我们痛苦时，把我们的痛苦告诉自己的朋友，会使我们的痛苦

---

① 参见盖勇、王怀明主编：《管理沟通》，72～75页，济南，山东人民出版社，2003。

减半。事实表明："交往的剥夺"同"感觉的剥夺"一样，对人的心理损害是极其严重的。例如，长期关押在单人牢房的囚犯，由于交往被剥夺而导致精神失常的事例并不鲜见。

（五）人际沟通是营造高效工作团队的重要条件

人类得以生存发展的一个主要条件是人与人之间能够通过沟通建立各种关系，分工协作，相互依从，协调一致，从而达到目的。同样，在我们为某一事业奋斗的过程中，也需要努力与他人合作。每个人的能力都是有限的，既各有其优势的一面，也各有其劣势的一面，这就需要把各人的知识、专长和经验融合在一起，构建一个高效的工作团队，如此才能获得成功。而这只有通过人们的相互沟通才能实现。

（六）人际沟通是组织管理的基础

管理就是协调具体活动以实现组织目标的实践过程。离开了人际沟通，管理功能的发挥以及管理目标的实现是不可能的。当代管理理论更明确地指出，管理就是通过别人或与别人一起把事情完成。因此，人际技能是管理者必须具备的一项最基本的技能。所谓人际技能，就是在组织中与人共事、理解别人、激励别人的能力，这一切也必须以人际沟通为基础。在日常管理活动中，每一个管理者都避免不了与别人打交道。例如在新产品开发中，通过沟通，我们可以获取别人思想的火花，集思广益，拓展思路；在绩效管理中，上下级之间通过有效的沟通，可以制定出恰当的绩效计划并对员工的绩效作出公正的评价，并通过考绩面谈发现组织和个人存在的问题，以采取措施，改进绩效；在服务管理方面，通过与顾客进行沟通，了解顾客的不同需要，才能制定出恰当的服务标准，制定完善的服务规范，达到服务消费者的目的。

三、人际沟通的障碍

人际沟通过程中，信息发送者把自己要传递的意思即意义信息进行编码，变成物质化的符号信息，然后通过一定的渠道传递给信息接收者，接收者对接收到的符号信息进行解码，获得一定的意义，然后沿着一定的渠道发出反馈信息，从表面上看，这个沟通过程就完成了。但在实际沟通过程中，信息接收者对信息发送者的信息不理解、不完全理解甚至误解的情况时有发生。之所以如此，是因为人际沟通除了存在一般的沟通障碍外，还存在下述特殊的沟通障碍。

（一）文化因素引起的障碍

1. 语言障碍

人际沟通中的语言障碍主要表现在两个方面：一是语言差异障碍。这种障碍主要是由于语系、语族的不同造成的。不同国家、不同民族之间的交流往往因语系或语族的不同而存在沟通困难，这时就需要通过翻译才能进行沟通。二是语言表达障碍。这种障碍主要是由于语言表达能力不同造成的。如果沟通者语言表达能力太差，则会词不达意，令人费解，甚至产生误解和冲突。

2. 文化程度障碍

如果沟通双方的受教育程度、经验水平、文化素质和文明程度差距过大，信息接收者对信息的内涵不理解或不接受，也会造成沟通障碍。

3. 文化传统障碍

沟通双方的文化传统、风俗习惯及行为方式的差异过大，也会造成沟通的障碍。这种差别不仅存在于国家之间，在同一国家的不同区域有时也存在，这正是俗话所说的"一里不同俗，十里改规矩"。

4. 态度障碍

态度通常是指个体对事物的看法和采取行动的心理倾向。以恰当的认知、健康的情感支配行为的心理倾向，就是科学的态度，反之则是非科学的或不端正的态度。态度对人的行为会产生重要影响，如果沟通双方的态度不端正，或者存在偏见，或者歧视对方，或者各存疑心，或者消极悲观，则很难收到较好的沟通效果。

（二）社会因素引起的障碍

1. 社会地位不同造成的障碍

居高位、掌实权的人物如果官僚主义作风严重，下属就会敬而远之，由此便阻塞了上下沟通的渠道。克服社会地位障碍的有效方法是发扬民主，干群广泛接触，经常对话，相互听取意见。

2. 社会角色不同造成的障碍

在管理过程中，如果管理者不能以平等的态度对待下属和同事，总喜欢用教训人的口吻与下属和同事说话，那么他与下属和同事之间就会产生隔阂，导致管理沟通的障碍。解决的办法是管理者发扬民主作风，对下属和同事要尊重，有事一起商量，共同寻求解决问题的途径，这样才能达到有效沟通。

3. 年龄差异造成的障碍

年龄是人的阅历的体现和反映，是时代的年轮和缩影。由于不同年龄的人所处的时代不同、环境不同，这就决定了每个年龄段的人无不带着所处时代的烙印，因此其思想观点、行为习惯甚至世界观也有所差别，这正是人们所说的“代沟”。可以说，在不同的年龄阶段，代沟是人际沟通的主要障碍。

4. 性别差异造成的障碍

由于性别的差异，男性和女性有不同的语言表达方式和习惯。有研究表明：男性通过交谈来强调自己的身份，而女性通过交谈来改善人际关系。也就是说，男性的说和听是一种表达独立意识的行为，而女性的说和听是一种表示亲密的行为。因此，对于许多男性而言，交谈主要是保持个体独立和维持社会等级秩序与身份；而对于许多女性来说，交谈则是为了亲近而进行的活动，女性通过交谈寻求认同和支持。例如，男性经常会抱怨女性一遍又一遍地谈论她们的困难，女性则批评男性没有耐心听她们说。实际情况是，当男性听女性谈到问题和困难时，他们总是希望通过提供解决方案来表现他们的独立和对问题的控制。相反，女性则将谈论困难看作是拉近彼此距离的一种方法。女性谈到困难是为了获得支持和理解，而不是想听取男性的建议。

（三）认知偏见造成的障碍

对于每个人来说，他人与外部的客观事物一样，都是客观存在的，都是自己的认知对象。但是人们对他人的认知和对客观事物的认知所遵循的原则和方法是不同的。人们认知客观事物时，很少加入主观成分，看问题相对来说比较客观，但在对他人进行认知时，往往带有浓厚的主观色彩，总是在一定的心理倾向作用下加工整理外部输入的信息，形成对他人的印象，然后把这个印象加到认知对象身上，认为这个人就是这个样子的。这种主观的认知偏见在人际沟通过程中的具体表现有下述几种。

1. 晕轮效应

所谓晕轮效应是指对某个人的整体印象影响到对其具体特征的认识和评价的一种心理现象。当你认为某个人不好时，会觉得他什么都不顺眼，他就被消极否定的光环所笼罩，一无是处；当你认为某个人很好时，他就会被一种积极肯定的光环所笼罩，令你觉得这个人什么都好。俗话说的“一俊遮百丑”、“情人眼里出西施”、“爱屋及乌”等就是这种认知偏见的典

型表现。晕轮效应形成的心理机制是中心性质扩张化，是一种以偏赅全的心理偏差。在人际沟通过程中，只要是权威人物说的话，就深信不疑，而一般人的话则人微言轻，这就是晕轮效应在起作用。

2. 刻板印象

人们在认知时并不是把认知对象当作孤立的个体来认识，而是把他看作是某一类人中的一员，认为他具有这一类人所共有的特点。这种把人划归某种类型加以认识的现象就是刻板印象。刻板印象使人们对每一类人都有一套固定的看法，但是用这种固定的看法去套一个具体的人时未必正确。而且，即使在同一类人中，每个人除了具有某种共性外，还有自己的个性。所以，刻板印象很容易造成偏见，使人戴着有色眼镜看人，从而影响了人际沟通的效果。

3. 第一印象效应

两个素不相识的人初次见面所形成的印象叫作第一印象。第一印象效应是指一定条件下最先映入认知者视野中的信息在形成印象时占优势。人际交往总是通过第一印象进行的。第一印象效应对人际认知的影响表现在很多方面：首先，它会使人际认知带有表面性。第一印象常常是对一个人表面特征的认知。两个素不相识的人初次接触，彼此会根据对方的外貌、表情、姿态、谈吐、衣着等，作出一个初步的判断与评价，形成某种印象，这就容易出现以貌取人的现象，使认知具有表面性。其次，第一印象效应容易使人际认知具有片面性。初次接触获得的信息和形成的印象对日后的交往影响重大，常常使人跟着第一印象走，忽视以后的新信息，或按最初的印象来解释后来出现的新信息，造成对人认知的主观片面性。比如，当初次看到某人谈吐优雅、很有礼貌，形成一个有教养的好印象后，在日后的交往中，往往不会注意他在其他场合是否会有行为粗鲁、蛮横的表现，即使注意到了，也会认为那是偶然的。由此可见，第一印象一旦形成，就会起到一个过滤器的作用，以致在后来的人际沟通过程中，凡是跟第一印象一致的信息，就印象深刻，而凡是跟第一印象不一致的信息，就视而不见、听而不闻，这便产生了沟通的障碍。

4. 自我投射

自我投射是指人的内在心理的外在化，即“以己之心度人之腹”，把自己的情感、愿望、意志、特征投射到他人身上，强加于人，认为他人也是如此。自我投射效应是人从自我出发去认知他人，自我与非我不分，主观与客观不分，认知主体与认知客体不分。而事实上，世上并没有完全相同的人，自己与他人之间的差异是客观存在的。因此，在人际沟通过程中，应注意这些差异，从他人的实际特点和具体情况出发去认知他人、理解他人，才能避免曲解别人的信息，克服沟通的障碍。

(四) 情感因素引起的障碍

情绪与情感是个体对客观事物是否满足自己的需要所产生的态度。情绪和情感可分为两种：一种是积极的情绪和情感，如满意、喜爱、快乐、自豪等；另一种是消极的情绪和情感，如愤怒、恐惧、厌恶、嫉妒、自卑等。这些积极的和消极的情绪、情感取决于个体的需要是否得到满足，如果需要得到满足，就会产生积极的情绪，反之就会产生消极的情绪。一旦个体产生了某种情绪，这种情绪就会对其行为产生影响。例如，当我们心情烦躁时，会变得好发脾气，说话带刺，尽管平时可能热情随和，此时也难以对人心平气和，隔阂与误解也就会随之产生，从而妨碍与他人的正常沟通与交往。情绪与情感造成的沟通障碍主要体现在下述几个方面。

1. 愤怒造成的沟通障碍

在生活中，当事与愿违，某种要求不能得到满足，一再受到挫折之时，愤怒自然产生。

根据程度不同，愤怒可以表现为不满、生气、愠怒、激愤和暴怒。愤怒时，人体内会调动所有的能量储备，迸发出比平时大得多的生理和心理力量，并且常用侵犯性语言或行为宣泄出来。这在面对野兽、面对敌人时有积极意义，而在日常生活中只会伤害感情，破坏融洽的气氛。怒气在哪里，哪里就会有争吵和冲突，而事过之后，则悔之晚矣。心理学认为，在冲动的情绪状态下，人的意识范围缩小，对自身行为的控制能力降低，常作出不明智的举动。

2. 恐惧导致的沟通障碍

恐惧根据程度不同可分为不安、担心、惧怕等。现代人的恐惧不仅仅是身体方面的，如受伤或死亡，更常见的是心理和社会方面的，如害怕考试不及格，担心绩效评估不佳，担心评优落空或遭受末位淘汰，担心自己的体力、能力不是一流的，害怕寂寞、孤独等。这些恐惧情绪给人带来一系列不良的心理反应，使人丧失某些原则，甚至用对人作假或贬低别人抬高自己来消除自身的不安。这就拉大了自己与周围人的心理距离，造成沟通的障碍。

3. 嫉妒造成的沟通障碍

嫉妒是指在意识到自己对某人、某事、某物品的占有或占有意识受到现实的或潜在的威胁时产生的情感。它可以向积极和消极两方面转化。对于嫉妒，有的人能克制自己不采取攻击性言行，并控制它、适应它，使它逐渐淡化，甚至把它转化为积极的竞争行为。而有的人则不能把握这种情感，任由其向消极一面转化，产生痛苦、忧伤，进而采取攻击性言论和行为，导致人际冲突和沟通障碍。

4. 自卑造成的沟通障碍

在人际交往活动中，自卑表现为缺乏自信，自惭形秽，行动退缩不前，难以主动与人交往和沟通，想象成功的体验少，想象失败的体验多。自卑的浅层感受是觉得别人看不起自己，而深层的体验是自己看不起自己。自卑者往往并不是能力低下，而是凡事期望过高，不切实际，在人际交往中总想使自己的形象理想完美，惧怕丢丑、受挫或遭到他人的拒绝与耻笑。这种人常常不敢表达自己的意见，哪怕知道自己的意见是正确的，也往往缺乏表达的勇气与信心。

5. 自负造成的沟通障碍

自负在人际交往中表现为傲气轻狂，居高临下，自夸自大，过于相信自己而不相信他人，只关心个人的需要，强调自己的感受而忽视他人的想法。与人相处，高兴时口若悬河、手舞足蹈，不高兴时乱发脾气，很少考虑对方的反应。与熟识的人相处，常过高地估计彼此的亲密程度，使对方出于心理防卫而采取疏远态度。

6. 孤僻造成的沟通障碍

孤僻导致的沟通障碍具体表现为孤芳自赏，自命清高，与人不合群，待人不随和，独来独往；或是由于行为习惯上有某种怪癖而使他人难以接受，以致从心理到行为上与他人有着屏障，自己将自己封闭起来。

（五）人格因素引起的障碍

所谓人格，指人经常地、稳定地表现出来的心理特点，包括气质和性格。人格的差异会造成人际沟通的误解、矛盾甚至冲突。正确理解自己和他人的人格特点的差异，有助于理解许多误解和冲突产生的原因，进而克服人际沟通中的障碍。

1. 气质不同产生的障碍

不同的人的情绪和行为发生的速度、力量、持久性和灵活性各不相同，这反映了人的不同气质。气质一般可分为四种不同的类型：（1）胆汁质，表现为好动、热情、直率、急躁、

易激动、精力旺盛、缺乏耐性等。(2) 多血质，表现为活泼好动、反应迅速、善交际、适应力强、热情、乐观、敏捷。(3) 黏液质，表现为安静、沉着、稳重、有耐心，但固执、反应慢、不灵活。(4) 抑郁质，表现为敏感、多疑、多愁善感、孤僻、谨小慎微、反应缓慢。

从生活中我们可以看到，不同气质的人在一起会因气质不同而产生一些摩擦。胆汁质的人会由于一点小事而突然间怒不可遏，对人大发雷霆，使抑郁质的人深感委屈和不满；而冲突过后，前者会很快把事情忘却，后者却始终耿耿于怀。黏液质的人对事情认真，有耐心，但做事慢腾腾，难以同时处理几件事情，无法很快从一个问题转入另一个问题，这会使多血质的人很不耐烦，这两种类型的人相处时很容易产生不快。需要指出的是，气质主要是由遗传因素决定的，虽然后天的生活经验可以在一定程度上对气质进行某种程度的掩盖，但很难彻底改变，每种类型的气质都有其有利的一面，也各有其不利的一面，只有知己知彼、宽容他人，方能防止不必要的冲突产生。

2. 性格差异产生的障碍

性格指一个人在后天社会实践活动中形成的对人、对事、对己的态度及与之相应的行为方式。当你与性格相投的人相处时，会感到难舍难分，与性格不合的人相处时，则会感到别扭难耐。社会生活中人们需与各种性格的人打交道，自身的性格不仅决定了你对他人的态度、行为，也影响着你与周围人的关系。

瑞士心理学家荣格把性格分为外向型和内向型两种。前者一般高级神经活动强烈，气质多为胆汁质和多血质，性格特点往往表现为根据外界的客观情况来决定自己的情感和行为，关心现实，活泼好动，乐观开朗，善于谈吐，感情易变，性情急躁，其情绪、态度和行为的对象多是外部客观现实，指向于外界。而内向型性格的特征则与外向型性格相反，表现为对周围的事不大关心，以自己的感情和意志等主观因素决定行为，注重内心体验，不喜欢与人交往，与亲人以外的其他人保持一定距离，平静、沉稳、慎重，有条理，气质多为黏液质和抑郁质。

无论性格是外向还是内向，对他人来说都同时具有吸引力和使人反感、容易引起冲突两个方面。某些性格相似的人，由于有共同的弱点，会难以相处。两个外向型性格的人相处，会相互抱怨对方做事急躁，欠考虑，主意易变，难共事。而两个内向型性格的人相处，则会认为对方冷漠、高傲、四平八稳、没有朝气，等等。彼此要想达到相互理解、沟通，须明了自己及交往伙伴的性格特点，相互协调、适应。

课堂互动

1. 你认为在跨国企业中，沟通最大的障碍来自于哪里？为什么？

2. 在沟通遇到障碍时，人们经常提到代沟，请问代沟主要体现在哪些方面？你与家长之间有代沟吗？代沟能不能消除？

3. 请你谈谈晕轮效应与第一印象效应的区别与联系。你在生活中有没有晕轮效应或第一印象效应？请举出具体的例子。

四、克服人际沟通障碍的对策

尽管在人际沟通过程中会遇到各种各样的障碍，但只要人们树立正确的沟通理念，采取科学的沟通渠道和方法，就能够克服沟通中的障碍，实现有效沟通。具体来说，克服人际沟通障碍的策略与技巧主要有以下几种。

（一）态度要积极

态度对人的行为具有非常重要的影响。比如，同样是上司交给的一项任务，员工甲与上司积极沟通，获得了较多的信息，加上他本人态度认真而且充满热情，他就会高效率地完成这项任务；而员工乙做事一贯懒散，对什么事都认为无所谓，凡事都消极被动，他就不会主动去与上司进行沟通，工作效率自然也就受影响。因此，在人际沟通中要尽可能地保持乐观、积极、向上的态度，避免消极、悲观的态度，在沟通中保持平和的心态，这样才能够达到沟通的预期效果。

（二）坚持实事求是，以理服人

为人处世不讲道理，戴着有色眼镜看人，就没有立身之地。所以，在人际沟通过程中，不仅说话办事要实事求是，言论行为要符合社会规范，相处交往要体谅他人，而且需要有判别力、洞察力和严密的逻辑思维以及分析推理的能力，待人接物要善于抓住事物的本质。与人交往难免发生矛盾，而且常常不是一方绝对有理，当你遇到这种情况时，最好的办法就是避实击虚，即避开对方最有力的攻击，寻找对方的薄弱环节有理有力地进行反击，以理服人。这种方法在企业竞争、经济谈判和“打官司”中用得最多。如果与人交往中发现自己确实错了，切不可强词夺理，不妨主动认错，赔礼道歉，这样显得诚恳而又豁达，更易赢得别人的谅解、同情和赞许。

（三）以情动人

在人际沟通中要善于驾驭自己的感情，根据不同的人、事以及环境、气氛，恰当地、情真意切地表达自己的喜、怒、哀、乐，以打动对方。例如，老友重逢时的喜悦和激动；同事、朋友相聚时的愉快和欢乐；面对遭受挫折和不幸的人时的同情和悲痛；当企业遇到困难和风险时，领导在部下和群众面前所表现出来的从容和镇静，凡此种种，皆是以情动人。情不真就不动人，意不切就会失态。只有真正的感情才具有力量，才能够感染和打动人。

（四）正确地运用语言

人际沟通过程中，语言是必不可少的工具。若一个人驾驭语言的能力强，谈吐自如，能根据不同的人、事、环境等选择准确恰当的词语，充分显示自己说话、办事的逻辑性和严密性，就能够保证人际沟通获得更大的成功。如果说话吞吞吐吐，词不达意，甚至颠三倒四，不仅达不到沟通的目的，而且还可能造成冲突。要想在人际沟通中正确地运用语言，需要注意两个问题：一是选词造句要准确恰当，中心要鲜明突出，思维逻辑要严密；二是语言要流畅，语气声调要依人依事来选择，使之恰到好处。

（五）随机应变

人们在交往过程中，常常会遇到一些意外的情况或问题。在这种情况下，有的人处事死板，死抱教条；有的人不知所措，慌乱尴尬；而有的人则随机应变，采取灵活多样的方法进行恰当的处理。例如，小李与朋友相约到另一位同事家去玩，小李带了一些糖果作为礼品到同事家时，他发现朋友们都未带礼品。这时，小李既没有当着大家的面叫主人将礼品收下，也没有将礼品悄悄放在某个角落，而是大大方方地对主人和朋友们说：“我带来点东西助助兴，大家都来尝尝吧！”礼品本来是送给主人的，小李这么灵活处理，不仅没有使未带礼品的朋友感到难堪，反而使主人和朋友们都感到高兴。

（六）保持良好心态，进行换位思考

在人际沟通过程中，要常常进行心理换位，把自己想象成对方，了解一下自己处在对方情境中的心理状态和行为方式，体会一下他人的心理感受，就会理解别人的态度和行为，做

到“己所不欲，勿施于人”。同时，还要保持良好的心态，积极主动地与他人进行沟通，做到不卑不亢、平等真诚，这样才能避免自卑和自负造成的沟通障碍，赢得他人的信赖。

第二节 人际沟通的技巧

一、说话的技巧

人世间的快乐和烦恼、友谊和仇恨，大多产生于人们的言谈话语中，这正是俗话所说的“病从口入，祸从口出”。会说话的人，其言谈让人听了感觉很舒服；不会说话的人，其言谈让人听了感到恐惧和厌烦。要做个会说话的人，掌握下面的说话技巧是非常必要的。

（一）主动地问候

在交往开始时，要注意问候，这样不仅能够表现出对对方的亲近之情，还可以营造良好的谈话氛围。一般来说，年轻人应主动问候长辈，下级应主动问候上级，男士应先问候女士。问候时目光要注视对方，面带微笑，语调清晰、温和，切忌显出一副心不在焉、无可奈何的样子。

（二）礼貌地告辞

在交往结束时，要礼貌地告辞，并表示以后还想相见的愿望，这样有利于保持良好的人际关系。告辞时态度要谦逊、诚挚，不要趾高气扬。临走时说声“再见”、“对不起，先走一步”等均可。

（三）多谈对方感兴趣的事情

在交谈中人们往往对与自己有关的问题较感兴趣，如自己所缺乏的东西、所认识的人或所看见过的东西以及所经历过的事情，或与自己的经历有关的种种事情。因此，在与别人谈话时，不能一味地谈“我……”，这会使对方反感和厌烦。最明智的做法就是谈论对方感兴趣的问题，多让对方谈，再穿插自己的东西，这样更易于获得对方的好感。

（四）重视每一个人

在有众多人参与的谈话场合，如果你只跟自己谈得来的人说话，而使某些人遭受冷落，这是极不明智的做法，假如被冷落的恰巧是来日对你事业前途起关键作用的人物，那么你就可能为此付出沉重的代价。因此，在谈话时千万不要冷落了任何人，要留心每一个人的面部表情及其对你谈话的反应，让每个人都有被重视和尊重的感觉。

（五）学会使用“万能语”

所谓“万能语”，一般具有以下几个特征：一是使对方觉得你很有礼貌；二是听起来平易近人，用起来简单方便；三是给人一种舒心的感觉；四是富有弹性。最常见的万能语有：噢，是的；真是太不好意思了；请多多包涵；哪里，哪里，不敢当；真是太感谢你了；请多指教；拜托，拜托。万能语是人际关系的润滑剂，巧妙地使用它能收到意想不到的效果。

（六）注意停顿

说话时的停顿其实也是一种艺术。巧妙地运用停顿，不仅能使讲话层次分明，还能突出讲话的重点，吸引听话人的注意力，让听话人更容易明白所讲的内容。如果不懂得运用停顿，滔滔不绝地一直讲下去，势必使对方感到一种压迫感，从此怕听你说话。

（七）用词准确易懂

使用的语言要准确精练，不要拖泥带水，否则会使别人抓不住要领。语言必须通俗易懂，让人一听就明白。在非专业性交往中不要使用专业术语，除非双方学的是同一专业。语言还应朴实无华，既不要滥用词汇，使人产生故弄玄虚之感，也不要干巴枯燥，令人感到索然无味。

（八）不要轻易打断对方的谈话

一方在谈论某个问题或叙述某件事时，听者不应该轻易打断说话者的话，应该等其说完后再提问或发表自己的见解。如果中间确有必要插上一两句话，应预先打招呼，说声“对不起，我插一句话”，说完后应礼貌地请说话者继续说下去。

二、电话交谈的技巧

随着通信技术的发展，电话已经成为最普遍、最快捷的人际沟通工具。人们在工作、生活中经常要打电话或接听电话，因此，掌握电话交谈的技巧对于搞好人际沟通是十分重要的。

（一）打电话的技巧①

不管你打电话是出于私人交流还是为了商务活动，都需要具备一定的常识和礼节。尤其是在商务活动中，掌握一些打电话的方法和技巧，对于提高商务活动的成功率大有益处。以下几点是你打电话时应该考虑的。

1. 理清自己的思路

拿起电话听筒之前，应先考虑一下自己想要说些什么，不要在毫无准备的情况下给他人打电话。你可以在脑海中设想一下要谈的话题或草草写下想说的事情。

2. 养成随时记录的习惯

在你的办公桌上应时刻放有电话记录用的纸和笔。打电话时应一手拿话筒、一手拿笔，以便能随时记录。

3. 立即表明自己的身份

电话接通后，首先应表明自己的身份以及自己所属的组织的名称，然后以“您好！”“你最近怎么样？”“一切都还顺利吗？”或类似的问候语作为谈话的开场白。电话交谈时应称呼对方的名字，以便让对方了解到你知道他的名字，缩小你们之间的距离感。

4. 确定对方是否处于合适的通话时间

当你给他人打电话时，对方也许正忙于自己的某件事情。这时，你应当表明自己尊重对方，能够给对方足够的时间作适当的调整。例如，你可以在开始讲话时先询问对方：“您现在接电话方便吗？”“您现在忙吗？”“您现在有时间同我谈话吗？”“这个时候给您打电话合适吗？”“您能抽出点儿时间听我讲话吗？”

5. 表明自己打电话的目的

接通电话后，你应立即向对方讲明自己打电话的目的，即迅速进入正题。专家们认为，商场上的机智就表现在你能否在30秒内引起他人的注意。

6. 给对方足够的时间作出反应

即便你想迅速解决某一紧急的事务，也应该给对方足够的时间，让他们对你的要求作出反应。如果你拿起电话说个不停，那么对方会误以为你正在朗读材料而无暇思考。

7. 避免与旁人交谈

在打电话的中途与身边的其他人说话，这是极不礼貌且不合适的行为。如果万一你这时有一件更加重要的事情需要马上处理，你应该向对方道歉，并讲明理由，然后在最短的时间内处理完这些事情，不要让对方久等。如果你估计让对方等候的时间可能会很长，也可以向对方道歉，说明你会过一会儿再打过去。但最好避免这种情况的发生。

① 参见孙健敏主编：《管理中的沟通》，81～85页，北京，企业管理出版社，2004。

8. 设想对方要问的问题

当你在电话中与他人进行商务谈话时，对方肯定会问你一些问题，所以你应该事先准备好如何回答。例如，总公司的一位总经理助理给城外的分公司的一位专家打电话，请他参加总公司的会议，那个专家听后问："为什么我要跑这么远去参加这个会议呢?"在这种情况下，一个拙劣的回答可能是："我想您最好来这儿。"但如果你事先考虑过这样的问题，就能十分机智地回答："您是这方面的专家，而且我们讨论的问题恰巧在您的研究范围之内，如果您能光临，会对我们有很大帮助。"听了这些话，那个分公司的专家可能当时就会表态："好的，我会准时参加的。"

9. 道歉应该简洁

有时，你不在的时候会有人给你打电话，并且要求代接的人记下电话转告你。当你回这些电话的时候，不要在道歉上浪费时间，只需用一两句话表示一下歉意即可，例如："对不起，我没有尽早给您回电话。""抱歉，接到您的口信我就立即给您回电话，但是您一整天都不在。"因为所有这些都是过去的事情，过多的解释是毫无意义的，只会延误你谈正题。

10. 不要占用对方过多时间

当你主动给别人打电话时，要尽可能避免占用对方过多时间。如果你要求对方查找一些资料或说出某个问题的答案，就可能占用电话时间过长。因为大多数情况下，对方不一定马上就能替你找到资料，或者立即给你一个肯定的答案，你必须给予对方一定的时间。而这么长时间的通话可能会令对方十分反感，因为也许他正急着处理某一事情，希望你尽快结束通话。因此，当你预计对方可能要过一段时间才能给你答复时，你可以先挂上电话，要求对方回电告知你，或者你过一会儿再打过去，这样就不会过多占用他人的时间，影响他人的正常业务。

（二）接听电话的技巧

当你给他人打电话时，你应调整好自己的思路。而当你的电话铃响起时，你应该尽快集中自己的精力，暂时放下手头正在做的事情，以便你的大脑能够清晰地处理电话传来的信息。当然，上述过程应该迅速完成，否则对方会因电话铃响得过久无人接而挂断电话，你便会失去得到信息的机会。以下几点是你在接电话时可以参考和借鉴的技巧。

1. 随时记录

在手边放置纸和笔，随时记下你所听到的信息。如果你没有做好准备，而不得不请求对方重复，则会使对方感到你心不在焉，没有认真听他说话。

2. 自报家门

你拿起电话后应清晰说出自己的全名，有时也有必要说出自己所在单位的名称。同样，一旦对方说出其姓名，你可以在谈话中不时地称呼对方的姓名。

3. 转入正题

接听电话时，不要"哼哼哈哈"地拖延时间，而应立即作出反应。一个好的开场白应是立刻切入正题的，例如："您需要我做什么?"当你觉出对方有意拖延时间，你应立即打断他，如可以说："对不起，真不巧！我正要参加一个会议，不得不在5分钟后赶到会场。"很多情况下，这样说会防止你们谈论不必要的琐事，加速谈话的进程。

4. 避免将电话转给他人

自己接的电话尽量自己处理，只有在万不得已的情况下才可以转给他人。转给他人时，你应该向对方解释一下原因，并请求对方原谅。例如，你可以说："对不起，这件事我没有参与，不太清楚情况。我让负责此事的同事跟您联系吧！"在你作出这种决定之前，应当确定对方愿意你将电话转给他人。例如，你可以问："布朗先生会处理好这件事的，请他和您通话好吗？"

5. 避免电话中止时间过长

如果你在接电话时不得不中止电话而查阅一些资料，那么你查阅的动作应当迅速，你还可以有礼貌地问对方："您是稍候片刻，还是过一会儿我再给您打过去？"另外，让对方等候时，你可以按下等候键。如果你的电话没有等候键，也可把话筒轻轻地放在桌子上。如果查阅资料的时间超过你所预料的时间，你可以每隔一会儿拿起电话向对方说明你的进展。例如，你可以说："我已经快替您找完了，请您再稍候片刻。"当你查找完毕，重新拿起电话时，应说"对不起，让您久等了"，以引起对方的注意。如果有人在你正在通话时打进另一部电话，你可以礼貌地让与你通话的人稍候，然后拿起另一部电话说："您能否稍等？我正在接听一个电话。"一般而言，如果后打来电话的人所说的事不是很紧急，他会同意等待或稍后再打来，而你应迅即转向处理前一个电话，让对方意识到你很忙而加速你们的讨论。

情景模拟

阳光纸业公司是环宇百货公司的长期供应商。小张是阳光纸业公司销售部职员，老王是环宇百货公司采购部经理，小李是环宇百货公司采购部职员。由于天气原因，阳光纸业公司无法按时向环宇百货公司供货。这时小张要与环宇百货公司采购部经理联系，以说明情况，接电话的是小李。请三位同学分别扮演小张、老王和小李进行电话联系的情景模拟。

自我检查

对照表2—2中一些常见的电话沟通习惯，请你回想一下自己通常是如何进行电话沟通的。

表2—2

问题情景	不良表现	你的实际表现
接听电话时	1. 电话铃响得令人不耐烦了才拿起听筒。	
	2. 对着话筒大声说："喂，找谁啊？"	
	3. 一边接电话一边嚼口香糖。	
	4. 一边和同事说笑一边接电话。	
	5. 遇到需要记录某些重要数据时，总是手忙脚乱地找纸和笔。	
拨打电话时	1. 抓起话筒不知从何说起，语无伦次。	
	2. 使用"超级简略语"。	
	3. 挂断电话才发现还有事情没说到。	
	4. 抓起电话粗声粗气地说："喂，我找刘经理！"	
转达电话时	1. 抓着电话向着整个办公室吆喝："小王，你的电话！"	
	2. 态度冷淡地说"老张不在！"就顺手挂断电话。	
	3. 让对方稍等，就此不再过问。	
	4. 答应替对方转达某事但却不告诉对方你的姓名。	
遇到突发事件时	1. 对对方说："这事不归我管。"然后挂断电话。	
	2. 接到客户索赔电话，态度冷淡或千方百计为公司产品辩解。	
	3. 接到打错了的电话很不高兴地说："打错了。"然后就粗暴地挂断电话。	
	4. 电话受噪音干扰时，大声地说："喂，喂，喂……"然后挂断电话。	

课堂互动

根据表2—3中列举的拨打、接听电话的要点，请你找出自己的不足之处，并制定相应的改进计划。

表2—3

需要注意的要点	查找不足之处	改进计划
要点1：电话机旁应备有本和笔	1. 是否把本和笔放在触手可及的地方； 2. 是否养成随时记录的习惯。	
要点2：先整理电话内容，后拨电话	1. 时间是否恰当； 2. 情绪是否稳定； 3. 条理是否清晰； 4. 语言是否简练。	
要点3：态度要友好	1. 是否微笑着说话； 2. 是否真诚面对通话者； 3. 是否使用平实的语言。	
要点4：注意自己的语速和语调	1. 谁是你的信息接收对象； 2. 是否获得接受者的注意； 3. 声音是否清晰悦耳。	
要点5：不要使用简略语、专用语	1. 用语是否规范准确； 2. 对方是否熟悉公司内部情况； 3. 是否对专业术语加以必要解释。	
要点6：养成复述习惯	1. 是否及时对关键字句加以确认； 2. 是否善于分辨关键字句。	

三、赢得人心的技巧

许多人可能会被一个问题长期困扰，那就是自己该怎样做才能赢得别人的心，让周围的人喜欢自己。以下就是一些赢得人心的技巧。

（一）记住对方的名字

在与别人初次见面后，如果能够在再见面时叫出对方的名字，往往会让对方产生一种被重视的感觉。因此，在谈话中多叫几次对方的名字，可以增进彼此的感情。其实，要记住对方的名字并不难，这里介绍一个小技巧，即：把对方的名字听准，并将这个名字与主人的外貌或行为特征作夸张的视觉想象，在心中默记片刻，事后再多次提醒自己这个名字便可。

（二）学会使用赞美

任何人都喜欢合其心意的赞美。恰到好处的赞美，是一种博得好感与维系好感的最有效的方法，借助它可以获得别人的善意协助。可以说，不分男女，无论贵贱，都有优点，如果你能够发现这些优点，并加以赞美，有时会起到意想不到的效果。当然，在赞扬别人的时候，要恰到好处。称赞不当，犹如明珠暗投，引不起别人注意，甚至激起别人的疑虑和反感。要使赞美得当，需要掌握各人性格的不同之处，区别对待，不能一概而论。

（三）学会倾听

在人际沟通过程中，在适当的场合说适当的话是十分重要的。还有一件与之同样重要的事情，那就是倾听。倾听是你表现个人魅力的大好时机，是你能够给予讲话者的最好礼物。倾听表示你对讲话者的谈话充满了兴趣，使对方产生一种被尊重的感觉，从而赢得其好感。在别人说话时，如果你心不在焉，哈欠连天，时时看表，只能使讲话者意兴阑珊、索然寡味。

而“真正的倾听是暂时忘记自己的思想、期待、成见和愿望，全神贯注地理解讲话者的内容，与讲话者一起亲身感悟，经历整个过程”。

（四）从小事上关心别人

每个人都希望被人关心，并且对关心他的人自然地产生好感。做一些不起眼的小事，最能够体现你对别人的关心，也最能帮你赢得人心。这些小事包括：记住对方说过的话；记住对方的兴趣、爱好；分别后打个电话问一下是否安全到家；指出对方在衣着服饰上的变化；记住对方特别的日子，并送些小礼物、写张贺卡、打个电话表示问候等。这些虽然都是不起眼的小事，但若做了就会让别人高兴，收到意想不到的效果。

（五）助人者助己

当你对着山谷喊“我恨你”时，你会听到山谷传来“我恨你”的回音；当你对着山谷喊“我爱你”时，山谷同样会传来“我爱你”的回声。生命就像山谷里的回音，你送出去什么，你就得到什么；你对别人礼貌，别人也对你礼貌；你体谅别人，别人也体谅你；你尊重别人，别人也尊重你；你帮助别人，别人也帮助你。因此，无论你是谁，都应好好地对待每一个人，并在别人需要帮助的时候帮他一把。你帮的人越多，你以后得到的帮助也就越多，因为曾经得到过你的帮助的人说不定就是你危难之中的救星，这就是所谓的助人者助己的道理。

（六）主动发现别人的需求

主动发现别人的需求，并想办法帮助他满足需求，这是赢得人心的最好方法。由于各人的个性、背景不相同，其需求也必然不一样。但是有些需求却具有普遍性，很容易被发现。美国学者克里斯·科尔将人分为三类，即成就型、交往型、权力型。成就型的人通常为自己建立具体的、可以衡量的目标或标准，并在工作中朝着目标前进，直到实现他们的目标。他们总想做得更好，例如比他们过去做得好，或比其他人做得好，或是要突破先前的标准。对于这种人，应该想方设法让他对自己的工作有种成就感，让他感觉到自己的工作做得非常好。交往型的人更看重友情和真诚的工作关系。令他们愉快的是能有一种和谐的、既有付出又有收获的、轻松的工作氛围。他们不太愿意同陌生人一起工作。对于这种人，要注意与其建立良好的关系，关心他们的家庭、他们的爱好以及他们对事物的想法和感受。权力型的人热衷于负责，他们具有很强的权力欲望。对于这种人要给予他渴望得到的尊重，不要触动他们的权威。由于人是彼此独立的个人，人们的需要往往是两种或三种需求的结合体。因此，交往中必须实行不同的“需求配方”，即改变各种配方强度，以适合不同的人的口味。

课堂互动

两个人为一组，一方先赞美另一方，然后互换。要求每人至少说出10句赞美的话，而且这些赞美的话实事求是、恰到好处。

四、表扬的技巧

表扬是一种既不用资金，也不用设备，但却能产生多方面效果的利器。表扬正确，会给被表扬者带来极大的精神鼓舞，并对其他人产生强烈的示范效应；表扬不当，则会产生许多消极影响和副作用。所以，管理者在进行表扬时，既要注意表扬的方式与方法，也要讲究表扬的策略和技巧。概括而言，常用的表扬方法和技巧主要表现在下述几个方面。

（一）当面表扬与背后表扬相结合

当面表扬就是在被表扬者在场的情况下进行表扬。当面表扬有当众表扬和个别表扬之分。

如果被表扬者的行为突出，对企业的发展有方向性指导作用，或者希望在全体员工中发扬这种良好行为，可以采取被表扬者在场的大会、工作例会或黑板报等形式当众表扬，特别是对一些荣誉感强的职工，采用当众表扬可起到较大的鼓舞作用。除了当众表扬外还可采取个别表扬。

背后表扬就是在被表扬人不在场时所进行的表扬，或者通过别人去传话表扬。背后表扬能使被表扬者感觉到领导对他的表扬是有诚意的，是实事求是的。因此，作为领导者，如果你想表扬某个人，又不便当面提出，如想表扬的人是对你抱有成见的下级，当面表扬他，他反而觉得你是别有用心，会听不进去，这时，你可以在跟他经常接触的人或他的知心朋友面前把他夸奖一番，用不了多久，这个表扬的信息就会传到被表扬者的耳中，被表扬者听到这种表扬后，就会感到你对他的诚意和公正，对你的成见就会逐渐消除，双方的关系就会更加亲密。

（二）表扬方式因人而异

对不同的人应采取不同的表扬方式。对年轻人，在语气上可稍带夸奖；对有威望的长者，在语气上应带有敬重的意味；对机敏的人，只要三言两语他就能感觉到，甚至稍加暗示就能使之心领神会；而对于有疑虑的人，表扬则应该明显，把话说明白、说透，否则可能会让被表扬者产生误解，还以为是在讽刺他或是变相批评他。

（三）表扬的态度诚恳热情

不要认为表扬只是走形式，不带感情、应付差事地说上几句赞美之辞是不会有什么效果的。在表扬别人时，要对他的优点有发自内心的赞赏，以满腔热情的态度对他表示赞扬，并热切地期望他能够把这些优点坚持下去，作出更大的成绩来。这样的表扬才能和对方做到感情交流，发挥促进作用。

（四）表扬要实事求是，恰如其分

表扬是一种有效的激励手段，但必须实事求是。如果把七分成绩说成十分，甚至任意夸大，评价失实，不仅起不到表扬的作用，反而会引起各方面的不满，降低自己的威信。因此，表扬必须实事求是，恰如其分，才能真正起到作用。领导者应该特别注意，表扬要公平合理，不能掺杂私人成见，不能有亲疏远近之分，否则将会起到相反作用。

（五）表扬人的行为

对一个人的表扬，要着重表扬他的行为。例如，他做了某件有意义的事情，就应表扬他这种行为。这会激励他重复这种行为，作出更大的成绩。如果笼统地肯定他整个人，如某某真了不起、某某觉悟真高、某某是个高尚的人等，这样的表扬，不仅不能帮助被表扬者认准具体的努力方向，而且还可能使之产生盲目自满情绪，也容易引起其他人的不满。

五、批评的技巧

（一）批评的技巧

好听的话即使言过其实也不会引起听者的反感，而难听的话即使恰如其分也不会使听者高兴。愿意听到赞美而不愿意遭受批评，这是人们心理需求的基本规律。但在现实生活中，批评又是难以避免的，如果不了解批评的方法和技巧，直接地批评别人，往往是伤了和气又达不到目的。所以，要进行有效的批评，必须讲究批评的方法和技巧。

1. 考虑批评的必要性

对于所有的管理者来说，在批评别人之前，一定要考虑批评的必要性，要清楚地了解别人的什么举动惹恼了你，分析你的批评是试图改善工作状况，还是仅仅为了发泄自己的恼怒；

要弄清你的批评哪些与自己有关、哪些与别人有关。只有这样，你才能把握批评的真正目的和意图。

2. 批评要公道正直，实事求是

在规章制度、道德规范面前人人平等，该不该批评对谁都要坚持一种原则，不能对亲者宽、疏者严，否则，被批评者会不服气，其他员工会鸣不平，领导者会因此失信于下属，造成矛盾和混乱。同时，批评必须尊重事实，在批评之前务必搞清错误的大小、轻重，一是一，二是二，绝不可夸大事实、无限上纲以及随便给人戴帽子，更不能道听途说，无确凿证据就随便指责人，也不能轻信个别人的反映，否则一旦批评错了，既会伤害对方的感情，也会失去自己的威信。下级对领导的话都是很在意的，如果批评过度或不正确，则不仅达不到批评的目的，还会增加下级的抵触情绪。

3. 批评要对事不对人

批评他人是比较严肃的事情，所以在批评时一定要就事论事，对事不对人。一定要记住：批评他人，并不是批评对方本人，而是批评他的错误的行为，千万不要把对人的错误行为的批评扩大到对人的批评上，更不可否定别人的人品和人格，那样就会造成不可调和的矛盾。例如，某位员工没有准时完成你交给他的某一项工作，但这并不说明他本人是个懒惰、不准时的人，他可能是个非常好的员工并且每件事都做得很好。所以，就此事向他提出批评时不要说："你太懒了，办事总是如此。"否则，他会立刻反驳："难道我昨天交给你的材料也晚了吗?"所以，你要针对对方的某一行为和情况作出批评，而不要笼统地对个人作评价。

4. 保持批评的建设性

批评的目的在于帮助别人认识自己的错误，让其知道怎样加以改进，而不是简单地指出他错在哪儿。保持批评建设性的有效方法是为受批评者的个人发展着想，使受批评者了解自己所犯的错误对个人以及工作造成的危害和不利影响，以便于受批评者从错误中吸取教训，把错误变成财富。

5. 选择适当的批评场合

批评要当面批评，不可背后批评。对下级的批评，一定要当面进行。这样能够让他听清楚你的意见，明白你的态度，也便于双方交流意见。如果背后批评，不仅起不到应有的作用，反而会使对方产生错觉，以致造成误解。但在当面批评时，最好不要当着外人的面批评，也不要当着被批评者的下级的面批评，因为有别人在场会增加被批评者的心理负担，从而影响其接受批评的态度。所以，批评时通常应该采取和被批评者个别交谈的方式，这样可以使被批评者体会到领导者对他的关怀和爱护，有利于其认识自己的问题。若有些问题需要当众批评或通报，应事先做好对方的工作，帮助其打消顾虑，缓解其抵触情绪。

6. 选择合适的时机

批评时机的选择很重要。通常情况下，如果对员工早该批评，你却视而不见、任其发展，那可能会造成一些意外的不良后果。大多数员工的问题并非突然产生，而是在工作中慢慢形成的。如果上级不能及时将自己对员工的看法表达出来，及时与员工沟通，彼此之间的怨气就会在心中日积月累，终有一天会爆发出来。如果能够及早提出批评意见，员工就能够慢慢改正缺点，你们的隔阂也可以逐渐消散。一般情况下，人们总是在事情发展到无法控制的地步时才提出批评，而这时他们往往怒不可遏。在这种情况下，对员工进行批评是最糟糕的，它会伴以尖刻的讽刺、威胁以及一大堆牢骚、抱怨。这类并非批评的攻击会导致恶劣的结果，受批评者往往会变得非常愤怒。

7. 友好地接近对方

提出批评时采取的方式越周全、越体谅和越直接，对方的回应效果就越好。你可以用眼神加强沟通效果，并且注意你说话的语调，谨慎选择用词，避免类似“你总是”、“你从不”或“你应该”这样的话。这类词语往往被看作是一种攻击，使人产生抵触情绪。同时，应避免以嘲笑、玩笑的形式提出批评。当你嘲弄对方，或以开玩笑的形式批评对方时，对方会认为你对他有敌意，因为你对他不尊重。而当你直接地表达你的批评观点时，你的批评意见就会被人慎重对待。

8. 称赞与批评相结合

很多管理者对于表扬十分吝啬，对批评却非常慷慨。有些人对于表扬和批评的技巧掌握极少。无论你做得多么杰出，他们也从不说什么；但如果你做错了什么，他们就追着指责你。有些员工除非犯了错误，否则他们不会从老板那里听到对他们工作的评价。作为管理者，当你认为你必须批评一个人时，你可以先称赞一下对方再指出其不足之处，这能够使后面的批评意见变得柔和并且易于听取和接受，但要保证是一种真诚的称赞，如果不诚恳的话，对方会认为你虚伪。

9. 批评的方式要因人而异

由于人的经历、知识和性格等不同，接受批评的能力和方式也不同。管理者要针对不同人的不同特点采取不同的批评方式。对性格比较温顺的人，宜用“温和式批评”，即和他慢慢讲道理，逐步加以引导，启发他自觉地认识问题；批评的方式应该婉转些。对惰性心理、依赖心理和试探性心理较突出的人，宜用“触动式批评”，通过语言的强刺激，用“情”来触动他，使其醒悟，但注意不要引起对抗情绪。对自尊心较强、主观见解难以改变的人，宜用“渐进式批评”，即批评时要有层次，逐步深入，不要一下子和他“摊牌”，这样能使他逐步适应、逐渐接受。对反应速度快、脾气暴躁、行为容易被语言所激发的人，宜用“商讨式批评”，即用缓和的方式、商讨的态度，平心静气地把批评的信息传递给对方，这种方式的优点在于通过和对方平等商讨问题，改变对方可能发生的对抗动机，稳定他的情绪，在这个基础上帮助他认识问题。

（二）批评应注意的问题

有效的批评能够使被批评者心服口服，更好地改正缺点和错误；无效的批评不仅不能使被批评者改正缺点，受到教育，反而会产生更大的消极作用。因而，要使批评产生应有的效果，还必须注意下述问题。

1. 不要伤害对方的自尊

在批评别人时，一定要尊重对方的人格，要把对方所犯的错误与其人格区分开来，尽量表达自己的感受，而不是一味地责备对方。如你可以说：“我遇到了麻烦，需要和你讨论一下。对你的所作所为我有些不太好的感觉。我是否可以提些意见，并且告诉你我对你的看法?”对于你的这种批评，被批评者不会觉得反感，不会认为你伤害了他们的自尊。同时，当你向别人提出意见的时候，不要乱下断言，更不能否定别人的工作，攻击别人的品行，说某人愚蠢或无能，这都是错误的方法，受批评者是不会接受你对他的这类劝告的。

2. 不要算总账

批评应针对当前发生的问题来提出，以帮助对方提高认识、改正错误。不要把过去发生的问题都拉扯出来。有些领导者为了说服对方认识问题，把对方以往的错误，如哪一天迟到了、哪一天说了什么、哪一天怎么做的，像流水账一样都数落了出来。这样会使对方认为你一直在注意收集他的缺点，这一次是在和他算总账，从而产生对立情绪。要知道，批评的目的是为了帮助其改正错误，只要他现在的错误改正了，过去的类似错误不必再提。

3. 不要与对方争吵

往往有这种情况，当领导批评下级的时候，下级表示不服，而领导为了说服下级，证明自己正确，就和下级争辩起来，这么做是很不好的，因为这样一来，群众会认为这是谁和谁吵架，被批评者也会认为自己“理由”很充足，非但毫无接受批评之意，反而对领导产生了意见。当发现某些被批评者不愿接受批评，甚至还提出了无理的要求，想要和你争吵时，你要特别冷静地对待，心平气和地和他谈问题，有时应对其生硬态度加以回避，待他平静下来后，再和他谈实质性问题。

4. 不能以权压人

领导握有批评下级、纠正下级错误的权力，但是不能倚仗这种权力去压制下级。有些人和下级发生争论时常说“是你说了算，还是我说了算”，“你这是目无领导”，等等，甚至用处分、撤职、调动工作来威胁下级。采用这种压服手段，往往是压而不服，反而会遭到下级的反抗，即使下级当面不说什么，心里也会为此结上了疙瘩。

课堂互动

当你犯错误的时候，你希望别人采取什么样的方式批评你？当别人犯错误的时候，你会采取什么样的方式批评他？请按照你自己的实际想法或做法完成表 2—4。

表 2—4

你希望别人批评你的方式	你批评别人的方式
1.	1.
2.	2.
3.	3.
4.	4.
5.	5.

第三节　人际冲突处理

一、冲突的含义及分类

所谓冲突，是指个体或群体之间所产生的摩擦和碰撞。尽管冲突的表现形式多种多样，但归纳起来，冲突大致可分为内心冲突、人际冲突、组织冲突三种类型。

（一）内心冲突

内心冲突发生在个人本身时通常表现为目标冲突和认识冲突。所谓目标冲突，指的是积极的和消极的两种结果间的相互作用。只要个人的行为与所产生的效果互不相容或不一致时，就会产生目标冲突。如有的工作收入较高，但危险性较大；有的工作对个人未来发展有利，但当前待遇不高；而有的工作环境相当安逸，但没有发展前景。也就是说，只要存在多目标决策，就必然产生目标冲突。当个人意识到其想法、态度、价值观与行为有分歧的时候，便产生了认识冲突。如在公交车上遇到小偷行窃，想自己挺身而出，又担心受到伤害，想不管不问，自己又于心不忍，这时一个潜在的我和现实的我就会发生冲突，这就是人们通常所说的思想斗争。产生了认识冲突，会让人感到紧张和不适，解决这种冲突的途径在于改变自身原有的想法、态度、价值观或行为，使认识和行为保持一致。

在一些重要的决策中，目标冲突与认识冲突往往并存。一般来说，在决策前目标冲突越大，决策后认识冲突就越突出。

（二）人际冲突

人际冲突指的是人与人之间在认识、行为、态度及价值观等方面存在的分歧。只要人与人之间存在目标、价值或行为的不一致或相互排斥，便会产生人际冲突。可以说，人际冲突是客观存在的，只要有人的地方，就会产生人际冲突，人的责任似乎就在于解决冲突的同时又制造冲突。有人说，人际冲突是破坏性的，没有冲突当然要比有冲突好。但这只是一种良好的愿望，是不现实的，冲突是一种人们不得不面对的客观存在。其实，人际冲突并非都是破坏性的和消极的。尽管大多数情况下人际冲突在很大程度上是消极的，但某些起因于工作的人际冲突却可以帮助人们发现存在的问题和隐患，甚至可能是解决问题的途径。

（三）组织冲突

组织冲突包括组织间冲突和组织内冲突。当组织与组织之间在利益、信仰、价值观等方面产生差异时，就会产生组织间冲突，如企业之间的竞争、国家之间的战争等都是组织间冲突的具体表现形式。组织内冲突，指的是组织成员相互之间发生的摩擦和碰撞，这种摩擦和碰撞不仅影响组织凝聚力，而且影响组织工作效率。一般说来，组织内冲突主要有两种形式：一是纵向冲突，即组织内不同级别之间的冲突，主要表现为上下级之间的冲突。这类冲突常常是由于上级控制过严，以致下属不服所产生的。二是横向冲突，即组织内相同级别之间的冲突，主要表现为同级之间的冲突。这类冲突常常是由于各部门在目标、利益以及态度上存在差异而产生的，如部门之间经常会在报酬公平性和福利计划等方面产生冲突。

课堂互动

请你举出内心冲突中目标冲突和认识冲突的例子，并说明你经常是怎样化解内心冲突的。

二、冲突的积极作用与消极作用

冲突或摩擦是日常生活及工作中的一个组成部分。冲突太少，工作、生活会单调枯燥；冲突太多，工作会面临太多的压力，生活会变得太紧张。可见，有冲突并不完全是坏事，冲突对于一个组织来说既有消极作用也有积极作用。我们当然希望冲突的积极作用更多一些，同时希望尽力避免冲突的消极作用。

（一）冲突的积极作用

由于冲突的消极作用，许多人都害怕冲突，因而在实际工作中总是设法回避冲突。然而，冲突也能带来正面的影响，实践表明，冲突有时不仅有助于现存系统的发展，而且能防止系统的停滞及消亡。同样的道理，在企业中冲突也可以成为一种积极的因素。冲突的解决常会导致问题的有效解决，而且解决冲突的愿望会迫使人们寻找改进的方法。通常，我们认为冲突的价值在于带来创新和变革。和他人冲突时，我们不得不对问题进行评估。当冲突被有效解决后，它能引进竞争机制，增强创新意识。例如，我们每个人都有一定的工作模式，只有当我们的效率受到挑战时，我们才会考虑新的工作方法。有效的冲突能使我们远离常规，在企业中冲突的解决过程会促进积极变革和创新。

（二）冲突的消极作用

我们知道，冲突会造成严重的消极影响，致使组织无法达到既定目标。冲突会消耗资源，尤其是时间和金钱。严重的冲突还会影响员工的心理健康，由此产生的抵触的想法、观点会导致憎恨、紧张和焦虑。这些情绪的产生是因为冲突给其个人目标和信仰带来了威胁。在较长的一段时间内，冲突会使企业内相互支持、相互信任的关系变得紧张，从而分裂人际间相互支持、相互信任的关系，以及群体间的关系甚至整个组织的关系。许多人在和谐的状态下能够有效地进行沟通，但是由于在冲突中沟通能力会变得较差，往往因此丧失影响他人的能力，错失果断决策的良机。作为一名出色的管理沟通者，在冲突条件下也应具备较强的沟通能力，无论是为自己还是为组织，他们都必须为达到组织目标而努力。

由此可见，冲突水平太低，组织革新和变化就会变得困难，组织将难以适应环境，其行为将受阻；冲突水平太高，将导致各种混乱，危及组织的生存。冲突所具有的这种双重性如表 2—5 所示。

表 2—5　　冲突的双重影响

冲突的积极作用	冲突的消极作用
促进问题公开讨论	影响员工心理健康
促进问题尽快解决	造成组织内部不满与不信任
提高员工的参与程度	造成人际关系紧张
增进员工间的沟通与了解	导致员工和整个组织变得封闭、孤立、缺乏合作
化解矛盾和积怨	阻碍组织目标实现

三、人际冲突产生的原因

人的性格、特点和思想的多样性，决定了人际冲突产生的原因也是多种多样的。归纳起来，人际冲突产生的原因主要包括下述六个。

（一）缺乏沟通

缺乏沟通是产生人际冲突的重要原因之一。有关研究表明，语义理解困难、信息交流不充分以及沟通渠道中的“噪音”等因素都构成了人际沟通的障碍，从而成为冲突产生的潜在原因。具体而言，人们之间缺少或没有沟通，工作范围或工作性质的不同，人们选择性的存在以及对他人缺乏必要的了解等，都可能造成人们在沟通时对对方语义的理解困难。沟通过少或沟通过度都会增加冲突的可能性；信息传递中的过滤、正式与非正式通道的沟通偏差等也有可能造成冲突。

（二）对有限资源的争夺

资源的有限性与需求的无限性是人类社会面临的基本矛盾，怎样用稀缺的资源来满足不同组织不断增长的需要，既是经济学研究的中心和主线，也是组织之间相互竞争的焦点。为了占有和使用有限的资源，组织之间不可避免地会发生冲突，历史上的无数次战争无不是争夺有限资源而导致的结果。同样的道理，在企业中，各个部门为了各自的目标和利益，也常常因为争夺材料、资金、人员诸方面资源而发生人际冲突。

（三）目标和利益的差异

有调查表明，在企业生产经营活动过程中，生产部门对组织结构的规范化、程序化有较高要求，销售部门对人际关系有较高的要求。生产部门关注的是生产流程和有效的操作，质量部门要求的是产品一定要符合标准，市场部门关注的是产品销量和收入。当不同的部门追求不同的目标时，就容易发生分歧，各部门在工作目标上的差异是产生人际冲突的主要原因之一。另外，企业中的人际关系还取决于各个成员的背景、思维方式和需要，当成员拥有共同的工作目标和利益时，沟通协调比较容易；当不同部门或群体成员在利益和目标上存在差

别时，就有可能产生分歧和冲突，如新员工和老员工之间由于利益的差别有可能引起冲突。

（四）相互依赖性的协作

社会化的大生产必然要求分工，分工的结果必然要求各部门、各环节之间进行协作，而协作的结果必然是各部门、各环节之间的相互联系和依赖。这种相互联系、相互依赖的关系不可避免地会引起冲突。按照各部门相互依赖、相互作用的程度高低，可将部门之间的协作关系分为三种形式，即联合式、顺序式和互惠式。当两个部门功能相对独立，以并行联合的形式为组织目标作出贡献时，这两个部门就属于联合式的协作关系，如大学中各个院系之间的关系。当一个部门的工作依赖于另一个部门的工作结果时，这两个部门就是一种单向的顺序式协作关系，如企业中的原材料供应部门与生产部门、生产部门与销售部门之间的关系。当两个部门互相交换它们的投入与产出时，它们便是互惠式的协作关系，如销售部与产品开发部之间就存在着高度的互惠关系，这种高度的互惠关系可以转化为更多的相互作用和更高的协作要求，但也更加容易产生冲突。

（五）工作的不确定性

所谓不确定性工作，是指那些非常规性的、随时可能变化和遇到例外情况的工作。在企业中，市场研究部门和产品开发部门的大部分工作属于这一类。与那些从事确定性工作的部门相比，从事不确定性工作的部门和人员需要更多的信息，需要与其他部门有更多的相互作用和接触，他们面临的冲突也更为频繁。

（六）个人因素

个人的价值观和个性特征也是冲突的来源。有的人认为人与人之间应当互相理解、互相帮助，有的人则认为做好自己分内的事才是最重要的；某人对某件事评价甚高，另一人却不以为然，这些都是人们在价值观上的差异，它同样会导致人际冲突。而某些个性特征，如专制、武断、教条、冷酷、敏感、以自我为中心等，也是引起冲突的原因。

四、人际冲突的处理策略

充分了解人际冲突的性质及其产生原因，并且能够采取十分恰当的方法来避免或解决冲突，对于任何负有管理责任的人来说都是非常重要的。一般而言，个人对待人际冲突大致有五种不同的策略，即回避、对抗、妥协、迎合及合作。在处理人际冲突过程中采取何种策略，主要取决于冲突个人本身的需求或目标。上述五种冲突处理策略在坚持己见倾向与合作倾向两方面的不同表现如图 2—1 所示。

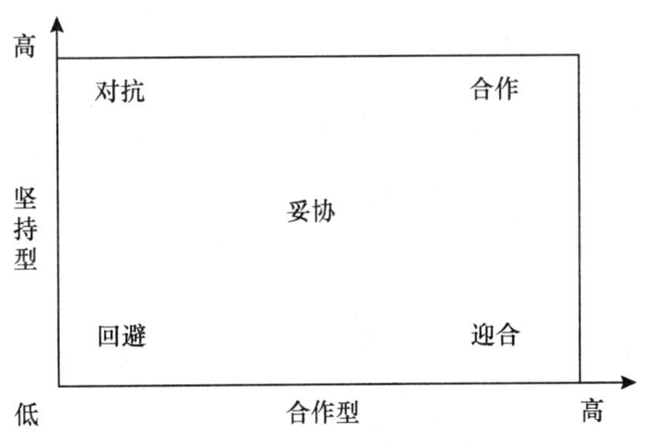

图 2—1　人际冲突的处理策略

（一）回避

回避是指在冲突的情况下采取退缩或中立的倾向。采取这种策略的人会不惜一切代价避免冲突，其中心思想就是逃避，因为冲突让他们感到不舒服或非常害怕。实践证明，对于重要问题采取回避的态度往往是不明智的，因为回避不仅无助于问题的解决，甚至有可能导致问题的恶化。回避策略反映了回避者对紧张和挫折的恐惧和厌恶情绪。

但是，在下列情况下选择回避策略可能是有效的：当冲突微不足道，或还有更紧迫、更重要的问题需要解决时；当你认识到对方不可能满足你的要求时；当问题得以解决还不如不解决好时；当收集信息比立刻决策更重要时；当其他人能有效地解决冲突时；当这一问题与其他问题无关或是其他问题的导火索时。

（二）迎合

迎合是指在冲突的情况下尽量弱化冲突双方的差异，更强调双方的共同利益。这是一种不坚持自己的利益和具有较高的合作倾向的态度，反映的是一种退让的风格，是一种利他的行为，或者是对别人愿望的一种服从，或者是一种与别人长期合作的策略。采取这种策略的人对待冲突的态度是：不惜一切代价维持人际关系，很少或不关心双方的个人目标，他们把退让、抚慰和避免冲突看作是维护人际关系的主要方法。采取这种策略的人往往会赢得别人的好评，但也可能被认为是软弱的表现。

在下列情况下适宜选择迎合策略：当你发现自己错了，希望倾听、了解更好的观点时；当你想表现出自己的通情达理时；当该问题对别人或组织比对你更为重要时；当你希望为以后的交往建立信用时；当你处于弱势，希望能尽量减少损失时；需要融洽和稳定至关重要的关系时；当你允许下属从错误中得到教训和经验时。

（三）妥协

妥协是指在冲突双方互相让步的过程中达成协议的一种局面。采取这种策略的人既要考虑目标又要考虑双方关系，倾向于将不同的利益和观点加以平衡，同时采用“给予—获取”的方法来解决冲突。妥协策略不追求各方的最佳满意程度，而是取得各方适中的、部分的满足。由于在妥协过程中各方可以将他们的损失减少到最低程度，同时又能够有所收获，因而妥协策略经常能够奏效。妥协可以被看作是一种基本的合作举动，也是解决冲突比较实际的准则，因而妥协策略在解决各种冲突中被广泛运用，也往往得到人们的好评。

在下列情况下可以选择妥协策略：当问题很重要，而你左右不了局面，过于坚持己见可能造成更坏后果时；当对方具有同样的影响力，且准备提出其他目标时；当你需要为复杂问题找到临时性的解决办法时；当时间十分紧迫，需要找到一个权宜之计时。

（四）对抗

对抗是一种坚持己见而缺乏合作倾向精神的行为。它是人际冲突中的“赢—输”处理模式。采取这种策略的人，往往只为实现自己的目标而不顾别人的利益，甚至牺牲别人的目标来达到自己的目的，认为冲突非赢即输，只有顺利实现自己的目标才能体现其地位和能力。对抗策略常涉及权力和控制方面，它往往会导致人们的不良评价。

但在某些情况下可选择对抗策略：当处于紧急情况下，迅速果断的行动极其重要时；当问题很重要，需要采取不受欢迎的行动时，比如缩减开支、制定惩罚制度等；当你知道自己是正确的，并且问题的解决有益于组织，需要对付那些从非竞争性行为中受益的人的时候。

（五）合作

合作策略是既坚持己见又与他人合作的行为。它是人际冲突中一种“双赢”的冲突处理

模式。采用合作策略的人对待冲突的态度是：一个人的行动不仅代表自身利益，而且也代表对方的利益，当遇到冲突时，应注重维持人际关系，并确保双方都能达到目标。人际冲突调查结果表明，采用合作策略的人或团体往往是较成功的管理者或绩效很好的企业，他们能充分利用冲突带来的积极影响，并能充分看到对方的长处，对自己的绩效及能力进行良好的评价。

下列情况下可以选择合作策略：当你发现问题非常重要，不允许妥协时；当你需要综合不同人的不同意见时；当你需要把各方意见合并而实现承诺时；当你希望建立或维持一个重要的相互关系时；当有可能扩大双方共同的利益时；当你向他人表示信任、坦诚和合作时。

课堂互动

请举出你与家人或朋友发生冲突的例子，并说明你经常是怎样处理冲突的。

本章提要

人际沟通就是人与人之间进行信息传递和情感交流的过程。它具有丰富人们的知识和经验、协调和改善人际关系、客观地认识自我、促进心理健康、营造高效的工作团队等作用。人际沟通中存在许多障碍，主要包括五类：一是文化因素引起的障碍，如语义障碍、文化程度障碍、文化传统障碍及沟通的态度障碍等。二是社会因素引起的障碍，如社会地位不同造成的障碍、社会角色不同造成的障碍、年龄差异造成的障碍、性别差异造成的障碍等。三是认知偏见引起的障碍，如晕轮效应、刻板印象、第一印象效应、自我投射等。四是情感因素引起的障碍，如愤怒所致的障碍、恐惧导致的障碍、嫉妒造成的障碍、自卑造成的障碍、自负造成的障碍、孤僻造成的障碍等。五是人格因素引起的障碍，如气质不同产生的障碍、性格差异产生的障碍等。克服人际沟通障碍的策略与技巧主要表现在以下方面：态度要诚恳；坚持实事求是，以理服人；以情动人；正确地运用语言；随机应变；保持良好心态，进行换位思考。人际沟通需要掌握多种技巧，在管理过程中，常用的沟通技巧主要有说话的技巧、打电话的技巧、赢得人心的技巧、拒绝的技巧、表扬的技巧、批评的技巧等。

冲突是指个体或群体之间所产生的摩擦和碰撞，归纳起来，冲突可分为内心冲突、人际冲突、组织冲突三种类型。冲突既有积极作用也有消极作用。冲突的积极作用表现在：促进问题公开讨论，促进问题尽快解决，提高员工的参与程度，增进员工间的沟通与了解，化解矛盾和积怨等；冲突的消极作用表现在：影响员工心理健康，造成组织内部不满与不信任，造成人际关系紧张，导致员工和整个组织变得封闭、孤立、缺乏合作，阻碍组织目标实现等。人际冲突产生的原因主要有：缺乏沟通，对有限资源的争夺，目标和利益的差异，基于依赖基础上的协作，工作的不确定性以及个人因素等。个人对待人际冲突有五种不同的策略，即回避、对抗、妥协、迎合及合作。

能力训练

思考练习

1. 什么是人际沟通？它有哪些特点？
2. 试述人际沟通的地位和作用。
3. 简述人际沟通的障碍。

4. 怎样才能克服人际沟通的障碍，实现有效沟通？
5. 运用人际沟通的有关知识，谈谈怎样才能做个会说话的人。
6. 采取什么样的批评方法和技巧才能使批评更加有效？
7. 人际冲突产生的主要原因有哪些？
8. 就你所在的组织而言，你认为目前存在着哪些人际沟通问题？应如何解决？

能力测评

测评1　说话能力测评

对下面各题，请选择一个最符合自己实际情况的答案。

1. 你说话的声音是否听起来清晰、稳重又充满自信？

A. 是　B. 也许是　C. 不是

2. 你说话的声音是否充满激情与活力？

A. 是　B. 也许是　C. 不是

3. 你说话的声音是否坦率而明确？

A. 是　B. 也许是　C. 不是

4. 你是否在说话的时候保持一定的语速？

A. 是　B. 也许是　C. 不是

5. 你说话时是否几乎不用“你知道吗”这样的发语词？

A. 是　B. 也许是　C. 不是

6. 你是否能够十分正确地说出每一个人的姓名？

A. 是　B. 也许是　C. 不是

7. 你发出的声音，让人听起来不会感到单调乏味吗？

A. 是　B. 也许是　C. 不是

8. 在你情不自禁讲话时，能否压低自己的嗓门？

A. 是　B. 也许是　C. 不是

9. 别人喜欢听你讲故事吗？

A. 是　B. 也许是　C. 不是

10. 你说话时能否避免使用“喔”、“嗽”这样的词语？

A. 是　B. 也许是　C. 不是

11. 别人能从你的话语中感到轻松愉快吗？

A. 是　B. 也许是　C. 不是

12. 你说话时能够避免屈尊俯就、低三下四吗？

A. 是　B. 也许是　C. 不是

得分与评价：

A=1　B=0　C=−1

- 如果你的得分在8分以上，说明你说话能力较强。
- 如果你的得分在0分～8分之间，说明你说话能力一般。
- 如果你的得分在0分以下，说明你说话能力存在较大问题。

测评2　批评能力测评

完成下面的测试，然后根据自己的得分来判断你的批评能力。对每个题目，请选择一个最符合你自己的想法或做法的答案。

1. 你是否小心谨慎地开始批评，并在批评他人之前认真地了解了对方的什么举动惹恼了你？

A. 一直是　　B. 有时是　　C. 从不是

2. 你是否将自己心里的话脱口而出，不管自己的话会对他人造成多大伤害？

A. 一直是　　B. 有时是　　C. 从不是

3. 你是否避免将对方置于防卫之地，并努力控制自己不以一种敌对、非难的方式抨击对方，同时做到不过分直率和坦诚？

A. 一直是　　B. 有时是　　C. 从不是

4. 当你试图改善关系，或帮助某人改变不良行为时，你是否注重他人什么事情做得出色，并且以积极的方式提出否定的意见？

A. 一直是　　B. 有时是　　C. 从不是

5. 当你提出批评时，是否也考虑到了积极有效的解决办法？

A. 一直是　　B. 有时是　　C. 从不是

6. 你能否避免在自己生气、疲惫或愤怒的时候批评他人？或者是当事情发展到对他人比对你更有利时你才提出批评？

A. 一直是　　B. 有时是　　C. 从不是

7. 当你从他人身上看到一些你并不喜欢的特点，你能否控制自己不要对别人过于挑剔？

A. 一直是　　B. 有时是　　C. 从不是

8. 你是否会找一个安静的、无人偷听的场所提出你的批评？

A. 一直是　　B. 有时是　　C. 从不是

9. 当别人觉得自己没有价值，没有希望和用武之地时，你是否能避免利用这些攻击对方？

A. 一直是　　B. 有时是　　C. 从不是

10. 你是否在事情发生后当即提出批评意见？

A. 一直是　　B. 有时是　　C. 从不是

11. 你能否限制你批评的时间，并避免漫无边际地谈话？

A. 一直是　　B. 有时是　　C. 从不是

12. 你能否精确、老练地讲话，并避免一般化？

A. 一直是　　B. 有时是　　C. 从不是

评分标准：

A=5　B=3　C=1

结果评价：

- 如果你的得分在45分以上，表明你在批评人时非常注意方法和技巧，批评能力较强。
- 如果你的得分在36分～45分之间，表明你的批评能力一般。
- 如果你的得分在36分以下，表明你的批评能力较低，应加强批评技巧方面的训练。

测评3　冲突解决风格测评①

此问卷可以帮助你了解在处理人际冲突时你可能会选择的策略以及你在面临压力时处理

① 参见赵慧军主编：《管理沟通——理论·技能·实务》，178～180页，北京，首都经济贸易大学出版社，2004。

冲突的风格。

当与他人发生冲突时，我一般会作出以下举动：

1. 我回避对方；
2. 我换一个中性的话题；
3. 我试图理解对方的观点；
4. 我试图将冲突变成一次玩笑；
5. 我认真倾听对方的谈话；
6. 即使我不认为自己错了，我也承认自己有做得不好的地方；
7. 我退让；
8. 我要求得到比预想还多的东西；
9. 我运用自己的支配力不让对方达到目的；
10. 我试图找到与对方的异同点；
11. 我试图达成妥协方案；
12. 我假装同意；
13. 我尽量向解决问题的方向努力；
14. 我请另外一个人来决定是非；
15. 我提出一项双方各有所得的方案；
16. 我威胁对方；
17. 我奋战到底；
18. 我试图弄清对方的目标；
19. 我随心所欲地抱怨；
20. 我退让，但要让对方知道我的苦衷；
21. 我道歉；
22. 我放弃某些观点以换取其他的东西；
23. 我争取最好的结果，不管这个结果是什么；
24. 我推迟讨论问题；
25. 我寻找中间地带；
26. 我避免伤害对方的感情；
27. 我把一切问题都摆到桌面上；
28. 我牺牲自己的利益以维持与对方的关系；
29. 我折中双方的立场；
30. 我让对方提出解决办法；
31. 我试图强调我们的共同点；
32. 我试图让对方提出妥协方案；
33. 我试图说服对方信服我的论证逻辑；
34. 我试图满足对方的目标。

结果评价：

- 选择第 3、5、10、13、18、27、32 题的，为合作型；
- 选择第 11、15、22、25、29、33 题的，为妥协型；
- 选择第 6、7、20、21、26、28、30 题的，为迎合型；

- 选择第 8、9、16、17、19、23、34 题的，为对抗型；
- 选择第 1、2、4、12、14、24、31 题的，为回避型。

测评 4　表达能力测评

请根据自己的实际情形如实回答以下问题：

1. 如果有位朋友提出一个无理要求，你能拒绝吗？

(1) 从来没有　(2) 很少　(3) 有时　(4) 大多是　(5) 经常是

2. 你是否觉得别人在言行中很少表示不欢迎你？

(1) 从来没有　(2) 很少　(3) 有时　(4) 大多是　(5) 经常是

3. 你能否控制你的脾气？

(1) 从来没有　(2) 很少　(3) 有时　(4) 大多是　(5) 经常是

4. 当你有充分的理由退货给店方时，你是否迟疑不决？

(1) 经常是　(2) 大多是　(3) 有时　(4) 很少　(5) 从来没有

5. 当一个人对你非常不公平时，你是否让他知道？

(1) 从来没有　(2) 很少　(3) 有时　(4) 大多是　(5) 经常是

6. 你是否因很难对推销员说不，而买些自己实际不需要或并不想要的东西？

(1) 经常是　(2) 大多是　(3) 有时　(4) 很少　(5) 从来没有

7. 你是否易于开口赞美别人？

(1) 从来没有　(2) 很少　(3) 有时　(4) 大多是　(5) 经常是

8. 在讨论或辩论中你是否觉得很容易发表意见？

(1) 从来没有　(2) 很少　(3) 有时　(4) 大多是　(5) 经常是

评分标准：

(1) 1 分　(2) 2 分　(3) 3 分　(4) 4 分　(5) 5 分

结果评价：

- 如果你的得分在 8 分～16 分之间，说明你的自我表达欲望和能力都还很不够，需要大力加强。
- 如果你的得分在 17 分～32 分之间，说明你具有一定的自我表达欲望和能力，同时又能自我控制。
- 如果你的得分在 33 分～40 分之间，说明你的自我表达欲望和能力都很强，甚至有时过于表现自己，这既是你的优点，又可能成为你不受别人欢迎的原因。

案例分析

案例一　一次不欢而散的谈话

汪大伟正和下属李明春谈话，这是对李明春迟到和缺席的第二次警告。李明春争辩道，在同事中，他的工作做得最多。汪大伟知道李明春是一名很好的员工，但不能容忍他违反公司的制度。

汪大伟：小李，你知道今天早上为什么叫你来吗？上个月我们谈论过你的问题，我想你一定会改进。但当我检查月度报告时，我发现你又迟到了四次，并且多病休了两天。这说明你根本不把我们的谈话当回事。小李，你的业绩很好，但态度不佳。我再也不能容忍这种行为。

李明春：不错。我知道我们上个月谈过，我也努力准时上班，但是最近交通非常拥堵。

工作的时候我是十分投入的，你应该多注意我的工作效率，与我们组的老王相比，我的工作量要大得多。

汪大伟：现在不关老王的事，而是谈你的问题。

李明春：不，应该谈老王和其他几个同事的事。我比大多数同事做得好，而我却在这儿接受批评，这不公平。

汪大伟：小李，我承认你的工作很出色，但公司的制度也很重要。你平均每个月迟到四五次，你不能总这样。我该怎样处置你呢？我真的不愿使用正式的警告，你知道那意味着什么吗？

李明春：是的，我了解问题的严重性，我想我会更加注意，但我认为我比别人工作努力，应有所回报。

汪大伟：好的，小李。如果没有了这些问题，你的出色业绩会得到回报的。如果你想挣更多的钱或被提升，你应按时上班，遵守公司的规章制度。

李明春：好的，我认为你是对的。但是，对于你这样的处理方式我仍持保留态度。

汪大伟：小李，随你选择。如果你下个月的记录仍不好，我会使用正式警告。

李明春：好的，但我还是认为不公平。

（资料来源：康青主编：《管理沟通教程》，153～154页，上海，立信会计出版社，2003。）

讨论：

1. 汪大伟找李明春谈话的主要内容是什么？
2. 谈话结果如何？为什么？
3. 假如你是汪大伟，你将如何做？

案例二　一次成功的推销

阿里森是美国一家电机公司的推销员，有一次，他去了一家他们刚刚发展不久的新用户工厂，打算再推销一批新电机。

阿里森刚走进这家公司，就遭到了该公司总工程师的厉声质问：“阿里森，你还指望我们能够再买你们的电机吗？”阿里森惊异于总工程师这般地怒不可遏，经过了解，他得知了总工程师气愤的原因，原来该公司认为刚从阿里森手里购买的电机发热已超过正常标准。阿里森心中明白，他们的电机性能良好，至于发热超常问题，肯定不是电机本身的原因，而很可能是操作条件所致。尽管责任在用户，但阿里森并未“针锋相对”。为了双方更好地合作，他以温和的态度说明情况、分析原因，坚持以理服人，以消除对方的敌意。

他先是善解人意地对总工程师说：“好吧，先生，我的意见和你的相同，假如那些电机发热过高，别说再增加订购量了，就是已购来的也该退货，您说是吧？”

总工程师点了点头，阿里森接着说：“自然，电机是会发热的，但是，它的热度绝不可以高于全国电工协会所规定的标准，是吗？”

总工程师再次表示赞同。

阿里森见时机已到，便开始转入正题了，他说：“按国家标准，电机的温度可比室内温度高72°F，对吗？”

“的确如此，”总工程师回答道，“但你们的产品的温度却超过了这个标准很多，让人根本没法摸，这就是事实。”

阿里森并未对总工程师的话提出反驳，他又问总工程师：“你们车间的温度是多少?”

总工程师回答说：“大概是75°F。”

阿里森感到循循善诱的效果已经达到了，他立即接过总工程师的话，说道：“好极了，车间温度是75°F，加上应高出的标准温度72°F，一共是147°F呢！如果有人把手放入140°F的热水里，肯定会引起烫伤的吧?”

总工程师虽说是有些不情愿，但还是点头称是了。

阿里森为进一步缓和气氛，又幽默地说：“那么，先生，以后可要记住不要用手去触摸电机喽！也请您放心，电机温度很高，但这完全是正常的。”

话音落下，激起了对方爽朗的笑声，在这种和谐友好的气氛中，双方又达成了一笔新交易。

讨论：

1. 阿里森在与总工程师的沟通中采用了什么策略和技巧?
2. 如果你遇到这种情况，你会运用哪些更为有效的方法和技巧?

案例三　推销梳子的故事

有一个单位招聘业务员，由于公司待遇很好，所以很多人面试。经理为了考验大家就出了一个题目：让他们用一天的时间去推销梳子，向和尚推销。很多人都说这是不可能的，和尚是没有头发的，怎么可能向他们推销？于是很多人就放弃了这个机会。但是有三个人愿意试试。第三天，他们回来了。

第一个人卖了1把梳子，他对经理说：“我看到一个小和尚，头上生了很多虱子，很痒，在那里用手抓。我就骗他说抓头可以用梳子抓，于是我就卖出了一把。”

第二个人卖了10把梳子。他对经理说：“我找到庙里的主持，对他说如果上山礼佛的人的头发被山风吹乱了，就表示对佛不尊敬，是一种罪过，假如在每个佛像前摆一把梳子，游客来了梳完头再拜佛就会更好！于是我卖了10把梳子。”

第三个人卖了3 000把梳子！他对经理说：“我到了最大的寺庙里，直接跟方丈讲，你想不想增加收入？方丈说想。我就告诉他，在寺庙最繁华的地方贴上标语，捐钱有礼物拿。什么礼物呢？一把功德梳。这个梳子有个特点，一定要在人多的地方梳头，这样就能梳去晦气梳来运气。于是很多人捐钱后就梳头，然后又有很多人去捐钱。一下子就卖出了3 000把。”

讨论：

三个人的沟通策略有什么不同?

4 延伸阅读

人的性格的基本类型

《九型人格》一书中，把人的性格分为九大类，又将每类性格特征归纳如下。

第一型　井然有序型

性格特征：讲原则、有目标，自控力强，追求完美，注重维护质量和高标准，关注细节，喜欢改进并且简化规程。他们经常教导别人如何自我改进，如何提高效率并且正确地做事。他们也会对自己和其他人过度批判，厌恶拖泥带水或浪费，评断能力强，能做明智的决定，有道德并且负责任。

第二型　博爱型

性格特征：善于人际关系，慷慨，有欣赏力，喜欢取悦别人，并且占有欲强。对他人的需要敏感，愿意服务他人。他们赞赏其他人的天分，但往往对别人的请求不愿说“不”。他们厌恶客观规则和条件，富有同理心，能够创造和谐的人际关系。

第三型　实践型

性格特征：适应能力强，雄心勃勃。集中力高、出众，讲究外在形象。工作效率高，擅长满足顾客的期望。有魅力，精力充沛，对个人形象非常清楚，喜欢得到认同，被声望或成功的地位所吸引，具竞争力和对工作狂热，经常被视为富有启发性的榜样。

第四型　自我型

性格特征：感情丰富、夸张、自我欣赏并且有气质。擅长提供个人化的服务，或以独特的感觉开发特别产品见称。他们厌烦没有创造性的工作，或不给他们留下个人发挥的空间。他们对批评过敏，甚至能产生忧郁和古怪的习性。他们以直觉和创造性来开展工作，并以个人风格和深度来丰富它。

第五型　思考型

性格特征：具有洞察力、富有挑拨性，是幻想先驱。好奇、创新、隐隐藏藏并且怪异。在专业或技术上，是不倦的学习者和实验者。他们喜欢详细了解，乐意花时间研究并且跟随求知欲。对事物高度分析，专注于发现，不注意项目时间限制。他们有时会呈现出傲慢和缺乏沟通。

第六型　谨慎型

性格特征：可爱、负责任、自力更生、独立，是努力和可靠的工作者，善于建立联盟，安抚工友和合作者令事情得以成功。他们能估计其他人的动机和相对优点，也能感应商业环境的潜在问题。他们厌恶冒险，祈求共识和事物的可预测性。缺点是犹豫不决，没有上级支持便难于采取行动，有时会过多地责备他人。

第七型　享乐型

性格特征：自发、多才多艺、冲动、不专注。他们喜欢变动、多样性、兴奋和创新，具有幽默感，擅长争取其他人的支持。他们知道最新的趋向和潮流，寻找新可能性和选择。他们是自然的多元化行动者，但有时会缺乏跟进。缺点是多话和分心，能量不集中，做事虎头蛇尾，没有韧劲和耐心。

第八型　权威型

性格特征：自信、命令、恣意、对抗。他们有清楚的愿境，知道个人目标，能自我克制并完成目标。对困难的决定和严肃的问题，他们会简单视之为挑战并克服障碍，控制欲强和难于下放权力。他们拥戴他人，愿意保护和鼓励他人。缺点是控制欲强，有时通过威逼令人就范，在组织内外容易创造多余的敌人。

第九型　和谐型

性格特征：脾气随和、包容，愉快并且得意洋洋。他们在小组成员中能够创造和谐的气氛，强调正面以缓和冲突和紧张。他们是支持和包容的，谦逊地允许其他人发光。他们厌恶冲突和分裂，在团队中设法创造和谐和稳定。但他们会因过分包容他人和避免下决定而变得恼怒。

第三章
组织沟通

情境任务设计

案例情景

两种沟通，不同结果

公司为了奖励市场部的员工，制订了一项海南旅游计划，名额限定为 10 人。可是 13 名员工都想去，部门经理需要再向上级领导申请 3 个名额，如果你是部门经理，你会如何与上级领导沟通呢？

第一种沟通方法和结果：

部门经理向上级领导说："朱总，我们部门 13 个人都想去海南，可只有 10 个名额，剩余的 3 个人会有意见，能不能再给 3 个名额？"

朱总说："筛选一下不就完了吗？公司能拿出 10 个名额就花费不少了，你们怎么不多为公司考虑？你们呀，就是得寸进尺，不让你们去旅游就好了，谁也没意见。我看这样吧，你们 3 个做部门经理的，姿态高一点，明年再去，这不就解决了吗？"

第二种沟通方法和结果：

部门经理："朱总，大家今天听说去旅游，非常高兴，非常感兴趣。觉得公司越来越重视员工了。领导不忘员工，真是让员工感动。朱总，这事是你们突然给大家的惊喜，不知当时你们是如何想出此妙意的？"

朱总："真的是想给大家一个惊喜，这一年公司效益不错，是大家的功劳，考虑到大家辛苦一年。年终了，第一，是该轻松轻松了；第二，放松后，才能更好工作；第三，是为了增加公司的凝聚力。大家要高兴，我们的目的就达到了，就是为让大家高兴的。"

部门经理："也许是计划太好了，大家都在争这 10 个名额。"

朱总："当时决定 10 个名额是因为觉得你们部门有几个人工作不够积极。你们评选一下，不够格的就不安排了，就算是对他们的一个提醒吧。"

部门经理："其实我也同意领导的想法，有几个人的态度与其他人比起来是不够积极，不过他们可能有一些生活中的原因，这与我们部门经理对他们缺乏了解，没有及时调整都有关系。责任在我，如果不让他们去，对他们打击会不会太大？如果这种消极因素传播开来，影响不好吧。公司花了这么多钱，要是因为这3个名额降低了效果就太可惜了。我知道公司每一笔开支都要精打细算。如果公司能拿出3个名额的费用，让他们有所感悟，促进他们来年改进。那么他们多给公司带来的利益要远远大于这部分支出的费用，不知道我说的有没有道理，公司如果能再考虑一下，让他们去，我会尽力与其他两位部门经理沟通好，在这次旅途中每个人带一个，帮助他们放下包袱，树立有益公司的积极的工作态度，朱总您能不能考虑一下我的建议?”

朱总接受了部门经理的建议。

问题思考：

第一种沟通方法为什么没达到目的？为什么第二种沟通方法效果好呢？

学习任务

1. 在服务业，顾客各种各样，总会遇到刁钻型的顾客。所谓刁钻型的顾客，就是他总爱挑剔你，故意曲解你的意思，他好像没有意思要购买产品，但却又缠住你，话题团团绕。这类顾客从来不会赞同你的意见，甚至不断反驳你的观点。总之，你说的话全不对，甚至是毫无道理的。所有你辛苦准备的产品目录、解说资料、市场调查，在他面前是全然不具任何意义的。请你设计一套应对刁钻型顾客的办法。

2. 假如您在学习或生活中遇到困难和问题，请你设计出与班主任、任课老师或家长沟通的方式和内容。

知识技能目标

知识目标

通过学习本章内容，学生应掌握：

- 组织外部沟通的作用与内容；
- 组织内部沟通的作用与类型；
- 下行沟通、上行沟通以及横向沟通的障碍。

技能目标

通过学习本章内容，学生应能够：

- 把握与下属沟通的方法和技巧；
- 正确处理与上级的关系；
- 处理好与同级之间的关系。

必备知识技能

企业的生存与发展离不开沟通。所谓组织沟通，是指组织围绕既定目标，通过各种信号、媒介和途径，有目的地进行信息传递与交流。它是指组织内部沟通与组织外部沟通的有机整合。

从企业外部看，企业与外部环境的沟通是一个信息互换的动态过程。企业在生产经营活动过程中，不断地从外部环境中获取各种各样的信息，并把这些信息传送到企业内部，然后经过加工和处理，再把相关信息传送到决策层中去，由决策层对信息给出处理的意见，形成企业的具体决策或宏观的企业发展战略。不仅如此，企业还必须把自己的信息传达给外部环境。如市场营销过程中的广告宣传，就是要充分展露企业和产品的信息，以解决消费者对企业信息匮乏的问题。同时，企业与供应者、合作者、政府和技术机构等都是通过广泛的沟通来达到资源合理配置的，所有这一切活动都离不开沟通。

从企业内部看，企业是由各个部门和环节组成的一个有机整体，每个成员都有自己特定的目标、职能和特点，并按既定的任务和路径进行综合的运作。但企业的目标有时要随着市场形势及企业的发展阶段而变化，为了适应这些变化，企业必须调整内部成员的工作方向，因此也必须进行沟通，通过必要的沟通，传递新信息，确定变动的因素，甚至改变原来的战略和策略，更好地实现预定目标。

第一节　组织外部沟通

一、组织外部沟通的作用

组织外部沟通是指组织为了适应大环境的变化而与周围环境进行的信息传递与交流。组织外部沟通的作用主要表现在以下五方面。①

（一）为达到组织目标创造良好的外部环境

组织的目标是通过组织不断地进行内外沟通来完成的。随着社会的不断发展和进步，组织目标的实现已经越来越依赖于组织所建立起的内外部沟通网络。例如，组织的发展战略要依赖于市场调研和专家的论证；产品生产要依赖于原材料供应网络；产品销售要依赖于组织建立的外部销售网络；组织的运转与发展要依赖于安定的社会环境；等等。这一切网络的建立与维护，都要依靠组织的外部沟通来完成。从某种意义上来说，组织外部沟通成功与否，直接关系到组织的发展前景。因此，有效地进行组织的外部沟通，为组织目标的实现创造良好的外部环境，已成为组织沟通的重要内容。

（二）为组织传递有效的发展信息

组织的发展离不开组织内外有效信息的传递，这些有效信息的传递也是靠组织的外部沟通来完成的。如组织战略计划的制定、产品的研究与开发、产品定位及销售策略等，在很大程度上都是依据对组织外部的市场环境与市场变化的了解来完成的。可以说，及时了解市场环境与市场各种变化的有关信息，已经成为对企业发展至关重要的内容。而企业了解市场环境有关信息的重要渠道就是外部沟通。企业只有通过不断地与外部环境进行沟通，获取市场上各种各样的信息，然后将这些信息传递到企业内部，才能为企业战略计划的制定、产品的研究与开发、产品定位及销售策略的制定等提供重要的参考依据。

（三）构筑发展网络，拓展发展空间

从外部环境来看，组织的发展是通过不断地优化已有的网络和拓展新的网络来实现的。不论是优化已有的网络还是拓展新的网络，都必须不断地与外部进行沟通。这些外部沟通包括建立新的进货与销售渠道、获取新信息、与新客户建立关系、通过媒体开拓产品新市场等。

（四）维护组织形象

塑造并维护积极有益的组织形象，对于改善企业与合作企业、供应商、顾客、政府的关系都有积极作用。组织通过不断的外部沟通，把自身的组织理念、目标、文化的信息透露出

---

① 参见盖勇、王怀明主编：《管理沟通》，123～124 页，济南，山东人民出版社，2003。

去，有助于外界全方位了解企业，减少企业与外界信息不对称现象。

（五）为顾客提供服务

在顾客决定企业生存的情况下，企业最普遍也是最重要的外部沟通渠道就是为顾客提供服务，与顾客进行交流。企业只有与顾客不断地进行沟通，产品才能被顾客理解和接受，企业的形象才能得到维护和提升。

二、组织外部沟通的内容

企业生存于一定环境之中，因而必须与顾客、股东、上下游企业、社区、新闻媒体、政府等进行有效的沟通，才能够充分发挥外部资源优势，维持并改善企业的生存与发展。

（一）企业与顾客的沟通

顾客是企业最重要的外部公众，是企业提供优质产品和服务的对象，满足顾客的需要是企业生存与发展的基础和保证。在企业满足顾客需要的过程中，沟通起着十分重要的作用。

企业与顾客沟通是一个相互作用的过程：企业通过产品与服务向顾客提供信息，通过调查了解顾客的需求信息和意见反馈，在交易过程中与顾客相互传递信息。一般说来，企业与顾客沟通的内容主要包括向顾客提供产品和服务、与顾客直接沟通、给顾客打电话、信函往来、顾客调查、广告宣传、公关关系、CIS设计等。

1. 向顾客提供产品和服务

对于许多顾客而言，企业所提供的产品和服务是企业向其传递信息的最直接的工具和载体，他们对产品和服务的满意与否决定了其对企业的基本评价。因此，企业要十分重视所提供的产品和服务，它不仅是企业利润的来源，也是企业与顾客之间沟通的主要方式。如果企业所提供的产品和服务质量满足了顾客的要求，则必然会获得顾客对企业满意的评价，顾客还会自动将这种评价传递给其他人，从而形成积极的正面的宣传效果。

2. 与顾客直接沟通

企业要不拘泥于形式，通过各种可能渠道及各种方式与顾客直接地、不断地保持沟通。这不仅是留住顾客的出色方法，而且是企业不断改进老产品、推出新产品的源泉。

3. 给顾客打电话

给顾客打电话已经被越来越多的企业和顾客所接受。在越来越商品化的社会中，打电话这种平常而富有人情味的沟通方式，大大有助于巩固与顾客的关系。如海尔集团对购买空调的顾客定时打电话，提醒顾客对空调进行除尘等，这一举动大大拉近了海尔集团与顾客的距离。

4. 信函往来

许多企业的顾客覆盖面较广，顾客与企业间距离较远，企业与顾客的沟通往往通过信函往来进行。企业应注重顾客的每一封来信，同时慎重地予以回信。这是企业与顾客沟通并建立长期稳定关系的绝佳机会。

5. 顾客调查

这是企业了解顾客信息的最主要方式，通过顾客调查，可以了解顾客对产品和服务的需求和要求，可以知道顾客对企业所提供的产品和服务是否满意，对企业有什么建议和意见等。在顾客调查中，最常见的是顾客满意度调查，最常用的调查方法包括问卷调查、抽样调查、典型调查、顾客试用、设立专门咨询台等。

6. 广告宣传

这是企业通过报纸、广播、电视等媒介有计划地发布信息的方法。在媒介发达的今天，

广告宣传正在被企业广泛地采用。

7. 公共关系

公关是企业对外沟通的重要方式，是企业处理好与顾客、供应者、经销者以及社区、政府和新闻界关系的基本方法。企业主要通过开展诸如公关事件策划、社会调查、控制舆论、制造新闻、公关广告等活动，塑造企业完美形象，促进企业与公众及社会环境相互适应。

8. CIS设计

CIS（Corporate Identity System）即企业形象识别系统，CIS设计可改变企业形象，注入新鲜感，使社会能更引起社会注意进而提升业绩的经营技巧。它具有简洁明了、便于识别和记忆等特点，是塑造企业文化的有力工具，目前已经被各类组织普遍接受并广泛应用。

（二）企业与股东的沟通

股东是企业的出资者和所有者，企业的生产经营活动要符合股东的利益。但是，由于大多数股东不直接经营企业，企业有必要不断地向股东披露企业经营活动的信息，因此，企业必须重视与股东的沟通，并掌握相应的沟通技巧与方法。企业与股东的沟通方式主要包括信函、股东会议、年度报告、邮寄新产品样品、宴会、个人拜访、媒体等。

1. 信函

这是企业与股东日常沟通的主要形式。通知股东参加会议通知、感谢股东购买公司股票等日常事务的联系经常采取这种方式。

2. 股东会议

股东会议包括股东年度会议和股东临时会议。前者是法定必须召开的，一年一次。后者根据我国公司法的规定，有下列情形之一的，应当在两个月内召开股东临时会议：董事人数不足该法规定的人数或者公司章程所定人数的2/3时；公司未弥补的亏损达股本总额1/3时；持有公司股份10%以上的股东请求时；董事会认为必要时。

3. 年度报告

年度报告是企业一年中最重要的文件资料，它应对企业一年中发生的重要事件进行坦率的说明，解释公司目标以及公司经营的原则。年度报告包含的信息量非常大，其中有企业的财务、生产、销售、人事、行政等方面的信息，更重要的是有企业一年来的经营业绩。

4. 邮寄新产品样品

邮寄新产品样品不但能使股东充分了解企业的新产品情况，同时还能促进企业与股东的感情交流。

5. 宴会

许多公司遇到庆典、新产品上市、新企业开张或其他重要事项，都要邀请股东参加宴会或其他活动。这些活动有助于促进企业与股东之间的沟通。

6. 个人拜访

公司遇到重大问题或做重大决策时，公司领导登门拜访主要股东也是一种必要的沟通方法。

7. 媒体

上市公司一般要通过专业报纸披露公司的经营信息，如中期经营报告和年度经营报告，这可使股东了解企业重要的经营信息。有时上市公司也通过电视媒体披露与股东有关的信息，如股息分配方案、增发新股、召开临时股东大会通知等。

（三）企业与上下游企业的沟通

所谓上下游企业，主要是指企业的供应商和经销商（或代理商）。企业与上下游企业的关系影响着企业的生存与发展。如果供应商不能及时提供质量合格的原材料和零部件，企业的生产经营就不可能稳定进行；如果经销商不能充分发挥在企业与顾客之间的桥梁作用，企业的产品就难以让顾客满意，顾客的意见也难以反馈到企业，从而影响企业作出相应的改变。由此可见，供应商与经销商对企业至关重要，企业必须与之建立融洽、良好的关系，而建立良好关系的重要途径就是沟通。企业与上下游企业沟通的基本方法包括建立电子通信网络、邀请参与决策、提供各种支持、正确处理产生的问题、增加信息交流、商务谈判等。

1. 建立电子通信网络

随着计算机与通讯技术的迅猛发展，电子通信网络在改善企业与上下游企业间的沟通方面所起的作用已越来越大。越来越多的企业已经建立了与供应商、经销商交流的有效网络，这样不仅可以提高经营效率、节省劳务费用、减少彼此往来的成本，而且能够在最短的时间里获取最准确的信息。

2. 邀请参与决策

对于合作紧密、相互依赖性强的上下游企业，公司在采取重大举措时应邀请对方参与，即使不如此也应尽快让对方知道，从而使上下游企业能尽快做好准备，积极主动地予以配合，减少被动，避免因缺乏有效沟通而产生的猜疑、不信任和误会。例如，企业在签署新的重要订单时要与有关的供应商及时沟通，在推出新产品或推出新的推销措施时应与经销商和零售商及时沟通。

3. 提供各种支持

对于一些大企业而言，许多供应商、经销商和零售商都是小型企业，这些企业对大企业存在一定的依赖性，这就需要企业给予它们各种支持。例如，为其向银行贷款提供担保；向供应商提供技术、质量和成本方面的培训，向经销商、零售商提供产品、促销和服务方面的培训；帮助上下游企业解决生产经营方面存在的各种实际问题，促使其健康地成长和发展。

4. 正确处理产生的问题

在企业与上下游企业的合作过程中，必然会产生各种各样的问题，企业应妥善、正确地加以处理，否则将会使合作难以顺利进行甚至破裂。在与供应商的合作过程中，最常见的问题是供应商不能履行合同，如不能保证交货期或产品质量不合格。在遇到这类问题时，正确的处理方法应是一起分析产生问题的真实原因：是不可抗力造成的，还是因供应商企业内部的技术、管理等原因造成的。在查明原因之后，一起想办法挽救和解决，拿出具体、有效、可行的措施来。在解决此类问题时，态度要诚恳、积极，但立场应坚定，不能给对方造成因有长期合作关系所以偶尔出现交货期和质量问题无所谓的假象。

5. 增加信息交流

通过庆祝活动等保持企业与合作伙伴间经常性的人员互访，增进感情和了解，改善工作关系，增加信息交流的机会。

6. 商务谈判

当组织需要与其他组织进行合作时，往往要相互摸清底细，并且相互交流各种有关企业的目的、需求等信息，以使合作对双方均有益处。这些信息的交换在很大的程度上都是通过商务谈判这种沟通方式来完成的。

（四）企业与社区的沟通

企业不是孤立存在的，它存在于一定的环境即社区和所在的国家之中，作为其中的一员，企业理应尽其所能地为所在社区和国家作出贡献。在现代社会，利润并不是企业的唯一追求目标，除了考虑股东的利益之外，企业还要考虑顾客、员工的利益以及公众的利益，即还要承担社会责任。企业承担社会责任，不仅是企业作为社区成员的必然要求，而且是企业营利的需要，承担社会责任有利于树立企业在公众中的良好形象，符合企业的长远利益，虽然企业要在短期内为此支付一定的成本，但这是值得的，是为以后获得回报而作出的一种长期投资。

企业与社区之间是相互依赖、相互促进的关系。社区为企业提供各种资源，包括物质资源和人力资源，而企业可以为社区解决就业问题、向社区缴纳税收以及资助社区的公益事业。没有社区提供优秀的雇员以及良好的环境、设施和服务，企业便难以顺利发展；而没有众多企业的发展壮大，社区的经济也难以发展，社会生活难以改善。

企业与社区沟通的主要方式包括开放式的讨论会、特殊事件、扩大内部出版物的发行范围、组织志愿者活动、地方广告、赞助慈善活动等。

1. 开放式的讨论会

这种讨论会的优点在于能把许多人聚集在一起，缺点是难以为个人之间的讨论提供机会。主办企业应该为来客提供各种设施，使他们感到舒适和方便。它的最大优势是使社区活动和雇员参与相结合，使企业成为社区的一部分。

2. 特殊事件

能称为"特殊事件"的事情很多，如新建筑的破土动工、建设项目的验收等。另外，还有许多值得赞助的事情，如向"希望工程"捐赠产品，举办关于家庭和睦或节能的讨论会，向贫穷地区投资，为贫困大学生提供奖学金，等等。通过参与这些特殊事件，企业可树立良好的企业形象。

3. 扩大内部出版物的发行范围

扩大企业内部出版物的发行，让其在整个社区内广为传播，将有助于企业的宣传。那些在车站、医院、美容院和机场等候的人们都可能成为这些刊物的读者。

4. 组织志愿者活动

企业组织志愿者参与社区的公益性活动，如某方面的咨询、产品维修等，是一个有前途的实验领域。

5. 地方广告

在当地做一些广告，可以增进社区公众对企业的了解，提高企业的知名度。

6. 赞助慈善活动

赞助慈善活动能显示企业的良好素质和责任感，企业也能够从对教育、福利和艺术等方面的援助中获得无形的价值；同时，赞助慈善活动还能够提高社区的生活质量和品位。

（五）企业与新闻媒体的沟通

新闻媒体是一种大众传播媒介，也是企业借以与大众进行沟通的最有效、最经济的渠道之一。新闻媒体对企业在公众中形象的确立，对企业的长远发展和品牌树立等，都具有举足轻重的作用。可供企业利用的大众媒体有报纸、杂志、行业刊物、广播、电视、书籍，还有以惊人速度膨胀的国际互联网。企业与媒体的沟通方法包括新闻发布、记者招待会、企业宣传、制造新闻等。

1. 新闻发布

新闻发布是指企业将一个新闻事件通过多家新闻媒体发布，从而扩散给大众。企业以新闻事件的形式传递给公众的内容极其广泛，涉及企业生产经营的各个方面，例如，开发了一项新产品、举行一次有影响的促销活动、赞助公益事业、在著名大学举行校园招聘会、获得某一项荣誉和证书，以及公司上市、合并、兼并等。这些新闻时刻提醒和告知大众企业的有关动向，使企业在大众的心目中占有一定地位，从而不断强化企业的形象。

2. 记者招待会

采用记者招待会的方式沟通，可使记者们直接看到、听到他们想知道的东西，方便记者们当面向公司重要人物询问情况，获知一些新信息，核实一些正在传递的信息。对于企业而言，这是与新闻界沟通的极好机会，可以发布企业新的好信息，消除可能存在的一些误解，在新闻界树立起良好形象，建立与新闻界的良好关系。企业举办记者招待会发布的一般都是有价值的重大信息，如新产品发布等，否则会浪费时间和金钱，得不偿失。

3. 企业宣传

企业宣传是指企业利用新闻媒体宣传企业的理念、经验和事迹等，主要包括以下方式：名人文章，包括企业经理亲自撰写的文章，或者是知名人士根据对企业的考察撰写的关于企业生产经营的理念、经验的文章；人物介绍，即介绍知名企业的领导者是如何领导企业走向成功的；企业案例，包括企业战略、组织结构、资本运营、生产运作、人力资源管理等方面的典型案例，这些案例在宣传企业的同时也能给其他企业以借鉴和启发。

4. 制造新闻

制造新闻是指企业故意制造一些吸引媒体关注的事件来引起公众注意，从而在公众中提高知名度。常见的方式有：举行隆重的工程奠基仪式；与重要组织联合举办研讨会，借机宣传企业；利用法律纠纷等引起公众的注意；通过非常规举动制造轰动性事件等。这些方式旨在吸引众多媒体的关注，扩大企业的知名度和影响，可以节约宣传企业的费用。但应该注意的是，使用这些方式要适度，避免弄巧成拙，因为知名度并不等于美誉度。

课堂互动

1. 请你画出企业外部沟通图，并用简洁的语言说明企业与外部环境的关系。
2. 请举例说明企业与顾客沟通、企业与上下游企业沟通的方式和内容。

第二节 组织内部沟通

所谓组织内部沟通，指的是组织内部各部门、各环节之间所进行的信息传递与交流。组织内部沟通包括纵向沟通和横向沟通，纵向沟通又包括下行沟通和上行沟通。

一、组织内部沟通的作用

组织只有通过内部沟通才能实现有机地配合与协调，并保证各项任务的完成，因而组织内部沟通的作用就显得尤为重要。具体来说，组织内部沟通的作用可主要表现在下述四个方面。

（一）传递组织有关信息

在企业生产经营活动过程中，随时会遇到各种变化，这就需要企业根据不断变化的外部环境，随时变更和调整企业的决策内容和具体实施细则。企业调整和变更的内容要通过其内

部沟通来完成。企业通过内部沟通使员工随时了解企业的每一步变化，帮助员工在这些变化中及时调整自己完成任务的主攻方向，以便更好地完成组织交给的各项任务。同时，企业通过与员工的沟通，可以将企业的发展目标、方向、计划、实施办法、需要员工配合的具体工作等信息传递给每一个员工，从而增进企业与员工的交流，共同促进企业的发展。

（二）征求员工对企业发展计划、目标等决策的意见和建议

企业如何发展，不仅仅是企业高层领导的事情，也是企业每一个成员的事情。因此，企业在制定规划、确立发展目标、决定采取措施时，都要征求员工的意见，让员工参与进来。而征求员工意见的过程就是内部沟通的过程。另外，企业在制定了各种决策后，还必须进一步与企业内部所有成员进行沟通，征求每一个员工的意见，让员工自觉地对决策提出建议，然后根据员工的建议完善各项决策，从而使企业的各项决策更加科学，也更具有现实效力。

（三）了解员工对企业的想法

企业是由许多员工共同组成的有机体。在企业内部，由于每个员工对企业的理解和认识不同，所以不可避免地会产生矛盾和分歧，而解决这些矛盾和分歧的主要途径就是内部沟通。多数情况下，对于企业内部产生的摩擦或矛盾，企业决策层之间、决策层和员工之间、员工和员工之间往往要经过多次、反复的沟通，才能统一对某一问题的看法，取得比较一致的意见。

（四）塑造企业文化

企业通过内部的不断沟通，逐渐积累沟通经验，形成本企业独特的沟通文化资源，进而积淀为企业文化，形成自己企业的沟通内涵，如企业与员工之间乐于共享的心态、对他人的尊重、企业中不同角色的确立、开放的网络意识等。这些资源作为企业文化的重要内容，能够为企业的发展增添活力，并进一步推动企业的发展。

二、纵向沟通

（一）下行沟通

1. 下行沟通的内涵

下行沟通，是指信息从组织的高层结构向低层结构传递的过程，即自上而下的沟通。在下行沟通过程中，信息发送者是上级、管理层或企业的代表，接收者是下级、工作群体和团队、全体员工。下行沟通的内容通常是管理决策、规章制度、工作目标和要求、对工作业绩的反馈等企业经营管理中正式的和严肃的内容。下行沟通的媒介包括文件、通知、手册、报告、会议、口头指示等。

下行沟通是组织中最重要和最强大的沟通流程，是企业中各级领导使下级了解其意图、统一思想与行动的一种重要手段。下行沟通的主要目的有五个：一是传递工作指示；二是促进员工对工作及其他任务的了解；三是向下级提供关于程序与操作实务的资料；四是向下级反馈其工作绩效；五是向员工阐明企业的目标，使员工增强责任感。

下行沟通的主要优点是：使下级主管部门和员工及时了解企业的总体奋斗目标和具体措施，增强职工的责任心和使命感，并且可以协调企业内部各层次之间的活动，加强各层次之间的联系。

下行沟通的缺点主要有：如果企业组织机构层次过多，信息通过层层转达往往会发生歪曲，甚至遗失。同时，这种沟通过程迟缓，影响其传递效果。所以，如果企业内部缺乏民主管理的习惯与气氛，下行沟通极易导致一种权力氛围，影响士气，挫伤员工的积极性，而且容易给下属执行具体决策带来心理负担。

2. 下行沟通的障碍

造成下行沟通不良的原因是多方面的，既有组织机构的问题，也有上级的问题。一般来说，下行沟通的障碍主要表现在以下几个方面：

(1) 企业组织机构复杂化。当企业规模较小时，管理层与员工可以频繁地面对面接触，信息沟通层次少，沟通渠道通畅；随着企业的成长，企业规模越来越大，出现了更多的层次和更复杂的职权结构，在这种情况下，信息要经过层层机构进行传递，就有可能导致信息传递延误、失真甚至传递错误的情况发生。

(2) 对沟通的忽视。许多企业不断地修订长期目标和短期目标，却很少注意用有效的沟通去传达这些目标，让全体员工都理解并接受它。

(3) 管理层与员工的隔阂。员工和管理层之间，存在不信任情绪，常常产生“我们”和“他们”之感。尤其是非参与式的管理模式，常常出现员工想要的信息和上级所给予的信息完全不符的现象。

(4) 上级很少检查自己的沟通技巧。某些上级养成了一些与下属沟通的方式和习惯，但从不考虑这些方式和习惯是否恰当，是否还需要改进或者存在更加有效的方式，甚至也不知道信息是否被接收或正确接收了。

(5) 上级不愿意与下属沟通。在企业中，有些上级把信息的了解当作一种权力和管理工具，有意隐瞒信息，不愿意与下属进行沟通，或者将信息作为奖赏的手段只传达给个别员工。

(6) 传递中信息的遗漏和曲解。组织结构层级越多，信息传递中的遗漏和曲解就越多，而不恰当的沟通媒介也会给信息传递造成损失。一项著名的关于美国公司管理沟通状况的调查显示，信息在下行传递中好像经过一个个漏斗，层层过滤，假设董事会的原始信息是100%，口头传递经过五个层次到达最后一个接收者那里时就只剩下了20%，80%的信息因为各种原因而被过滤或丢失了。

3. 下行沟通的策略

为了保证下行沟通渠道的畅通，提高下行沟通的效率，管理者有必要掌握一定的沟通策略。下行沟通策略包括以下几个方面：

(1) 制定沟通计划，建立沟通制度。为了保证管理者能够及时有效地下传信息，必须根据每个部门的工作性质及责任范围制定相应的沟通计划，把沟通活动纳入制度建设之中，从而使下行沟通活动做到制度化和规范化，以改变下行沟通的随意性。这些沟通制度包括以下内容：管理者必须将有关事宜及时通知下属；必须将公司计划、指令和目标告知公司员工；必须鼓励、培育和建立一个稳定的双向沟通渠道；必须就有关重要事件的信息及时与员工沟通；划拨足够的资金和工作时间实施公司沟通政策。

(2)“精兵简政”，减少沟通环节。随着企业规模的扩大，企业的组织结构变得越来越复杂，层次也越来越多，这给管理沟通的有效进行构成了极大的障碍，不仅延缓了信息传递的效率，而且容易导致信息传递的失真或过滤。因此，精简企业组织机构，变“宝塔型”为“哑铃型”已经成为组织变革的必然趋势。如日本丰田公司就将组织机构精简到五个层次，大大提高了管理沟通的效率和效果。不仅如此，广泛利用现代网络技术手段，将高层管理者的邮箱公之于众，同样能够将沟通环节简化，提高沟通的效率和质量。

(3) 坚持例外原则，实现有效授权。“科学管理之父”泰勒（Frederic Winslow Taylor）早就提出，管理者必须遵循例外原则，即将例行的日常事务的处理权交给下属，管理者只保留例外事项的处理权。而实行例外原则的关键在于日常管理活动的规范化和管理者的有效授权。

合理有效的授权，不仅能够对下属产生巨大的激励作用，而且能够缓和下行沟通冷冰冰的纯粹命令的气氛，从而极大地改善沟通低效的状态。如台湾宏基电脑公司总裁就很重视沟通和授权的作用。宏基的员工 80%都是刚毕业的大学生，宏基的总裁不仅高度信任他们，而且对他们大胆放手，进行分级授权。1995 年，宏基推出的大获成功的"渴望"电脑，就是由总裁高度授权的平均年龄只有 29 岁的青年工程师团队齐心协力、共同研制出来的。

（4）建立有效的反馈机制。可以肯定的是，让下行沟通真正发挥作用的办法不是关闭反馈的渠道，而是开掘上行沟通的通路，建立有效的反馈机制。虽然下行沟通的主要任务在于向下属传达指示、布置任务，但为了保证下传信息能够被正确地理解和接受，管理者还必须利用各种反馈渠道，倾听下属的意见和建议，这样不仅可以帮助管理者判断信息沟通的效果，而且能够在信息没有被错误地执行之前及时发现问题并采取补救措施，从而保证执行工作的顺利实施。

（5）采取正确方法，减少下行沟通中的抵触和怨恨情绪。在下行沟通中，最令管理者头痛的莫过于向下属传递负面的信息，或者与员工沟通一些他们不希望接纳的信息，因为在进行此类信息沟通时，容易引起员工的抵触甚至怨恨情绪。面对这种情况，管理者注意以下几点是非常必要的：第一，要掌握事实。在与员工正面交谈之前，要尽可能多地了解事实情况，信息了解得越具体、越准确，就越有利于面谈。道听途说是十分危险且不明智的。第二，要了解当事人的想法。让你的员工有时间和机会仔细说明当时的经过是十分有益的，借此可以缓和气氛，或可以了解当事人对问题的自我看法，以及他对问题的自我意识的深浅。第三，尽量私下处罚员工。当众批评、指正或训斥员工是让人难以接受的。此类沟通应选择私下场合比较好，但切不可滞后。不要在员工已将此事遗忘之后再提及。第四，不要对人身进行攻击。对员工进行批评时，应尽量就事论事，而不要涉及人的个性，只说明你对他的行为的改变的具体期待。如果你不注意措辞而因此伤及员工自尊心，就会为以后的有效沟通设置障碍，埋下隐患。第五，不要意气用事。人们怒不可遏时很少能保持理智、公正和客观。因此，在正面接触员工之前，一定要头脑冷静、心平气和。当然，在员工处于发怒状态时，马上进行批评训斥也是不合适的。

（6）利用多种沟通渠道和方式。例如每月和员工举行讨论会，每月在公司的刊物上发布公司的最新消息，等等。福特汽车的 CEO 纳瑟（Jacques Nasser，1999—2001 年在任）创造了"让我们谈谈生意吧"的沟通方式。每周五傍晚，他会群发一封电子邮件给福特公司在全世界的大约 10 万名员工，分享自己的经营心得。在邮件中他会谈全球的经济发展趋势，谈克莱斯勒与奔驰的合并，谈福特的亚洲市场发展前景等，让员工了解高层主管的经营观点，进而让他们有类似的思考角度，同时他也鼓励所有的员工回寄任何想法、观点和建议。

4. 怎样处理与下属的关系

管理者与下属的关系，绝不能简单地理解为支配与被支配、领导与被领导的关系。身居管理职位的人都知道，处理好与下属们的关系是自己工作的主要任务，也是进行下行沟通的关键所在。

管理者要想与下属建立良好的信任关系，就不仅要表现出一定的工作能力和技巧，还要掌握大量的信息和其他资源。一般来说，管理者要与下属建立信任和坦诚的关系，需要注意以下几个方面：①

---

① 参见赵慧军主编：《管理沟通——理论·技能·实务》，166～169 页，北京，首都经济贸易大学出版社，2004。

（1）交流。交流就是随时与下属沟通，提供准确信息，解释作出决定与制定政策的缘由，坦诚承认自己存在的问题，避免将信息的交流当作工具或奖赏来使用。重要的一点是，与下属沟通时，不仅要同下属集体进行交流，还要同下属个人进行交流。例如，一位老板可能认为给下属加薪就可以表达出公司对他的认可，就可以留住人才，可是他的下属却说："我在现在这位经理的手下工作了两年，他却一次也未对我个人的业绩作评估。我觉得我做得还不错，因为我每年都会加薪，但我不知道未来我是否还会留在这家公司。"可见，仅有加薪是不够的，这是不完全的沟通，人们还需要更多的个体交流。

（2）支持。给予支持意味着给下属以关心、帮助和指导，意味着赞同他们的想法、巩固他们的职位，当然还意味着对员工的生活和职业给予重视。下属最信任的是当困难降临时能和他们站在一起的上司。为员工提供成功机会，或许这是与下属沟通中无声的但又是最有效的沟通方式。

（3）尊重。尊重的最重要方式是授权，其次是倾听下属的意见并采纳他们的意见。当上级对于下属的判断及能力给予真诚的信任时，他同时也赢得了下属的信任和尊重。在实际工作中，要考虑到下属的心理感受，顾全下属的面子，要平等而宽容地对待下属，这样他们会在工作中更加用心地支持你；当出现问题时，以不冷静的方式处理会伤害下属的自尊，这对工作的进一步开展及私人间的正常交往都是极为不利的。要避免使用命令的口气，因为没有人会喜欢被呼来唤去。用命令的口气来指挥别人做事，效果不如采取建议性指令方式，如："你可以考虑这样做吗？""你认为这么做行吗？"这样的沟通方式会使下属有一种被重视的感觉，使其能够认真地完成任务。

（4）公正。公正意味着客观、公平，对下属的工作要给予足够的赞扬。相反，偏袒、虚伪、错误的观念和行为，以及不道德的举止，则会极大地破坏上下级间的信任关系。如果类似的情况反复出现，那么公司中将不会存在相互信任和坦诚相待。

（5）守信。守信意味着上级对下级的行为前后一致，以及遵守直接和隐含的承诺。守信也常指人的性格和品德，它是一个人诚实性的最好证明。

（6）有能力。赢得下属的信任需要你有良好的技术或职业能力、敏锐的商业直觉和判断。员工们不愿成为看起来无能的人的下属。信任来源于公正，而长期信任关系的维持则还依赖下属对上级的崇拜和尊敬。

知识链接

与下属沟通的主要方式及要点如表 3—1 所示。

表 3—1

与下属沟通的方式	沟通要点
方式一：下达命令	1. 遵循 5W1H 原则； 2. 激发意愿； 3. 口吻平等，用词礼貌； 4. 确认下属理解； 5. 为下属提供支持； 6. 相应授权； 7. 让下属提出疑问； 8. 问下属会怎样做。

续前表

与下属沟通的方式	沟通要点
方式二：听取汇报	1. 充分运用倾听技巧； 2. 约定时间； 3. 当场对问题作出评价； 4. 及时指出问题； 5. 适时关注下属工作过程； 6. 主动听取下属汇报； 7. 恰当地给予下属评价。
方式三：商讨问题	1. 注意倾听； 2. 多使用鼓励性言辞； 3. 不要做暗示； 4. 不要评价； 5. 让下属来下结论； 6. 事先准备。

课堂互动

假设你是公司某部门的负责人，有一项临时性的工作任务需要布置，当你把这项工作任务安排给员工小吴时，没想到小吴以各种理由拒绝接受这项工作。遇到这种情况，你会采取什么办法让小吴能够接受这项工作任务？

（二）上行沟通

1. 上行沟通的内涵

上行沟通，是指信息从组织的低层结构向高层结构传递的过程，即自下而上的沟通。在上行沟通过程中，信息发送者是下级、工作群体和团队、全体员工，接收者是上级、管理层或企业的代表。上行沟通有两种表现形式：一是层层传递，即依据一定的组织原则与组织程序逐级向上反映；二是越级传递，即减少中间层次，让决策者与组织成员直接对话。在管理过程中，上行沟通的内容通常表现为下级的工作汇报和工作总结、当前存在的问题、申诉、建议和意见等。沟通媒介主要包括口头汇报、交谈、书面工作总结、座谈会、意见书等。

上行沟通的优点是：下级可以把自己的意见向上级反映，激发了组织成员的参与热情，使之获得一定程度的心理满足；管理者也可以通过这种方式了解企业的经营情况，与下属形成良好的关系，提高管理水平。

上行沟通的缺点是：在沟通过程中，上下级因级别不同而造成心理距离，形成一定的心理障碍，可能抑制或歪曲反映情况的真实性与客观性，最终导致信息失真。

通过上行沟通，上级可以及时了解下级和整个企业的运行状况，了解员工对工作和企业的态度，便于及时发现问题、解决问题。可以说，上行沟通的状况是评价一个企业气氛的关键内容。在有效的上行沟通中，企业可以建立一种和谐而富有建设性的氛围，这种氛围对于人力资源的开发与管理具有重要作用。

2. 上行沟通的障碍

引起上行沟通障碍的原因是多方面的，概括起来，上行沟通的障碍主要表现在以下几个方面：

（1）高层管理者不鼓励上行沟通。一些企业的管理者，尤其是高层管理者，认为自己是了解下级员工的需要的，也坚信自己的决策是正确的。因此，他们不鼓励上行沟通，既不设置上行沟通的渠道，又不重视上行沟通的信息，久而久之，就会严重损害或全面排除上行沟通，其危害之大无法估量。

(2) 各级管理者过滤上行沟通信息。研究表明，企业内上行沟通的每一步骤几乎都会有信息过滤和扭曲的情况发生，尤其是在明确了解决某些事件有可能对自己不利时，对信息的过滤就更严重。各级管理者过滤上行沟通信息的主要原因有二：一是不愿上交问题。上行沟通中的一部分信息是反映问题的，各级管理者都希望在自己这一层面解决问题，认为如果解决不了会被看作无能或不力，因此有意无意地延迟了信息的流动。二是报喜不报忧。各级管理者都快速回应高层主管感兴趣的事情，或者报告好消息而延迟报告坏消息，尽量使某些不好的信息不向上流动。

(3) 存在沟通瓶颈。有时上行沟通不畅是由于沟通链上出现了瓶颈。这个瓶颈可能是上级的秘书或行政助理，他们过滤所接收到的信息，并传送他们认为上级应该知道的信息；也可能是力图升迁者，他们占有信息资源以显示自己的优势；还可能是竞争者，他们希望自己或自己的部门比其他人或其他部门更好而保留了可能有利于其他人和其他部门的信息。

(4) 下层员工缺乏上行沟通的动机。由于高层管理者不鼓励上行沟通和各级管理者对上行信息的层层过滤，致使相当部分的下层员工认为上行沟通是无意义的行为，结果严重缺乏上行沟通的动机，使整个企业死气沉沉，效率明显下降。另外，上下级关系不良，缺乏信任，双方又不肯花时间去相互了解和真诚沟通，也会导致下属不愿意与上级进行沟通。

3. 上行沟通的改进

成功的组织沟通来自下行沟通和上行沟通的平衡。组织可以采取一些措施保障上行沟通的畅通。譬如：定期实施员工调查，了解员工对组织和工作的感觉；设立员工意见箱，允许员工提出问题和看法，并得到高层管理者的解答；建立恳谈会制度，定期举行高层管理者与员工的座谈会，让上级与下级员工进行对话和交流；在公司内部刊物设立有关栏目，对员工的疑问予以解答；制定申诉程序，使员工的不满及时得到处理；对管理者的沟通技能进行培训，提高他们的沟通水平；管理者进行走动管理，即走出办公室，深入工作现场，与员工面对面地直接交流。

4. 正确处理与上级的关系

每个下属都清楚，假如没有上级的帮助和支持，自己根本无法完成工作任务，更不能处理好各种工作关系。但不幸的是，不少下属完全忽略了与上级建立正常而良好的工作关系，要么是一味地讨好、巴结上级，要么是与上级对着干，不断地与上级发生冲突。其实，这些都是不正确的做法。一般来说，处理好与上级的关系，应注意以下几点：

(1) 了解并尊重上级的习惯。要了解上级的目标、他承受的压力、他的长处和弱点、他的行为风格和处事作风，并在工作中尽量不违背他。不可否认，现实中一些领导的习惯的确令人很难适应，且下属的确没有理由去忍受，但下属至少应该做到不随便攻击上级。

(2) 了解自己的长处及不足。要清楚地了解自己的需要、目的、长处、弱点和行为风格，然后与上级建立一种符合双方需要、与双方风格相吻合的关系。

(3) 设法保持良好关系。应对上级说些对工作有建设性的话，向上级提出你的新看法及你乐于接受的新任务、新挑战。不要让上级认为你的存在是对他（她）的威胁。如果在工作中出现了失误，应勇于承认错误。

（4）处理好与上级的私人感情关系。如果和上级间进行太多的私生活话题交流，会影响你在同事心目中的形象，他们会觉得你与上级的私交甚密，从而对你产生防范心理。最常见的一种情况是，即使你是靠自己的努力取得成绩，流言飞语也会四处散播，当然也有人会刻意亲近你，想借此巴结上级，而另一部分同事则会对你有所顾忌，使你的工作及社交出现障碍，这些都不利于你事业的长远发展。

（5）多说多做，争取得到上级的认可。这里的多说多做，是指多说与工作有关的话，多做与工作有关的事。你可以在力所能及的范围内向上级要求更多的工作任务，这些举动至少可以让上级感受到你的进取精神；永远都提前完成上级交给你的工作，以合理的方式让上级注意到你的成绩，如你可以定期将自己的工作进度及所完成的任务上报，让上级了解到你对公司的贡献；在公司活动中表现出热情大方的面貌，以加深上级对你的印象。

（6）正确对待上级的批评。当你与上级发生矛盾或冲突时，最坏的情况是上级有可能会处处冷淡你，这时你千万不能意气用事，针锋相对或漠然置之。最好的态度应当是积极地、心平气和地找上级进行沟通。选择沟通的时机、场合以及谈话的气氛都很重要。在沟通时，首先你得真心感谢上级的帮助和栽培；其次，你最好请上级指出自己的缺点和不足，希望上级能继续对你严格要求，帮助你改掉缺点，这样可以使上级觉得你很尊重他的意见，从而对你有一个新的认识。

知识链接

与上级沟通的主要方式及要点如表 3—2 所示。

表 3—2

与上级沟通的方式	沟通要点
方式一：接受指示	1. 倾听； 2. 事先确认时间、时限； 3. 及时澄清不明白之处； 4. 首先接受，并表示执行； 5. 不要讨论。
方式二：汇报	1. 学会勤于报告； 2. 以点带面，从抽象到具体； 3. 突出中心，避免泛泛而谈； 4. 把握好分寸。
方式三：商讨问题	1. 事先约定商讨内容，做好准备； 2. 对事不对人； 3. 要用事实或数据说话； 4. 不要把自己的意愿强加于别人； 5. 重要决议事后要确认； 6. 注意当场形成决议的严密性。
方式四：表示不同意见	1. 不要发牢骚、抱怨； 2. 避免辩论； 3. 意见要具有建设性； 4. 避免情绪化。

课堂互动

假设你是某公司的员工，上级把一项临时性的工作任务安排给你，而你又不想干这项工作。在这种情况下，你怎样与上级进行沟通才能说服上级把这项工作安排给别人，而又不会对你产生不好的印象？

三、横向沟通

横向沟通是指发生在同一工作群体的成员之间、同一等级的工作群体之间，以及任何不存在直线权力关系的人员之间的沟通。

（一）横向沟通的类型和形式

根据沟通涉及的主体是否来自同一部门，我们可以将横向沟通分为同一部门内的横向沟通和不同部门间的横向沟通，而后者又可分为不同部门同级管理者之间的横向沟通、部门管理者和其他部门员工之间的横向沟通，以及不同部门员工间的横向沟通。

根据沟通主体是否来自同一管理阶层，我们可以将横向沟通分为两种类型：一是同一层次成员之间的横向沟通，包括部门管理者之间的沟通和部门内部员工之间的相互沟通；二是不同层次的、没有隶属关系的成员之间的交叉沟通。

横向沟通既包括部门经理间的沟通、部门内部员工间的沟通，也包括部门经理与其他部门员工间的沟通以及某一部门员工与另一部门员工间的沟通。

不同类型的横向沟通采用的沟通形式不同。跨部门的横向沟通通常采用会议、备忘录、报告等沟通形式，其中会议是最经常采用的沟通形式，如决策性的会议、咨询性的会议和通知性的会议等。而部门内员工的横向沟通更多地采用面谈、备忘录的沟通形式。由于沟通主体相互熟知，并且有着同样的业务背景，此类沟通效果通常比较理想。而对于部门员工与其他部门的经理或员工的沟通来说，面谈、信函和备忘录等可能显得更合适。

（二）横向沟通的作用

横向沟通的存在是为了增强部门间的合作，减少部门间的摩擦，并最终实现公司的总体目标。这对公司的整体利益有着重要的作用。

1. 保证公司总目标的实现

基于劳动分工原理诞生的部门化，便于企业提高劳动生产率，进行有效管理，但部门化势必使员工在追求提高具体工作效率的同时忽略公司的全局利益。横向沟通能够增强员工对其他部门的了解，便于本部门从宏观的层次上认识本职工作，并自觉协同其他相关部门进行操作，最终实现公司总体目标。

2. 弥补纵向沟通造成的不足

不管企业多么致力于疏通上下行沟通渠道，关注沟通场合、时间等因素，仍不可避免信息遗漏、沟通误解等情况出现。多数情况下，横向沟通是为了简化上行沟通、下行沟通这类烦琐的垂直交流，或者为了加快工作速度，使信息更有效和准确地传递而进行的正式或非正式的沟通。与纵向沟通相比，横向沟通能够创造比较轻松的沟通氛围，不仅有利于部门之间以及员工之间更好地达成共识，而且能够有效弥补纵向沟通造成的不足。

3. 实现各部门信息共享

企业是一个有机的整体，每个部门都是整个企业大系统中相互影响、相互依存的子系统，只有协调各个子系统间的关系，才能为企业创造更好的整体效益。企业中各个部门不是一个个孤立作战的个体，而是作为一个整体的部分而存在。认识到这一点，也就清楚了各个部门

间合作的需要，而且这种需要又缔造出分享信息的需要，横向沟通正是为了满足不同部门间的信息共享而产生的。

(三) 横向沟通的障碍

从理论上讲，横向沟通由于不存在等级差异，沟通主体是平等自主的，这样的沟通应该更加有效。然而事实上，横向沟通的现状同样令人担忧。正因为没有权力关系的约束，许多沟通主体采取“事不关己，高高挂起”的态度，沟通不畅的情况时有发生。产生横向沟通障碍的原因主要有以下几个。

1. 部门本位主义

很多情况下，一些部门为了达到自己的目标或维护自己的利益，无视其他部门乃至整个组织的利益而擅自行事，许多人也认为没有必要去了解其他部门正在发生的事情。当部门经理们置身于自己戒备森严的城堡之中时，坚硬冰冷的四壁便阻断了他们的视线，使他们彼此看不到沟通的需要，甚至还会由于利益、目标的差异而冲突不断。工作业绩、利益的不同以及评估体系的存在，正是造成部门本位主义泛滥的主要原因。为了维护本部门利益，每个部门都是强调本部门的业绩，视其他部门为无物，斤斤计较自己的得失，而不是采用“公司—本部门—其他部门”三维观点立体地看待本部门在整个公司中的地位以及相应的利益。

2. 认为自己的价值最大

有些部门只站在本部门的角度认识、看待问题，只强调本部门的价值，认为本部门最为重要，而忽视其他部门对公司的贡献。例如，营销部门认为本部门贡献最大，比其他部门重要；而人力资源部门也同样认为本部门贡献最大，比其他部门重要。如此一来，每个部门都只看到自己的价值，而忽视其他部门的存在。这种认为组织部门有贵贱等级之分的成见，必然会影响横向沟通的正常进行。

3. 部门之间职责交叉

分工是管理的基础。不少企业在管理过程中由于未能进行科学的分工，或者分工不够明确，导致部门之间职责交叉、权限不明、责任不清，结果是各个部门都把利益归于自己，而把责任推给别人，出了问题后相互推诿，甚至一味责怪别人，取得成绩后则相互争夺，这样很难使企业内部各个部门形成一个有机的整体。

4. 性格冲突

横向沟通失败、低效甚至产生摩擦的另一个主要原因，是沟通各方性格以及思维行为、习惯的冲突。每个人因为其独特的工作领域、成长经历和生活体验，会形成独特的思维行为和沟通方式。如果缺乏对沟通对象的沟通方式的了解，就会产生沟通障碍。

5. 猜疑、威胁和恐惧

缺乏信任的后果不完全是猜疑和恐惧，但引发猜疑、威胁和恐惧的原因一定是缺乏信任。过去经历的负面沟通会使人产生猜疑，或感觉到威胁。当然，这也与沟通主体的个人性格有关。

6. 对有限资源的争夺

部门之间或员工之间为工作资源、职位的竞争与冲突，也是横向沟通常见的障碍。当一个人拥有的资源越是稀缺和不可替代的，他在组织中的影响力就越大。有时，为了保持这种稀缺性和不可替代性，人们可能会采取被认为是不合逻辑的行为，如不愿透露自己的工作技巧和经验，编撰专门的语言和术语来防止别人了解他们的工作，或故意神秘行事，使工作看起来比实际更复杂和更困难。

(四) 横向沟通的策略

对于横向沟通中出现的问题和存在的障碍，我们可以通过调整沟通的思路来加以消除。

1. 树立“内部顾客”的理念

“内部顾客”的理念认为与本职工作相承接的下一个工作环节就是本职工作的顾客。要用对待外部顾客、最终顾客的态度、思想和热情去服务于内部顾客。

2. 倾听而不是叙述

在横向沟通过程中，每个参加者最擅长的就是描述本部门的困难和麻烦，同时指责其他部门配合协作不力，却很少花时间倾听。当沟通的各方仅仅关注如何组织发言，去阐述、强调本部门和本岗位中遇到的阻碍和困难时，对别人的发言他们就不会去倾听，这很不利于有效沟通。

3. 换位思考

试着采用他人的思维和沟通框架，设身处地地替他人着想，并体会他人的看法，会是很有益的。跳出自我的模式，进入他人的心境，未必要同意他人，但能了解他人看待事实和认识事物的方式，这样才能找到合适的沟通方式，并行之有效。在沟通中倘若能与他人一起感受、一起思维则会有更大的收效。

4. 选择正确的沟通形式

横向沟通的方法和形式多种多样，要根据沟通的目的选择相应的沟通方法和形式。比如，对于决策性的会议，与会的人数要尽量做到少而精，减少人多带来的意见纷杂，以提高集合度。对于咨询性的会议，因其目的就是集思广益，所以应采用“头脑风暴”法，扩大与会人数和与会人员的背景，以提高覆盖面。对于通知性的会议，只要让所有需要知晓信息的人接收到信息即可，同时注意反馈，以确保接收者准确无误地理解了信息。

5. 设立沟通部门，建立沟通制度

针对横向沟通中经常出现的互相推诿、讨论裹足不前的现象，可以采取设立专门部门或沟通人员的办法。这些沟通人员负责定期召开部门沟通会议，要求各部门人员定期相互提交报告，从而让不同部门的人员了解各自正在进行的活动，并鼓励其提出有建设性的意见和建议。如在日本，企业非常重视不同部门人员的接触和沟通，要求每个工人要定期参加某个小组，讨论与工作相关的事宜。小组会议召开的目的主要是增强员工间的沟通，而非解决问题或制定计划。在会议上，一个员工可能会谈及他所在部门正在研制的新产品，另一个员工可能会谈及他的本职工作，还有一个员工可能会讲述他们部门正在试用的新的计划表。这种性质的会议无疑可以帮助员工拓展其对工作的认知角度，给他们带来更多本职工作以外但与工作相关的知识，其结果是将组织有机地结合成一个整体。

(五) 妥善处理横向人际关系

在管理工作中，管理者经常需要与其他部门或其他公司的人员打交道，建立起工作关系。由于对方是管理者职权管辖范围以外的人员，管理者通常对他们没有支配权或指挥权，不能对他们实行领导；或者由于工作性质的差异，而与对方在目标、观念上存在较大的分歧，这都增加了横向沟通的困难。同样，在企业员工之间，由于彼此不存在管理与被管理的关系，他们相互间的沟通也具有不同于上下级间沟通的独特之处。处理好这种横向人际关系，对于每个员工来说都是重要的。

在这种情形下，首先要弄清楚自己将与哪些人产生横向关系。这并非是一个多余的问题。横向关系有时很难被发现，而且它会随管理者的计划、任务、目标的变化而变化，这就意味

着每一项新的工作都将带来新的横向关系。因此，管理者需要经常思考和回答以下问题，来保持对横向关系的敏感：其一，我的目的和计划是什么？本年、月、周及今天的任务是什么？其二，各项任务的完成必须得到哪些人的合作？可能得到哪些人的合作？其三，他们当中谁有可能阻碍或耽误任务的完成？在确定了横向关系以后，再对那些可能抵制或者阻碍你的目标的人进行分析，并对抵制的程度作一下预测，以做到心中有数。

要想有效处理横向人际关系，以下几点技巧可以借鉴。

1. 树立平等共处的观念

不管你是行内的老手还是初出茅庐的新人，都应从意识上绝对摒弃自大或自卑的想法。要知道，和谐的同事关系对工作大有裨益，你可以试着将同事看作工作上的朋友，不要让同事觉得你自命清高、难以相处，或者是觉得你没有什么价值可以利用。

当你和同事有了竞争性的利益关系时，如遇到晋升、加薪等问题时，同事间的关系就会变得尤为敏感和脆弱。此时，你最好的应对是抛开杂念，专心投入工作中，不要手段和技巧，与之公平竞争。

2. 小心对待办公室友谊，掌握好真诚的分寸

真诚并不等于完全无所保留、和盘托出自己的想法。对于你并不十分了解的同事，最好还是有所保留。同事间相处的最高境界是永远不要把同事当作坏人，但却要牢记每个人不可能都是你心目中的好人。

3. 要为同事保守秘密

无论这个秘密是同事基于对你的信任或是无意中向你透露的，都应为其保密，因为善意或恶意地泄露秘密都是同事间交往中的大忌。

4. 不要有太多的牢骚和抱怨

偶尔一些推心置腹的诉苦是对同事信任的一种表达，但喋喋不休的抱怨会让身边的人苦不堪言。也许你把诉苦看成开诚布公的一种方式，但人们不会这么认为，而是会奇怪既然你已对现状如此不满，为何不干脆换个环境。

5. 把握好自己的社交范围

不要把交往圈子限定在少数几个人或一个人身上。你应该尽量保持平衡，也就是说，不要对其中某一个人特别亲近或特别疏远。在平时，不要老是和同一个人说悄悄话，参加各种活动时也不要总是和一个人在一起。否则，在你们两个亲近的同时可能疏远了更多的同事。

案例讨论

销售部的小王急匆匆地找到部门经理："张经理，您看怎么办？我好不容易发展了一个新客户，人家要的货我也早就填了单子交给生产部了，让他们抓紧时间把货给人家发过去，可是，都过了一个半月了，客户还没有收到货，人家都来电话催了好几遍了，找到生产部孙经理，他们说没货。经理，您说这不是要命吗？以后人家还怎么会买我们的东西呀？"张经理一听也来火了："生产部怎么回事？我找他们去！"张经理越想火越大，生产部是按计划生产的，而这些货的生产计划早已制定了，怎么又出问题了！我们的销售人员好不容易才拿到的单子，却要毁在他们的手里，他们每个月倒是有工资保证，我们的人可全都指望着单子做成了才能拿到钱啊。

生产部李经理听完张经理的一番抱怨，他的火也一下子着了起来："你也不能把你们完不成销售额的责任都推到我们的身上，你有怨气冲我来，我有怨气冲谁发？我们也希望货

赶紧到啊！可最近全国海关打击走私，供应商将价格提高了40%，老总让我们先别发货，我的工人都歇着了，我还着急呢！”

请问这个案例中部门经理之间的沟通出现了什么问题？

知识链接

部门间常见的沟通方式及特点如表3—3所示。

表3—3

部门间沟通方式	出发点	行为特点
退缩方式	1. 别人的需求与愿望比自己的更为重要； 2. 别人享有的权利，自己却没有； 3. 认为对方比自己强。	1. 害怕得罪人； 2. 回避问题； 3. 说话拖泥带水； 4. 经常为自己找借口； 5. 过于谦卑。
侵略方式	1. 自己的需要、愿望比别人的更重要； 2. 自己享有的权利，别人却没有； 3. 自己的能力非常高，别人比不上自己。	1. 懂得维护自己的权利； 2. 不怕得罪人； 3. 忽视或否定别人的需要； 4. 过于自信。
积极方式	1. 坚持原则； 2. 遵守规则； 3. 捍卫自身的权利； 4. 尊重别人的行为； 5. 注重双赢。	1. 说话简明扼要； 2. 区别事实与意见； 3. 提供不带强制性的建议； 4. 提出对事不对人的建设性批评； 5. 尊重他人的想法、意见和见解。

本章提要

所谓组织沟通，是指组织围绕既定目标，通过各种信号、媒介和途径，有目的地进行信息传递与交流。它是指组织内部沟通与组织外部沟通的有机整合。

组织外部沟通是指组织为了适应环境的变化而与周围环境进行的信息传递与交流。其作用主要表现在：为达到组织目标创造良好的外部环境；为组织传递有效的发展信息；构筑发展网络，拓展发展空间；维护组织形象；为顾客提供服务。组织外部沟通的内容主要包括与顾客、股东、上下游企业、社区、新闻媒体、政府的沟通等。

组织内部沟通是指组织内部各部门、各环节之间所进行的信息传递与交流。组织内部沟通的作用表现在：传递组织有关信息；征求员工对企业发展计划、目标等决策的意见和建议；了解员工对企业的想法；塑造企业文化。组织内部沟通包括纵向沟通和横向沟通，纵向沟通又包括下行沟通和上行沟通。下行沟通是指信息从组织的高层结构向低层结构传递的过程，即自上而下的沟通。上行沟通是指信息从组织的低层结构向高层结构传递的过程，即自下而上的沟通。横向沟通是指发生在同一工作群体的成员之间、同一等级的工作群体之间，以及任何不存在直线权力关系的人员之间的沟通。

组织沟通的主要目的在于处理好组织内部上下左右之间的关系。处理与下属关系的有效方法和途径是交流、支持、尊重、公正、守信和有能力。要处理好与上级的关系，需要注意的方面有：了解并在适度的范围内尊重上司的习惯；了解自己的长处及不足；设法保持良好关系；处理好与上司的私人感情关系和工作关系；多说多做，并争取得到上司的认可；正确对待上级的批评。而处理横向人际关系的关键在于：树立平等共处的观念；小心对待办公室友谊，掌握好真诚的分寸；为同事保守秘密；不要有太多的牢骚和抱怨；把握好自己的社交范围等。

能力训练

思考练习

1. 简述组织外部沟通的作用。
2. 简述企业与顾客沟通的重要方式和内容。
3. 简述下行沟通的主要障碍及克服对策。
4. 怎样才能处理好与下属的关系？
5. 要处理好与上级的关系需要注意哪些问题？
6. 简述横向沟通的障碍及克服对策。
7. 根据你的理解和认识，你认为怎样才能处理好与同事及同级部门之间的关系？

能力测评

组织沟通能力测评

对下面每个题目，请你选择出最符合你自己真实想法或做法的答案。

1. 一位合作伙伴提出了一种新的想法。这个想法与你将要提出的想法相似，但因你还没有信心，所以没有将它公开提出。根据你以往的情况，这时你最可能说什么或做什么？

A.“这很有趣。我正准备提出一个极其相似的想法。”

B.“这个想法很好，但是无法像所介绍的那样得到贯彻。还有许多工作要做，还要对它进行认真的分析和论证。”

C. 关于有类似想法的事只字不提，仅向提出者表示祝贺。

D. 鼓励其他人员来研究新的想法，或提出一些可能与之相反的新建议。

2. 在会议上，每个人都在参加讨论，但有一个人保持沉默。对其沉默你最可能作出什么反应？

A. 最好不去管他，并非是人人都爱说话。

B. 直接向他提个问题，引他发言。

C. 就他的沉默开句玩笑，比如说：“××恐怕不愿将他的伟大思想贡献出来。”

D. 对他说：“任何想法都是有价值的，即使一些想法开始听起来有些荒唐。”

3. 你负责在会议室里为下次会议安排座位。窗口处座位光线耀眼，拐角处座位要受人来来往往的影响。你经常怎么做？

A. 我肯定坐在一个背对耀眼窗户的位子上。

B. 我讨厌老张，有意给他分配窗口或拐角的座位。

C. 小李是新来的女大学生，有些害羞，我把最舒适的座位分配给她。

D. 小吴和老赵总是支持我的发言，我把他们的座位安排在我的左右。

4. 一位与会者总是打乱别人的发言，对此你感到不快。你将如何解决这一问题？

A. 直接告诉他闭嘴，让别人发言。

B. 用他提出的想法来反驳别人的想法，以此让大家打倒他或接受他。

C. 要求扰乱者进一步展开自己的想法。

D. 限制每人的发言时间。

5. 组成一个团队的最好方法是什么？请你选择一项。

A. 邀请有同样兴趣的来自同一部门的人。

B. 邀请来自公司不同部门和工作岗位的人。

C. 将各类反对者放在一起。他们中有保守派、革新者、“刺儿头”、幻想家和务实者。

D. 该团队的成员有技术人员、销售人员、组织人员和制定长期计划的人员。

6. 你来组织一个班子去解决公司的一项问题，除你之外只能选择 5 个人。你将选择哪 5 个人？

A. 一位技术人员，他是该领域的行家。

B. 一位生产专家，他知道如何把事情办妥。

C. 一位懂得市场和竞争的人。

D. 一位富有创造性的人。

E. 一位对整个工程都提出怀疑并认为公司根本不应牵涉进这一项目的人。

F. 公司会计。

G. 公司律师。

H. 一位计算机和数据专家。

7. 你就职的公司计划新开一家海外办事处，已有一份备忘录散发下来，要求对新办事处有兴趣的人参加一个会议。你对此邀请最可能作出什么样的反应？

A. 我会无言可发，我对调动不感兴趣。

B. 我去参加会议，弄不好这还是一次有趣的机会。

C. 虽然我对调动不感兴趣，但我觉得我能提一些很好的建议。

D. 会议将有很多人发言，什么也谈不出，如果受到特别邀请我就去，但不积极。

E. 我不知道还有谁去参加会议，在决定参不参加之前我要先打听一下。

评分标准：

1. A=1　B=3　C=4　D=2
2. A=2　B=3　C=1　D=4
3. A=1　B=2　C=4　D=3
4. A=1　B=4　C=3　D=2
5. A=1　B=3　C=4　D=2
6. ABCDE=4　CDEFG=3　ABCEF=2
7. A=1　B=5　C=4　D=2　E=3

结果评价：

根据上述答案所给的分数计算你的得分。第 1、3、6、7 题测试你作为一名合作伙伴的水平。这 4 题的最高分是 17 分。第 2、4、5 题测试你作为一名组织者的水平。这 3 题的最高分是 12 分。我们将得分结合起来，为的是使测试的分类不太明显而更接近真实。你可以将两组测试分开，看看每一组的得分情况。整个测试的最高分为 29 分，最低分为 8 分。

● 如果你的得分在 22 分～29 分，表明你具有出色的合作和组织能力，两者的能力互相重叠。

- 如果你的得分在 15 分～21 分，表明你的合作能力或组织能力较为一般。
- 如果你的得分在 8 分～14 分，表明你的合作能力或组织能力较差，需要注意这方面的培养和训练。

案例分析

沟通在管理中的应用

A 医院是一家二级甲等医院，成立于 20 世纪 60 年代，隶属于 B 市矿务局。医院占地面积 88 000 多平方米，现有职工 1 000 多人。在 20 世纪 90 年代以前，医院的工资是由矿务局划拨的，固定资产也是由矿务局拨款购置的。由于一直处于计划经济体制下，所以院领导和职工都没有危机感，缺乏竞争意识，职工的工作也比较涣散。

前所未有的危机

到了 20 世纪 90 年代，由于煤炭销路不好，矿务局的效益开始滑坡，照顾不到这么多的下属企业，所以决定把医院推向社会，矿务局负责医院 30%的工资，其余的 70%要靠医院自己去挣。

还有一个困难是，由于 B 市各企业实行了医疗改革，企业要指定一个医院作为医疗改革的合同医院，职工只能到指定的医院去看病。而 A 医院作为系统内部的医院，过去和市里其他单位的联系较少，在公众心目中的地位也不如其他的几家市立医院，如果不积极争取，A 医院很有可能会失去大部分市场。虽然矿务局系统有将近 7 万名职工，指定的医改合同医院就是 A 医院，但因为整个矿业行业的效益不好，医药费不能报销，所以这部分收入无法维持医院的日常开销。同时，陈旧的医疗设备、僵化的管理模式和松散的工作作风也无法适应市场竞争的需要。面对这些困难，医院领导应怎么办呢?

领导的措施

1. 做好内部的沟通，提高自身的竞争能力

A 医院召开了全院职工大会，将当前的形势作一个简单明了的介绍，使大家有了危机感和竞争意识。同时，A 医院制定规章制度，严肃劳动纪律；实行竞争上岗，制定奖惩条例；按照各个科室的具体情况，制定具体的承包标准。A 医院的改革有了一定成效，表现在：

在服务方面，以前上班的时候常存在串岗现象，改革后，院部经常不定期到各个科室检查，发现串岗者立即进行处理，第一次罚款，第二次下岗。另外，在没实行承包前，有些科室为了减少工作量，常把一些危重病人推出去；承包后，大家都很积极主动地接收病患者。

在经济方面，按各个科室的收入情况来确定不同的工资提取比例，多余部分上交院部，从而避免了由于分工不同而造成的分配不均现象。

在硬件方面，A 医院贷款 490 万美元购置了一大批先进仪器设备——螺旋 CT、大型 X 光机、伽马刀、核磁共振仪等，使硬件设施齐备、完善。

在软件方面，A 医院和上海的几家大医院、安徽医学院、蚌埠医学院附属医院结成合作医院。选派优秀的中青年骨干去进修，使各专业都有技术力量较强的学科带头人，形成较为合理的专业技术人才梯队，从而使先进齐全的医疗设备和先进的诊疗技术得到了有机结合。

2. 加强与外界的联系，树立医院在社会上的形象

设立普通门诊、专家门诊和特色门诊，以适应不同群体的要求。开办整形美容科、性病专科等特色门诊，扩大服务范围，迎合市场需求。同时进行大力宣传，在电视和报纸上做广告，扩大医院知名度。

建立“急救中心”，所有发生交通事故的病人和急救病人都可送来本院救治，从而无形中提高了A医院在同行业中的地位。

积极加强与当地其他单位的联系，通过提供更优质、更优惠的服务来吸引更多的单位把A医院列为医疗保险的定点单位。A医院附近有一家工厂，医改时，这家工厂把市人民医院列为定点单位，但市人民医院离工厂很远，而且就诊病人很多，看病不方便，职工颇有微词。A医院的领导抓住契机，主动上门联系，并且答应每年一次上门进行体检，收费方面给予优惠，终于使A医院成了这家工厂的医疗合同单位。

经过不懈的努力，A医院成为很多家企业的定点医疗单位，有了稳定的医疗业务。

圆满的结局

就这样，A医院的职工不仅工资问题解决了，而且福利方面比以前更好，最近还建造了B市第一流的门诊大楼。

通过改革，给外界的印象是，A医院的医疗水平高，设备先进，服务质量好，提到一些专科门诊首先想到的就是A医院。

所以，一个企业要发展得好，不但要自身条件好，对外的宣传和沟通也是很重要的，“酒好不怕巷子深”的时代已经过去了，沟通是现代企业生存必不可少的条件。

（资料来源：胡巍主编：《管理沟通——原理与实践》，105～107页，济南，山东人民出版社，2004。）

讨论：

1. A医院面对的问题是什么？根据这些问题提出你的一些想法。

2. A医院在进行组织内部沟通时考虑到哪些因素？是从哪几个方面着手进行的？取得的成效如何？

3. A医院进行外部沟通的必然性从哪几个方面体现出来？你对此有没有其他的建议或想法？

第四章
口头表达

情境任务设计

案例情景

案例情景 1　总经理和老张

2013 年 12 月，作为分管公司生产经营副总经理的老张，得知一较大工程项目即将进行招标，由于采取向总经理电话形式简单汇报未能得到明确答复，使老张误以为被默认，而在情急之下，老张便组织业务小组投入大量时间和经费跟踪该项目，最终因准备不充分而使此事成为泡影。事后，在总经理办公会上陈述有关情况时，总经理认为老张“汇报不详，擅自决策，组织资源运用不当”，并当着部门经理的面给予老张严厉批评，老张反驳认为是“已经汇报、领导重视不够、故意刁难，是由于责任逃避所致”。这件事致使企业内部人际关系紧张、工作被动，恶性循环，公司业务难以稳定发展。

问题思考：

1. 老张和总经理在沟通上分别存在什么问题?
2. 你认为老张和总经理应该怎么做?

案例情景 2　令人生厌的谈话

有一个人特别能说，任你提出什么话题，他都能有头有尾地讲述起来，有时还能发挥出个逻辑体系。他特别敏锐，很容易能够抓住别人的语病或是含混不清的地方。讲到高兴的时候，他口若悬河。开始，人们会从他广博的视野中获得一些有价值的东西，后来发现有些东西并不如他所言之确凿。而且在他滔滔不绝的时候，常把对面活生生的人看成石头或木头。一种被人忽视的屈辱，自然会激起人们的抵抗。

对抗首先发生在他家里。夫人和上大学的女儿矫枉过正，他说话时间一长就捂耳朵，最后干脆勒令他不得多言。在同事的圈子里，起初人们津津有味地听，后来人们以传递他的谬误为乐，再后来人们干脆当面取笑他了。健谈没有成为他有效沟通的工具，反倒成了他孤立自己的城墙。为什么？静下心来一想，也就了然：在他滔滔不绝的时候，对话者已经从人的意义上消失了，只剩下一个承载他声音的躯壳、物件或废纸什么的了；忽视他人的存在，最终将被他人忽视。这也许是他会失去朋友或伙伴的原因吧。

问题思考：

过分健谈的人怎么会令人讨厌？原因是什么？

学习任务

1. 请收集有关资料，归纳整理出与人交谈的基本礼节及需要禁忌的地方。

2. 请您认真反思一下，您在与人说话时经常存在哪些坏毛病，逐一列出来加以分析，并提出改进的措施和办法。

3. 你所在的班级正在进行班委会成员竞聘上岗，你准备竞聘某一职位，请你准备一份竞聘上岗的演讲提纲，并进行演讲。

知识技能目标

知识目标

通过学习本章内容，学生应掌握：

- 口头表达的基本原则；
- 即兴发言的种类及使用场合；
- 交谈的话题、特点及基本礼节；
- 演讲的目的和特点；
- 演讲的基本过程及要求。

技能目标

通过学习本章内容，学生应能够：

- 掌握并运用交谈的基本方法；
- 把握交谈的禁忌与技巧；
- 熟练运用演讲的方法和技巧。

必备知识技能

口头表达是非常重要的沟通方式，也是最直接的沟通方式，大多数信息是通过口头表达传递的。所谓口头表达，就是为了实现沟通目标而运用口头语言进行表情达意的活动。口头表达所涉及的对象非常广泛，可能是公司的雇员、社区居民、商业机构、专业组织，还可能是政府代表。其沟通方式也十分灵活，可以是单独发言、两人交谈、小组座谈，也可以与组织进行磋商、在群体中雄辩，还可以发表演讲；可以是非正式的聊天，也可以是即兴发言。一般来说，口头表达包括交谈、即兴发言和演讲三种类型。

第一节 交谈的类型及方法

一、交谈的类型

交谈是指两个或两个以上的人的谈话或对白。交谈的运用范围相当广泛，诸如交流思想、洽谈工作、探讨学问、调查访问、商讨方案等都要运用交谈，可以说这是一种最为寻常和普

遍的口头表达方式。交谈有利于互通信息、沟通思想、开阔视野、增长知识和增进友谊。按照性质和目的的不同，可以将交谈划分为聊天、谈心、问答和洽谈四种类型。

（一）聊天

这是一种随意的、非正式的交谈。交谈双方无须进行任何准备，形式不拘，话题丰富，属于自由度较高的一种交谈方式。

（二）谈心

这是一种互相倾听心里话的交谈。谈话重在沟通感情，一般是针对双方某一思想问题进行交流。

（三）问答

这是一种重在提问与回答的双向性交谈，其特点是问题明确，针对性强，一问一答配合紧密。

（四）洽谈

这是一种与别人商量彼此相关的事项以达成协议的交谈。参与双方都有明确的目的，常常围绕一个中心话题阐述各自的观点，经过沟通、商讨逐渐统一认识。政治交往与经贸交易中的谈判就属于这种交谈。

二、即兴发言

即兴发言是指在未做充分准备的情况下，在特定的场合，为实现自己的表达意愿或应现场需要而临时所作的发言。即兴发言一般有两种情形：一是没有外力邀请或督促的主动发言，二是在外力的邀请或督促下的被动发言。即兴发言由于具有现场性、即兴性、灵活性的特点，因此被认为是口语表达的最高形式。即兴发言包括传递信息的发言、引荐发言、颁奖词、欢迎词、祝酒词和口头报告等。

（一）传递信息的发言

有许多场合需要发言者向听众传递信息，例如，向员工介绍新的规定或手续，向学生、社区居民或股东介绍自己的公司、经营活动、产品或组织结构，向顾客提供有关新产品或其销售折扣的信息。这种短时间讲话的主要目的是向听众提供他们原本不知或知之甚少的信息，因此发言者必须清楚听众对信息的了解程度，这样才不至于说得太多或太少。为了更清楚与直观地说明问题，在进行传递信息的发言时，经常需要一些道具，譬如一张曲线图、一幅草图、一个设备模型或一个图表，它们能在发言中起到辅助作用。

（二）引荐发言

引荐发言的目的是要激发听众去听发言人的讲话，而不是去听引荐人的讲话。因此，引荐发言应该短小、吸引人，要使发言人感到自在、受欢迎。如果引荐发言过于盛大、幽默或太长，反而会使发言人尴尬。引荐发言应该具体、有针对性，避免无效琐碎的信息。它可以强调发言人的成就，亦可谈谈发言人、话题与听众之间的关系。需要强调的是，做好引荐发言的关键是要了解发言人和听众，要善于把双方背景中令人感兴趣的因素提取出来，找到双方的共鸣点，并且要强调听众将如何得益于发言人的讲话。

（三）颁奖词

有时候管理者要向某个个人或团队颁发奖品，这时管理者就要对受奖者的成就、所获荣誉以及颁奖的意义作出评价，这就是颁奖词。颁奖词的表达要注意以下三个方面的问题：一是要言简意赅。要向受奖者表达诚挚的认可，但不必太长，以免让领奖者或听众感觉味同嚼蜡。二是要介绍一下该项奖励或奖品，或读出该奖状，这可使听众对领奖者的成就有所了解。

三是恰当收尾。呈示奖品或奖状时及时做好总结。

（四）欢迎词

当人们参观工厂、商号、学校或其他设施时，东道主应致简短而诚挚的欢迎词。在欢迎词中要认可参观者的成就或职务，表达出东道主的友善，并表示愿意提供必要帮助。有时候欢迎词里还需包括一些有关安全的具体信息，譬如，在某些区域带上安全帽，禁止拍照或打断工人的作业，在某个时间务必回到某指定地点。但表述这种规则时一定要以礼貌的方式进行，要让参观者感觉到你的建议是为他的利益和安全着想。多数情况下，致欢迎词应该做到三点：一是言简意赅；二是略带幽默感；三是表达出东道主的友善。

（五）祝酒词

参加宴会的人员构成比较复杂，因此很难给出一个统一的模式来指导人们去如何做好这类发言。因为赴宴者的目的可能很不相同，因此有些人喜欢简洁而幽默的发言，而另有一些人则准备提一些敏感的问题，所以对发言者来说，事先弄清来客的期待是非常重要的。在祝酒词中，开场白应该轻松，话题的引出要自然，接下来的讲话不仅要体现敬重和感谢之情，还要简要地强调主题思想。一般来说，轻松型的祝酒词的主题应带有相当的幽默色彩，讲话内容要轻松诙谐，如果合适，可引用适合此类场景的名言警句或短诗，以便使人印象深刻。严肃型的祝酒词一般是要引入一个新概念，或者要确保赴宴者理解某事，因此，发言人不仅要明确表达必要的思想，而且要通过一个故事、一段小幽默、一个展示或几样道具来强化这些思想。无论是轻松型的还是严肃型的祝酒词，都应比较简明，并要谨慎措辞。

（六）口头报告

口头报告是就一个论题向听众简要介绍一个计划好的或正在进行的项目或活动。它可以分为指示型口头报告、信息型口头报告和总结型口头报告三种类型。指示型口头报告是为了让听众明确如何操作或执行某项任务，这种发言强调语言的通俗易懂，必要时要给听众当场操作的机会；信息型口头报告旨在传递信息，在这种口头报告中使用一些浅显的术语、图表并在事先发放材料将有助于解释一个复杂的问题；总结型口头报告是当一项计划或安排进行到一定阶段或结束后对这项计划或安排的执行情况作出总结，向有关方面汇报，其内容一般包括执行过程、取得的成绩、存在的问题以及解决方案、以后的设想等方面。除了个人经常要作口头报告之外，团队有时也需要汇报。譬如公司经营团队向董事会作汇报时，其中一个汇报公司财务，另一个汇报生产，还有一个汇报营销，最后一个汇报人事。每个汇报人各有分工，并有时间限制。汇报小组的带头人负责掌握好开头和结尾。

实践演练

1. 请你向大家介绍一下你所在班级或个人的基本情况，并归纳一下你向大家传递了多少信息。(时间 2 分钟)

2. 现在请一位你熟悉的老师给大家讲课，请你在上课之前对该老师作个引荐发言。(时间 2 分钟)

3. 你所在的班级在全校歌咏比赛中获得了团体第一名，现在要给歌咏队队员颁奖，请你致颁奖词。(时间 2 分钟)

4. 现在有一个团队要到你所在的班级参观，请你致简短而又诚挚的欢迎词。

5. 你所在的班级正在举办宴会，请你根据宴会的性质和参加人员的特点作一个简短的祝酒词。(时间 2 分钟)

6. 你有一个打算或计划，希望能够得到领导的支持，请你向领导作个口头报告。

三、交谈的基本方法

语言是人类沟通必不可少的工具。如果它是一种完美的工具，一个人就可以通过它来洞悉另一个人的思想，使人们的交谈顺利达到一种近似完美的心灵感应的境界。不幸的是，事实恰恰相反。语言是一种很不完美的媒介——含糊、晦涩、模棱两可，常常引起他人的误解。我们不可能对他人所说的话一听就明白，自己说出的话有时也让他人听不明白。即使是同一词语，在不同场合下面对不同的说话对象以不同的口气说出，所表达的意思和效果往往也大不相同。因此，要成功地与人交谈，使交谈产生更多的收效与乐趣，我们必须学习一些基本的交谈方法。

(一) 选择恰当的时机和地点

为了保证交谈时间，集中交谈的注意力，在交谈时必须选择恰当的时间和地点。不同性质和内容的交谈应该选择在不同的场合下进行。当人们闲谈聊天时，应该找一个轻松愉快的环境。当人们进行商谈或谈判时，应找一个正式的场合。除正确选择场合之外，交谈也必须选择适当的时机，如果你走进上级的办公室，发现他满脸怒色、心情不好，这时你最好不要向上级提出过多的要求，哪怕这些要求在平时被认为是合理的；如果你发现某一员工工作时心神不定，这时你可以跟他谈谈心神不定的原因，但切不可在此时跟他探讨一件重要的事情。

(二) 根据对象选择交谈话题

交谈的对象不同，兴趣爱好不同，关注点不同，因此交谈时必须根据交谈的性质和对象来选择相应的交谈内容。一般来说，交谈应尽可能选择在座人士喜欢听的话题，或是聚会的主题。与其尽说些历史、文学，抑或是外国的事情，倒不如谈些天气、服装之类的话题，虽然这些话题可能没有任何意义，但是在不同类型的人们聚会时作为共同的话题仍是比较贴切的。根据不同的对象来改变话题是提高交谈能力的一条宝贵经验，因为政治家有政治家的话题，哲学家有哲学家的话题，年轻人有年轻人的话题，女性有女性的话题，如果不分对象、不分场合，使用同样的态度、谈论同样的话题，显然是不合适的。可以说，根据对象和场合灵活地选择交谈的话题，无疑是建立良好的人际关系不可或缺的润滑剂。

(三) 事先了解交谈的内容

在交谈开始之前，最好事先了解需要交谈和可能交谈的内容，如果对交谈的内容一无所知，就不可能很好地参与交谈。事先了解交谈的内容，不仅包括了解交谈的主题、交谈的对象、交谈的环境、交谈的性质以及交谈的目的，而且还包括了解交谈是偏向理论性还是偏向实用性，这样才能使自己在交谈之前做到心中有数。

(四) 把握交谈的尺度

无论什么样的交谈，都应该根据交谈的内容和对象把握住交谈的尺度，要弄清楚哪些话该说、说到什么程度，哪些话不该说、怎样加以回避等。需要记住的是，当你与他人交谈时，不要一相情愿地认为谈论任何事情都能气氛融洽，即使是最好的朋友，也不可能什么都能很好地交谈。有些谈话要求交谈者必须具有共同的兴趣和条件、共同的性格，或者一定程度的友情。如果你明知某人对将要谈论的话题持反对意见，那最好别让他参加进来。而当你知道某人在某个问题上不可理喻时，也不要试图用道理来说服他，因为这样做毫无意义。因此，根据交谈对象和内容把握交谈的尺度，对提高谈话效果具有重要意义。

（五）用眼来“聆听”对方的谈话

在交谈时，应当直视对方的眼睛。如果不这样，对方会怀疑你心里有鬼。而且，不正视对方也是不礼貌的行为。一会儿看看天花板，一会儿看看窗外的景致，或是低头把弄着手中的东西，这种种举动都会让对方觉得你不尊重他。遇上这种情形，自尊心强的人可能会摆出憎恶的脸色，甚而恼羞成怒。不正视对方，不仅会给人留下恶劣的印象，更会使你丧失观察对方反应的机会。要了解一个人的内心深处，依赖眼睛观察要比用耳朵去听来得可靠。因为出自口中的话极有可能会造假，但是眼睛却难以说谎。

（六）避免讨论无法讨论的问题

在工作和生活中，并不是所有问题都值得去讨论，也不是任何话题都可以拿出来讨论。有些情况下，因个人的性格、兴趣和爱好不同，对问题的看法也不相同，而我们很难用一个明确的是非标准来衡量谁对谁错。这时如果去引发一场毫无意义的讨论，不仅得不到任何结果，而且还有可能引发一些不必要的矛盾和冲突。

（七）善于提问和反馈

交谈是一种双方互动的过程，它要求交谈双方不仅要善于向别人提问，而且要善于处理别人的提问。当听到别人提问时，首先要弄清提问的内容和意图，然后再根据自己的知识和判断作出回答。对别人的提问不加思考地回答或回答离题都是毫无意义的。同样，当你向别人提问时，要尽可能将问题表达得明确易懂，既不能将简单问题复杂化，也不能把复杂问题简单化，不要因为自己对某一问题十分清楚就设想自己以任何方式提出来都会让他人明白，应根据交谈对象和内容选择相应的提问方法和形式。另外，在提问时，不要接二连三地提问，如果交谈对象众多的话，也要给别人提问的机会。

四、交谈的禁忌

（一）随便议论别人的短处或隐私

有些人在交谈过程中会随便议论别人的短处，或谈论别人的隐私。这样做不仅有损于别人和自己的形象，而且还有可能惹出许多麻烦和是非。因此，在与别人交谈过程中，不可热衷于议论他人的缺陷或丑闻，更不应事后加以传扬。谈论别人的隐私或丑闻绝对是有百害而无一利的。如果是无中生有的中伤，会对当事人造成莫大的伤害。即使是当事人亲自把自己的缺陷或丑闻告诉了你，这也是出于对你的信任，你只需要自己知道，也没有必要把它告诉别人。如果你贸然将之宣扬出去，说了就难以收回，也许无意中就种下了恶果，而恶果滋长到什么程度，有时是你无法预料的。总之，议论别人的短处，打听别人的隐私，这种做法对你无益，对人有损，是不应做的；要是有人向你说某某人的短处，你唯一的办法是听了就算，不可做传声筒，更不必记在心上。

（二）独占谈话时间

在与人谈话时口齿伶俐虽然是件好事，但是，如果独自一人滔滔不绝地大发议论，这反而是不礼貌的。交谈时应该尽可能地做到长话短说，毕竟谈话不是给人上课，你不能只顾自己讲话，而忽视别人的存在，更何况在交谈过程中人人都有发表意见的权利，你必须尊重别人的权利。

（三）处处与人争辩

在交谈过程中，一切的争辩都应尽力加以避免。争辩是一场没有赢家的战争，不仅会伤害对方，而且也会给自己带来极大的危害。处处争辩有下列危害：一是会损害别人的自尊，同时让人对你产生反感；二是会使你养成专挑别人错误的恶习；三是可能使你变得狂妄而骄傲；四是可能会使你失掉很多朋友。

(四) 用质问式的语气交谈

用质问式的语气进行交谈是最容易伤害感情的。许多争吵、矛盾和摩擦都是因为采用了质问式的语气而起的。有这种习惯的人，多半心胸狭窄、吹毛求疵、自大好胜。要知道，尊敬别人是有效交谈的必备条件，在交谈中故意为难别人或使别人难堪，这样对人对己都没有什么好处。如果你想维护自己的尊严，那么你就不要伤害别人的自尊心，如果别人有什么不对之处，你不妨把你的意见说出来，但态度要真诚大方，采用质问语气是不适宜的。如果你想让对方心悦诚服，就更不可使用质问的语气。有些人爱用质问的语气来纠正别人的错误，先质问，后解释，犹如先打对方一拳，然后再向他解释一样，这不必要的一拳足以破坏双方的感情。被质问的人往往会觉得不知所措，自尊心受到了伤害，如果他是个脾气不好的人，必然恼羞成怒，进而引起激烈的争辩。事实上，以温厚待人就是为自己留有余地，倘若你经常用质问的态度与人交谈，在使别人难堪的同时，你自己受到的伤害可能会更重。

(五) 用生硬的口吻批评别人的错误

纠正别人的错误时要抱有极大的同情心，这样你不仅不会犯吹毛求疵的毛病，而且也能正确理解别人犯错误的原因。在指出或纠正别人的缺点和错误时，说话一定要温和，要先表示同情对方犯错误的原因，然后再用温和的方法指出错误来，不可用过激的或使人听了不舒服的字眼，如“你真糊涂，这件事完全弄错了”。这种口气和语言是让人无法忍受的。对于别人所犯的一些不可挽救的过失，要站在朋友的立场上给予恳切地指正，而不是严厉的责问，这样才能使他知过而改。另外，纠正别人不正确的做法时，最好用请教式的语气，而不是用命令的口吻。例如，“你不应该用红色”就不如“你觉得不用红色是否会更好看一点呢”效果更好。

(六) 一味地谈论自己的事情

人们在交谈时都乐于谈自己的事情，而对于与自己毫无关系的事就不太关心。但自己感兴趣的事并不一定能引起别人的共鸣。无论多么出众的人物，如果一味地谈论自己，必将引起他人的不快。有些人在谈话中只谈与自己有关的事，结果给别人留下一个傲慢自大的印象。

(七) 自吹自擂

在一切的愚笨行为中，再没有比在别人面前自吹自擂更愚笨、更可怕的了。自己若真有本领，那么赞美的话应该由别人说出，自吹自擂只会让自己更加丢脸罢了。凡有修养的人必不随便说及自己，更不会自夸。你必须明白，与其自吹自擂，不如表示谦逊，你不自吹自擂时，别人可能会称赞你，如果自己捧自己，人家反而瞧不起你了。所以，对于自己不知道的事情，不要冒充内行，因为这是一种不老实的自欺欺人的行为。自己知道多少就说多少，没有人要求你是一个百科全书。即使是最有学问的人，也有不知道的事情。坦白地承认自己对于某些事情的无知，绝不是一种耻辱，反而能够得到别人的尊敬。

(八) 故意刁难别人

千万不要故意为难别人。有的人在交谈中喜欢故意刁难别人，专门表示与别人意见不同，以显示自己的高明，譬如，你说这是黑的，他硬说是白的；如果你也说这是白的，他就又反过来说它是黑的了。这种处处故意表示与别人看法不同的人，与处处随声附和的人一样都是被人看不起的，甚至是令人憎恶的。所以，在交谈中不能为了表现自己的高明而处处逞能，这样不仅不能获得别人的好感，反而可能惹人厌恶。如果我们在交谈中确实不同意对方的某些观点，那么就要向对方说明自己不同意的是哪些观点，并表示除了这些观点之外其他方面自己是完全同意他的观点的，这样，对方就很容易接受你的批评或修正。要知道，无论你的意见和对方的意见相距多远，冲突多厉害，只要表现出一切都可以商量的态度和诚意，大家就能够得到比较接近的看法。

自我检查

根据交谈的基本方法和技巧，请你总结一下你在与人交谈中的优点及缺点，并将针对自身的缺点提出的改进计划填入表 4—1。

表 4—1

自身交谈的优点	自身交谈的缺点	改进计划
1.	1.	1.
2.	2.	2.
3.	3.	3.
4.	4.	4.
5.	5.	5.

第二节　演讲的方法与技巧

一、演讲的类型

演讲是指演讲者在特定的时间、环境中，借助有声语言和体态语言，面对听众发表意见、抒发情感，从而感召听众的一种现实的、带有艺术性和技巧性的社会实践活动。根据演讲的目的，可以将演讲分成劝导型、告知型、交流型、比较型、分析型和激励型。

（一）劝导型

这种演讲是为说服一些持有反对意见或者态度冷漠的听众赞同或支持某种观点主张。因此，在这种演讲中，要运用感情感染力和逻辑感染力使听众同意演讲者的观点。譬如，一位公司经理向公司管理层作演讲，劝说他们同意购买一台新型的自动生产设备。在讲话中，这位经理不仅要介绍一下该设备，而且应分析该设备能给公司生产带来的效益，同时还要谈及资金安排问题，这样才能达到劝说购买的目的。

（二）告知型

这种演讲是为传递信息，而不是为某个特定的观点辩护，演讲的主题应该是没有争议的，以避免与听众发生争议。如向委员会作的一些报告，发言者的责任不是作出什么决定，而是向委员会提供信息材料，以便委员会作出决定。

（三）交流型

这种演讲是为交流信息，譬如市场部经理向产品设计部经理和生产部经理讲演，解释潜在顾客需要什么、不需要什么，然后引导后者讲出生产中受到的技术限制。通过这种交流，双方可以探讨问题，并最终找到解决方案。

（四）比较型

当需要解释并讨论两个或两个以上的产品、概念、政策或活动时，就需要比较。比较是为了向听众提出所有相关事实，以便其更好地作决策。在这种演讲中，仔细列举事实和客观的数据分析是至关重要的。

（五）分析型

当需要深入了解企业生产经营某一方面的情况，以便于作出决策或采取措施时，就需要

分析。例如，总会计师就收购一家小公司向公司财务委员会作报告，他要分析这家小公司目前的财务状况、增加销售的潜力、债务结构以及其他影响委员会决策的因素。要想使决策正确无误，必须对每一个问题作仔细分析。

（六）激励型

这种演讲的目的在于鼓励人们采取行动，更加积极地去实施相关措施。公司管理人员在动员大会上的发言可归于这一类演讲。这类演讲常用激动人心的语言来激发人们的热情和干劲，使人们朝着一个共同的目标努力。

二、演讲的准备

无论演讲者即兴构思的才能多么出色，在演讲之前如果不做认真仔细的准备工作，就不可能取得演讲的成功。无论管理者作何种演讲，都必须在演讲之前做好充分的准备。一般来说，演讲准备包括演讲题目、演讲听众、演讲环境、演讲选材、演讲结构和演讲时间等方面的准备。

（一）确定演讲题目

确定演讲题目是进行演讲前的首要任务，这不仅是演讲者所关心的，也是听众瞩目的。演讲的题目不仅与演讲的形式有关，更与演讲的内容、风格、格调有关。一个新颖而富有吸引力的题目，不仅能在演讲前就能激发听众的兴趣，而且会在演讲后给听众留下深刻的印象，甚至成为一个警句而广为流传。可以说，演讲题目的拟订对演讲效果起着画龙点睛的作用。

演讲者在拟订演讲题目时必须认识到，演讲题目应是大多数人都普遍关心的问题，必须符合听众的兴趣，满足听众的需要。要使演讲题目能够概括演讲的基本内容或主题，不能文不对题、题不达意，更不能拖泥带水、产生歧义。要知道，冗长的题目不便于记忆，深奥的题目令人费解，空泛的题目大而无当，听众难以了解演讲的内容，这些都是拟订演讲题目的大忌。一般来说，选择演讲题目应该注意以下几点：一是题目要富有建设性。在坚持实事求是的基础上，标题要选择那些能给人以希望的、积极向上的、令人振奋鼓舞的文字。而在内容上，要能引起听众的兴趣，满足其求知欲望。二是题目要新奇醒目。古人云："语不惊人死不休。"演讲的题目也应能像磁石吸铁一样，一下子吸引住听众。三是摒弃冗长、深奥、空泛的标题。演讲的主题应有针对性，对存在的问题有的放矢，而不能泛泛而谈。此外，主题还须带有演讲者的创见，切不可老生常谈、人云亦云。

（二）分析听众

演讲是以演讲者为中心、偏重于话语的交流。演讲者如果事先不调查研究听众的背景、态度、兴趣、心理特征、意愿要求及构成等有关因素，演讲就很难获得听众的认同。一般来说，应研究分析听众的下述特征。

1. 分析听众的构成

演讲者一般要从以下几个方面分析听众的构成：一是听众的人数。一般来说，听众人数越多，越容易接受"群体影响"的支配。所以，在听众较多的场合，更需要变更说话的语调，提高内容的感情成分。对出席的人数作尽可能准确的估计，有利于演讲者决定采用什么样的辅助手段和风格。二是听众的年龄。由于听众年龄结构不同，思维方式、价值观念会有很大的不同。例如，青年人大多具有冲劲足、有理性、较挑剔的特点，中老年人则较含蓄、稳健，因此，演讲者要注意听众的年龄结构。三是听众的受教育程度。演讲者使用的语言和词汇应该适应听众的教育水平和层次，如果演讲者定位不在应当的水平上，无论是太高还是太低，都会导致演讲的失败。四是听众的职业。了解大多数听众的职业可以预测他们关注的主题，对演讲者同样是有益的。五是听众的性别。听众的性别不同，关注点不同。一般来说，男性听众往往喜欢慷慨激昂的议论，而女性听众则常常偏好娓娓动听的叙述。因此，在演讲之前了解男女听众的比例，并根据男女的比例确定演讲的用语、风格、方式及声调，同样是非常重要的。

2. 了解听众的心理特点

听众心理是指听众对演讲的一种特殊心理活动。听众心理具有以下四个特点：一是听众对信息的接受具有选择性。听众一般只注意那些他们熟悉、有兴趣、与他们有关或者他们渴望了解的部分；在记忆信息时也有明显的感情色彩和倾向，容易记住自己愿意记住的信息，也愿意接受那些与自己意见一致或自己认同的观点。二是听众心理是独立意识与从众心理的矛盾统一。一方面，听众对演讲中的观点有自己的看法；另一方面，在听演讲时，听众会相互刺激并相互强化情绪和行为的反应。演讲中经常出现的数人鼓掌而皆鼓掌、数人笑而皆笑的现象就是从众心理的结果。三是"名片"效应与"自己人"效应。"名片"效应与"自己人"效应就是指由于交流双方存在相似性和共同处，因此各自的信息容易被对方接受，交流双方容易沟通。其中，"名片"效应主要指双方观点一致；而"自己人"效应主要指把双方当作自己一方的人，因而更信赖对方，更容易接受对方的观点。四是首因效应与近因效应。首因效应是指第一印象在人际知觉中所具有的主导性质。在人的潜意识中，总认为第一印象是正确的。近因效应是指新形成的印象对人际知觉所具有的重要意义。

3. 把握听众的意愿要求

演讲者还必须事先了解听众的意愿要求，以便有针对性地做好确定主题、选择材料等准备工作，只有这样才能有成功的演讲。听众参加演讲的意愿要求一般有五种，即慕名而来、求知而来、存疑而来、欣赏而来和不得不来。慕名而来者一般抱有潜在的崇拜心理，不太注意演讲者水平的高低；求知而来者为获取知识与能力而来，如果演讲的内容充实、条理清楚，这类听众一般不会过分挑剔演讲者的演讲技巧；存疑而来者对自己想了解的演讲话题非常感兴趣，他们只要求演讲者把演讲内容交代清楚，并不在乎演讲者的身份、地位。欣赏而来者在潜意识中含有对高水平演讲者的崇拜，他们不在乎演讲的内容而更在乎学习、欣赏演讲技巧；不得不来者往往是由于纪律约束或出于礼貌而来，他们对演讲内容并不关心，反应冷漠。

（三）了解演讲环境

演讲环境的好坏对于演讲成功与否有很大的影响。试想，在炎热的夏季，在一个回声很大、紧邻大街而且没有空调的大厅里，在这样的环境里演说，将是什么景象？可以说，不管演讲者和听众如何努力，都很难达到应有的演讲效果。概括起来，与演讲有关的环境因素主要包括以下两个方面。

1. 固定因素

固定因素通常包括房间的大小和形状、窗户的位置和数目、四周墙壁的位置、电源插座的位置和数目等。这些因素是固定不变的，演讲者应事先了解这方面的情况，当演讲条件很不合适时，可要求更换演讲的地点，以利于演讲的顺利进行。

2. 可变动因素

可变动因素包括桌椅、视听设备等。演讲者应确保自己能与听众保持交流与接触，最重要的是演讲者要与听众进行目光接触，这在一定程度上能够促进演讲者与听众之间的密切联系。此外，演讲者与听众还要保持一定的空间距离。一般说来，小型集会的演讲者与听众的距离以 4 米～8 米为宜。在演讲过程中可以运用手势、动作、表情、变换位置或在过道上走动以及幻灯、字幕等视听辅助工具来"拉近距离"，达到加强人际沟通的效果，使演讲更加成

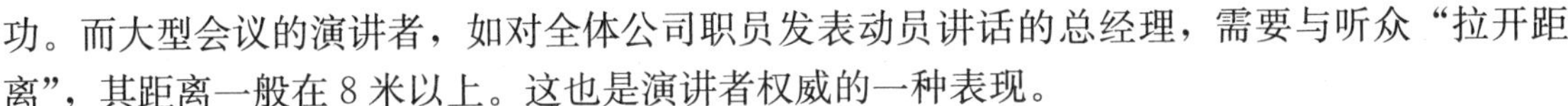

功。而大型会议的演讲者，如对全体公司职员发表动员讲话的总经理，需要与听众“拉开距离”，其距离一般在 8 米以上。这也是演讲者权威的一种表现。

综上所述，分析与演讲有关的环境因素，重视并做好选择与准备，是演讲取得成功的重要基础。

（四）收集演讲材料

能够证明观点、表达主题的事实或理论叫做材料。材料有两种：一种是事实材料，包括具体事实、概括事实、历史事实及统计数据等；另一种是理论材料，包括公理、定理、名人名言、格言警句及各个学科的理论成果等。如果说主题是演讲的灵魂，那么，材料就是演讲的血肉。材料形成主题，证明或揭示主题，只有占有充分的材料，才能在演讲过程中游刃有余、左右逢源，否则就会捉襟见肘、穷于应付。处理材料的过程包括三个方面：收集材料、筛选材料和使用材料。

1. 收集材料

从总体上讲，收集材料不外乎两个途径：第一，直接获取。演讲者通过自己的观察、调查、体验获取材料，这种材料是第一手材料，为演讲者所独有。第二，间接获取。即通过阅读获取材料，如通过阅读和查找图书、报刊、计算机数据库及网络等途径获取材料。通过这种方式获取材料需要注意两个问题：一是要学会使用各种索引、目录、年鉴等工具书；二是因为所获取的材料是第二手材料，所以必须对其进行核对、甄别。

2. 筛选材料

严格地讲，演讲者为演讲的目的而收集的材料只能叫做素材，并不是所有的素材都能写入演讲稿中，演讲者还必须对其进行筛选。要选择那些能够充分支持主题、具有典型性和真实性、适于听众的材料写入演讲稿中，而对于筛选下来的材料还要注意保存，以备不时之需。

3. 使用材料

对于选中的材料，要进行归类，规划出用哪些材料说明哪个问题。对于哪个材料先用、哪个材料后用，要排出一个合理的顺序。听众的注意力是有限的，超过了一定的限度，听众就会走神。因此，适当地穿插一些趣味材料，可以调节演讲的变化层次，使听众的精力集中。另外，单纯使用一种类型的材料只能使听众疲劳，因此，还要注意材料的多样性。总而言之，在使用材料时，要学会利用归类、排序等手段。

（五）合理安排演讲结构

合理的结构安排是一篇演讲成功的基础。只有精心设计演讲的结构，在演讲之前对于如何开头、如何结尾、何处为主、何处为辅、怎样铺垫、怎样承接早已了然于胸，在演讲时才能思路清晰、中心突出、铺排严谨、首尾照应、浑然一体。这样不仅有利于演讲者在有限的时间内传递更多的内容，也有利于演讲者克服怯场，取得更好的演讲效果。一般说来，一个完整的演讲结构主要包括开头、正文和结尾三个方面。

1. 开头要巧妙

在演讲中，开头又被称为开场白或导语。一个优秀的开头对演讲的作用是极大的。它为演讲确定了基调，不但能够吸引听众的注意力，还能揭示主题或主要内容，引导理解路径。在演讲中，常用的开头方法有以下几种：利用举例；展示题目的重要性；概述主要内容；提出问题；使用引用语；发布惊人信息。当然，文无定法，开头的方法也不止这几种，但无论采用哪种形式，都要注意开头要力求简洁，一定不要太长。另外，还要周密计划，不要将所有的内容都在开头中讲出来，使演讲失去了解释悬念的过程，让听众失去继续听讲的兴趣。

值得注意的是，在演讲的开头切忌讲一些毫无必要的客套话，貌似谦虚，实则虚伪。诸如“同志们，我没什么准备，实在说不出什么，既然让我讲，只好随便谈谈”之类的废话只会令听众厌烦。在演讲的开头东拉西扯、离题万里也是万万要不得的。开场白还要注意紧扣主题，适合听众心理和当时的环境，切不可为追求新奇而故弄玄虚。

2. 正文要突出重点

正文是演讲的主要部分，演讲质量的好坏、论题是否令人信服，都取决于正文的阐述。正文在结构安排上离不开提出问题、分析问题和解决问题三个方面，但这又不是一成不变的刻板公式。因此，要根据主题的需要，恰如其分地安排正文的结构，做到紧扣主题、突出重点、层次清晰、首尾呼应。需要注意的是，演讲的结构不同于文章的结构，不能肆意铺排，不可太复杂。文章可以反复看，即使结构复杂一些，读者反复揣摩也会弄通；演讲的结构若过于复杂，听众会抓不住纲目，不得要领。

3. 结尾要精彩

如果说一个精彩的开头能够引起听众的注意，那么，一个成功的结尾则能够令人产生言已尽而意无穷的感觉，给听众留下深刻的印象。结尾有很多方式，或提出问题令人深思，或深化主题加深认识，或总结观点揭示主题，或激励士气促使行动，或抒发感情感染情绪，或运用幽默赢得笑容。可以说，结尾同开头一样，并没有固定的模式，但成功的结尾必须达到使听众把握演讲的主题、明晰解说事项、提供行动动力三个目标。一般来说，结尾常犯的错误有三种：一是草草收兵。有的演讲，在结束时不考虑如何给听众留下完整的总体印象，不作强调，不作必要的概括，就突然作结，显得突兀，这就叫草草收兵。二是画蛇添足。有的演讲，本来该说的话已经说完，却还要唠叨个没完，“关于这个问题我再来补充几句”或者“我前面讲的这一点非常重要，我在这里再耽误大家几分钟”，等等，这就是画蛇添足。三是讲套话、废话。有的人演讲，结尾时总爱说“我的话讲完了，讲得不好，耽误大家很多时间，请大家原谅”之类，看来谦虚，实为套话，令人生厌。

（六）把握演讲时间

把握演讲的时间是一个极其重要的环节，演讲者要根据总体时间安排，合理分配时间，尽量避免前紧后松或前松后紧。如果可能的话，演讲者最好在演讲开始之前事先排练，并根据给定的时间调整发言结构和内容。一般情况下，演讲时间的安排可遵循这样一个原则，即开头和结尾部分占整个发言时间的20%，其余80%的时间用于主体部分的发言。

三、演讲的技巧

演讲技巧是指在正式演讲过程中所运用的一些吸引听众、提高演讲效果的方式、方法与诀窍。为了确保演讲成功，给听众留下美好的印象，除了在演讲之前进行必要的演讲准备外，还需要在演讲过程中运用一些方法和技巧。

（一）情绪控制的技巧

克服紧张情绪，是有效演讲的第一步。研究表明，21%的人害怕在陌生人面前表演；10%的人对公众演讲有巨大的恐惧。紧张使得演讲者心率加快、手心出汗、膝盖发抖、嘴唇发干、语无伦次，预先的构思往往会被打乱。因此，掌握情绪控制的方法和技巧，就成为演讲取得成功的关键环节。

1. 熟悉讲稿

要克服紧张情绪，首先要熟悉讲稿。先确定自己熟悉、感兴趣、有材料可写的选题，在形成讲稿后还要从框架到细节加以记忆、背诵。当演讲者面对听众感觉到紧张的时候，可在

脑海里迅速回忆演讲大纲，这样可以使紧张的情绪得到缓解。

2. 树立自信

演讲者在演讲之前一定要多设想些困难，要多反思自己的差距和不足，只有这样，才能迫使自己进行认真而充分的准备。演讲者一旦走上讲台，就要多想自己的长处，想象自己是做得最好的，其余的演讲者水平肯定不如自己，只有这样，才能使自己树立起信心。而有些演讲者在演讲时信心不足，总认为别人比自己强，这种自己打击自己的做法是不足取的。

3. 保持积极乐观的心态

演讲者要以积极的心态想象听众的反应和自己的演讲效果。要保持乐观的心态，可以想象听众不是来挑刺的，而是来倾听你的演讲的；还可以想象自己在演讲时神采飞扬，听众洗耳恭听，积极配合，演讲结束后听众掌声雷鸣的情景。当然，这种积极乐观不是盲目的，而是建立在自己充分准备的基础上的。

4. 做一些放松性的动作

实践表明，进入演讲场所后，微笑着环视听众和四周的环境，向自己认识的听众打声招呼或点一下头，与身边的人小声交谈几句，做一下深呼吸等动作，都可以使演讲者紧张的神经得以放松，恢复自信。

5. 尊重听众

演讲者必须尊重听众。如果听众感到演讲者的口气是居高临下的，那么听众会很反感，现场气氛便会很紧张，演讲者也会受到感染而紧张。但如果演讲者给予听众更多的礼貌和尊重，他们也会给演讲者更多的礼貌和尊重，这有助于排解演讲者的紧张情绪。

6. 预先排练

预先排练是正式演讲前最后的准备工作。通过预先排练可以减轻紧张的情绪，因为它可以帮助演讲者发现紧张的根源，并及时予以解决。

（二）有声语言的运用技巧

演讲依靠有声语言来传达思想感情和有关信息。作为一种强有力的沟通手段，有声语言是连接演讲者和听众的桥梁；演讲者所用的词汇、句子，以及声音的高低、快慢、抑扬顿挫，都是表达信息的一部分。听众对演讲者的不满通常集中在演讲者用词不准、句子冗长、声音模糊、语速太快上，这些都是有声语言运用方面的问题。要克服这些问题，就必须掌握有声语言的运用技巧。一般而言，有声语言的运用技巧主要包括以下几个。

1. 准确精练

用词准确和句子精练是演讲的最基本要求，只有准确精练的语言才能使听众明白演讲者的意图。所谓准确，就是用词要能够确切地表达所讲述的对象——事物和观念，指出它们的本质及相互关系，以避免发生歧义和引起误解。在演讲中要避免使用一切似是而非、模棱两可的话。所谓精练，就是要用最少的字句表达最丰富的内容。言简意赅的句子，一经了解，就能牢牢记住，变成口语；而冗长的论述绝难如此。演讲的每一句话都是稍纵即逝的，因此要尽量避免长句和复杂的句子，减少修饰和限制的成分，多用短句，力求简洁明快、生动有力。

2. 通俗易懂

在演讲中要发挥口头表达的魅力，使语言通俗易懂，做到真正的“明白如话”。这样不仅可以使听众易于理解和接受，而且也有助于活跃会场气氛，调动听众的兴趣。有的人演讲时喜欢用一些半文不白的语言，故作高深，什么“绠短汲深”、什么“抉幽显微”，演讲的人说起来绕口，听的人也觉得生涩。当然，语言通俗易懂，讲究的是语言朴实、平易，而不是低级粗俗、拖泥带水。

3. 形象生动

演讲还要求运用鲜明生动的语言，使抽象的事物具体化，深奥的道理浅显化，概念的东西形象化。这要求演讲者善于把握运用人的第二信号系统，用形象的语言调动听众的全部感觉——听觉、视觉、嗅觉、感觉、味觉，使听众有身临其境的感受。“望梅止渴”的故事，讲的正是第二信号系统产生的刺激作用。要使语言形象生动，一个重要的方面就是讲究修辞手法的运用，对语言进行必要的修饰加工，使之更富有感召力。有一篇演讲的结尾仅45个字：“‘日出江花红胜火，春来江水绿如蓝’，这是人民的春天，这是科学的春天！让我们张开双臂热烈地拥抱这个春天吧！”这里用了引用、排比、反复、比喻、双关等修辞手法，妙语生辉，大放异彩。演讲者常用的修辞手法有比喻、引用、设问与反问、排比等。

4. 声音洪亮

演讲者的声音要洪亮，要使每个角落的听众都能听得到。特别是在公共场所演讲时，演讲者要通过询问后排听众是否能听清或查看其非语言信号（如向前探身）的方法来了解音量的情况。如果后排听众有听不清的表示，则意味着要加大音量；一般来讲，响亮浑厚的中低音比较受人欢迎。演讲者要掌握正确的呼吸方法，用胸膜联合呼吸，以保持感情充沛和声音浑厚洪亮。同时，演讲时应使用正确规范的普通话。

5. 重音突出

重音在演讲中占有重要的位置，它可以突出强调某一词、词组、句子，以满足表情达意的需要。重音的处理方式在于咬字的音量和力度，一般说来，重音区读得要比其他音节重一些。但有时将关键词、句子读得比其他词轻也能起到突出强调的作用。在演讲中，重音的不同可以表达不同的意思。如“我没说他偷了我的书”这句话，根据重音的变化，可以表达七种意思，读者可自行体会一下。当你自认为已讲得一清二楚时，也可能恰恰被人误解了——由于重音的使用不当。演讲者应根据演讲的目的、场合、对象、感情等因素，确定重音的位置，并对所强调的字词作出某种声音上的变化。在使用重音时，应注意三个问题：一是使用过多，处处都是重音，那就等于没有强调了，而且处处强调显不出主次，只会增添听众的疲劳；二是过于吝啬，该用重音的地方不用，使演讲平铺直叙，缺乏波澜，同样易使听众疲劳；三是重音使用不当，造成表意错误或者语言过分夸张。

6. 吐字清晰

演讲时一定要吐字清晰，咬字真切。这正是人们所说的“咬紧字头归字尾，不难达到纯和清”。演讲时，要防止“吃字”现象。所谓“吃字”，是指一些演讲者在情绪激动或急切时把某个音节的字漏了过去，或与其他字词混淆发生新的合并现象，如把“只要你们努力”中的“只要”快说，这句话就会变成“照你们努力”。这种情况会造成演讲时吐字不清的情况，影响演讲效果。演讲者吐字是否清晰准确，直接关系着演讲者与听众的思想交流、交际沟通的效果。吐字不清，不仅会造成语言上的隔阂，而且会使听众由于无法了解演讲者的思想而变得焦躁不安，引起秩序混乱，甚至导致演讲的失败。

7. 把握语气语调

语气语调可以在演讲中表达丰富的感情色彩，如愤怒、惊讶、高兴、害怕、妒忌、蔑视、难受、紧张、骄傲、悲切、满足、同情等。实验证明，没有实在内容的声音形式也可以沟通感情。在演讲中，“气徐声柔”的语气可以表达爱意，“气粗声硬”的语气可以表达憎恨，“气

沉声缓”可以表达悲伤，“气满声高”可以表达喜悦，“气提声凝”可以表达恐惧，“气短声促”可以表达急促，“气促声重”可以表达愤怒，“气细声粘”可以表达怀疑。除了语气以外，语调升、降、平、曲的运用也可以表达不同的感情。一般说来，升调多用于疑问句和祈使句中，表达惊叹、疑问、号召等语气；降调多用于感叹句和陈述句中，表达感慨、赞叹、肯定等语气；平调多用于陈述句中，表达严肃、平淡、叙述等语气；曲调多用于句意复杂的长句子中，表达讽刺、暗示、欢欣、惊讶等情感。在实际演讲过程中，随着表达的需要，语调也要不断变换。需要说明的是，虽然演讲一般有一个相对稳定的语气与语调——基调，但在演讲过程中，随着演讲内容和演讲者情绪的变化，语气语调也应发生变化，不过，这种变化不是装腔作势和矫揉造作。

8. 注意停顿

一般来说，演讲中的停顿有三种，即语法停顿、逻辑停顿和心理停顿。语法停顿是指演讲稿中的标点符号表示了句子的语法关系，有标点符号的地方一般要有适当时间的停顿。逻辑停顿是指依照句子的逻辑结构进行停顿，如长句子的语法成分分界线。心理停顿则是根据演讲者的需要有意识地安排的，停顿的时间一般比前两者长，也更能体现停顿的作用。停顿具有重要的作用：一是停顿能够给听众一个整理思路、体会感情的时间，从而达到“沟通同步”。二是停顿能够使演讲内容的展开与推进具有层次性。三是停顿具有设问和暗示的作用。四是停顿能够引起听众的好奇、注意，令听众产生悬念。停顿虽然有如此重要的意义，但也不可以滥用，过多的停顿会使演讲过程缺乏连贯性，会使听众不安，怀疑演讲者是否熟悉讲稿、准确把握主题，进而怀疑演讲者的能力。

9. 把握节奏

节奏是指为适应演讲内容和出于表达感情的需要，演讲者特意造成的叙述过程中的抑扬顿挫、轻重缓急的对比关系。它包括语速的快慢、语句的长短、语调的刚柔以及重音、吐字、停顿等内容。概括起来，演讲的节奏可分为以下类型：

（1）轻快型：适用于致欢迎词、宴会祝词、友好访问词等较随和的场合。

（2）持重型：适用于理论报告、纪念会发言、严肃会议开幕词、工作报告等。

（3）舒缓型：适用于科学性演讲和课堂授课。

（4）紧促型：适用于紧急动员报告或声讨发言。

（5）低抑型：适用于追悼会等具有哀伤气氛的场合。

（6）高扬型：适用于誓师会、动员会、批判会等。

（7）单纯型：适用于简短的演讲。

（8）复杂型：适用于内容复杂、费时较长的演讲。

演讲的节奏固然受演讲者的气质、性格以及听众的情绪的影响，但主要还是取决于演讲的内容、演讲目的以及演讲背景。为了增强演讲效果，演讲者应据此选择恰当的节奏。

（三）身体语言的运用技巧

身体语言也是演讲者应重视的演讲表达手段。它主要是配合有声语言来更加生动、形象地表达演讲者的思想感情，通常包括表情、眼神、手势、姿态、动作等。演讲者的每种身体语言，如手势的高低起伏、动作的节奏和力度、面部表情的喜怒哀乐等，都能影响到演讲效果。有人曾列出了这样 个公式：感情传达＝7%的言辞＋38%的声音＋55%的面部表情。演讲者的声调、语气、表情、眼神等所含的雄辩能力，比字句更有力量。有句话说得好：“演讲如能使聋子看得清，则演讲之技精矣!”

1. 表情要自然

实际上，面部表情比嘴里说的话更复杂。人会自觉不自觉地运用表情来表达自己的思想感情，而其他人能够读出这种特殊的“语言”。据研究认为，人的复杂的感情、心境、情绪，如喜悦、悲痛、畏惧、愤怒、烦恼、忧虑、怜悯、鄙夷、疑惑、失望、报复心等，都可以反映在脸上。可以说，面部表情是人的思想感情最复杂、最准确、最微妙的“晴雨表”。演讲者应掌握这方面的技巧，以期能通过自己的面部表情对听众施加影响、交流思想，更好地达到演讲效果。这方面的技巧有四：首先，演讲者在表情上要表现出充分的自信，这样会使听众更容易接受演讲。其次，表情要与演讲的内容相协调，不要出现表情错位。面部表情只有伴随着演讲内容和演讲者情绪的变化而变化才能打动人，表情错位则会使听众感到滑稽可笑。再次，表情的运用要自然，拘谨木然、呆板僵硬、目不斜视、精神紧张、手足无措、恐慌不安等表情只能削弱演讲效果。最后，演讲的表情还不能过于夸张以至矫揉造作、自作多情，这样只能使听众感到虚假。

2. 眼神要灵活

眼神的表情达意功能在演讲中起着至关重要的作用。演讲者通过眼神可以把他的心理变化、学识、品德、情操、性格、趣味和审美观等毫不掩饰地呈现给听众，而听众也善于通过演讲者的眼神变化来窥见其思想感情。俗话说得好：“眼睛是心灵的窗户。”人的喜怒哀乐都可以通过眼睛反映出来。在演讲中，眼神的运用应注意以下几点：

（1）要看着听众说话。演讲者上台以后，不能总是低头俯视讲稿或讲台而不敢看听众，也不能总是看着天花板；不要东张西望，也不能死盯住一个地方。应以前视为主，统摄全场，与听众目光接触，使更多的听众以为“他在跟我讲话”，以此吸引听众注意。演讲中可以适当地环视全场，但不能眼睛滴溜溜地乱转。对于坐在后排的听众，应给他们以更多的目光关注，以弥补由于空间距离形成的沟通不足。

（2）与听众的目光保持实在性接触。演讲者看着听众讲话，有虚视和凝视两种。凝视能增强双方的感情联系，与听众建立起灵敏的信息交流反馈。在演讲开始和进行中，应当有适宜的凝视时间。如果凝视时间太长或过多，又会对听众形成压力。因此，可以不时地采取虚视，使双方都感觉更自然舒适。可见，在演讲中交替使用虚视和凝视，能收到更好的效果。

（3）多种眼神并用。由于演讲者的情绪、演讲的内容、听众的态度、演讲环境等错综复杂，在运用眼神时也不能只用一种，而应丰富多彩，变化运用。不同的眼神，传递着不同的信息，交流着不同的情感，因此，演讲内容的波澜起伏，情感的抑扬跌宕，无不可以通过眼神，配合口头有声语言、手势、姿态等，协调地表达出来。但总体来说，眼神一定要自然流露，这就要求演讲者在实践中下工夫磨炼。

3. 手势要大方

手势是体态语言中重要的表达手段。不同的手势表达不同的情感。自然而安详的手势，可以帮助演讲者平静地陈述和说明；急剧而有力的手势，可以帮助升华情绪；柔和而平静的手势可以帮助抒发内心炽热的情感。演讲过程中，手势的运用要大方自然，矫揉造作和过于夸张只能使听众感到不舒服。手势的种类、幅度、方向要与演讲的内容、演讲者的感情、现场气氛协调一致。手势一定要与口语同步进行，切忌说完话后再补手势。手势还要与民族文化及听众的习惯相适应，使听众易于理解和接受。在演讲中，不能总是重复一种手势，而应富于变化。当然，手势也不是越多越好，而应根据内容表达的需要，采取适当的手势。有时手势可以用来掩饰演讲者的紧张情绪，但令人眼花缭乱的手势只能暴露演讲者自己的慌乱，

往往会弄巧成拙，毫无意义。

4. 站姿要端庄

不少演讲家提倡在演讲中使用站姿。站立的姿态，一般提倡两腿略微分开，前后略有交叉，身体的重心放在一只脚上，另一只脚则起平衡作用。这样既便于站立，也便于移动，身姿和手势也可以自由使用。当然，演讲有时也可以采用坐姿，这比较适合时间长或拉家常式的演讲。演讲者无论采用哪种姿态，都不要做过多的无意义和过于夸张的动作，否则就会被认为浅薄、狂妄、胆怯。

5. 着装要得体

穿着与演讲内容、演讲氛围、时令、演讲者年龄相适应的服装，可以增添演讲的色彩。作为演讲者，在着装上应考虑以下几点：一是穿着要得体，避免穿着紧身、崭新和厚质的服装。二是穿着要适合一定的场合。对工作出色的职员作发言，不宜穿牛仔裤、运动衫；对社会团体作发言，不宜穿着正式宴会服。三是要保持衣着整洁。演讲开始之前要审视自己的仪表，检查着装。四是不要穿着可能分散注意力的服装，剃须后抹的润肤水气味不要太浓烈。也就是说，演讲者的着装既要使听众赏心悦目，又不能使听众过于分散注意力。

(四) 即兴插说的技巧

在演讲实践中，由于心理和环境的影响，演讲者不大可能像录音机一样完全重复事先准备的讲稿。在实际的演讲中，演讲的内容有可能与原先的演讲稿不完全一样。这种变化最为突出的就是即兴插说。优秀的即兴插说可以克服记忆演讲稿的紧张心理，有效地应对演讲过程中的记忆中断。不仅如此，它还具有充实内容、强化情景、活跃气氛、启迪思维等积极作用。作为一种演讲的表现手法，即兴插说的形式是多种多样的。

1. 联想

会议或活动的特定时间、空间背景，会场的布置，现场的插曲，别人说过的话，等等，都可以引起演讲者的联想。1945 年 5 月 4 日，昆明各高校在云南大学操场举行“五四”纪念大会，恰逢大雨，秩序混乱。闻一多在演讲中马上联想到历史上武王伐纣时天降大雨被人称为“天洗兵”的典故，号召青年大学生以“天洗兵”的精神风貌去发扬“五四”精神。这个插说，由此及彼，借题发挥，可谓联想巧妙、意味深远。

2. 举例

在演讲中，经常要用到举例。无论是叙事还是说理，都需要用一些例子来展开详细的描述和对概括的结论进行阐述，以增加文章的感染力和说服力。因此，演讲者一般都要在演讲稿中使用一些典型的事例。不过，在演讲过程中，举例的范围却往往可以突破演讲稿的局限，假如演讲者能够敏捷地从现场或听众中或与听众相关联的事物中捕捉或搜索到一些事例进行插说，就能够起到增强演讲效果的作用。

3. 比喻

这是演讲者经常使用的修辞方法。一个好的比喻可以使演讲生动、浅显和妙趣横生。因此，在演讲过程中，运用比喻的方法进行即兴插说，容易收到良好的表达效果。西部一单位领导在给刚刚分来的大学生讲话时，发现会场四周摆放了许多盆西部特有的花，于是就以这种花作比喻，用这种花的花期长和扎根西部、为西部所特有等特征来比喻大学生的扎根西部和为西部做贡献的精神。这位领导的讲话插说恰当、设喻巧妙，给听众以深刻的思想启迪。

4. 设问

这是演讲者与听众进行交流的一种重要途径。在演讲过程中突然对人进行提问每每会引出表现真情实感的回答，因此不失时机地采用这种自问自答的方式进行即兴插说，既可以感染听众的情绪，又可以激发听众去思考。

（五）随机应变的技巧

尽管演讲者在演讲之前都做了充分的准备，但是由于演讲环境复杂多变、听众成分不一、演讲者自身失误，演讲随时可能出现意外。因此，在演讲过程中，演讲者要善于捕捉演讲环境及听众的变化，处变不慌，准确判断，灵活地处置演讲中的偶发事件。

1. 内容多、时间少的处理技巧

演讲者有时会发现在规定的时间内根本不可能完成演讲。遇到这种情况时，有些演讲者要么拖延时间，犯了演讲的大忌；要么惊慌失措，提高语速，使演讲变得前松后紧；要么删除演讲稿中的部分内容，致使演讲内容不够完整。对此，正确的处置方法是：压缩内容，删除事例和详细的分说；妥善使用概括语，将原文中的详细论证、说明、描述进行概括。需要注意的是，概括和压缩都要以不破坏演讲稿的体系为前提。

2. 记忆中断的处理技巧

演讲过程中演讲者可能还会出现记忆中断的情况，这时演讲者切忌惊慌，应采用各种方法加以弥补。弥补记忆中断的主要方法有三种：一是插话衔接法，即临时插话，对上面的内容加以发挥、阐释、例释；二是重复衔接法，即加重语气，重复最后几句话；三是跳跃衔接法，即通常所说的后话先说、前话后补。通过以上三种方法可赢得时间，使自己尽快回忆起忘却的内容。如果确实回忆不起来，则可以使用概括语替代。如果是无关大局的内容，则直接可以略去。千万不要停下来苦思冥想。

3. 讲话失误的处理技巧

当演讲者不小心发生讲话失误时，可以用反问法加以掩饰，如可以说："我这样说对吗？显然是不对的！因为……"这样做的好处是，听众根本察觉不到演讲者的失误，反而会认为演讲者是在树立靶子，以加深听众的印象。

4. 听众缺乏配合的处理技巧

有时会场上会出现一些演讲者不愿意见到的情况，如听众会显得很疲惫，喧哗而不注意演讲内容，冷漠而不积极配合。这时，演讲者应当迅速冷静地分析出可能的原因，或根据实际运用悬念法、幽默法、穿插法等，调整演讲内容，或围绕演讲中心运用举例法、故事法、提问法，把听众散漫的注意力拉回来。

5. 对听众持反对态度的处理技巧

如果听众中有人对演讲者的观点提出反对意见，演讲者首先应该环视全场，然后面向持反对意见听众的方向，用亲切温和的态度设法消除对立。如你可以说："对于这个问题，有人有不同的看法，这是正常的，他们的观点也不能说没有道理，但是……"这时，演讲者就可以用进一步阐发自己的观点的方法来平息对立了。

6. 遭遇干扰的处理技巧

在演讲时，如果场外有噪音干扰，演讲者应当稍停片刻，等噪音消失以后再讲。如果会场内有听众说话，演讲者可以停下来，看着说话的听众，用眼睛制止他们；假如仍不奏效，演讲者也千万不要动怒，应使用委婉劝说或突然提问法加以解决。演讲过程中还可能出现一些意想不到的尴尬，演讲者也应设法解除。例如，有一位演讲者上台时不小心被话筒线绊倒，他灵机一动，对听众说："我为广大听众的热情所倾倒！"这种幽默处置法既为自己解了围，又使演讲增色。

本章提要

所谓口头表达，就是为了实现沟通目标而运用口头语言进行表情达意的活动。按照口头表达的方式不同，可将口头表达分为交谈、即兴发言和演讲三种类型。

交谈是人们传递信息和情感、增进彼此了解和友谊的一种最常用的沟通方式。交谈的基本方法包括：选择恰当的时机和地点；根据对象选择交谈话题；事先了解交谈的内容；把握交谈的尺度；用眼来“聆听”对方的谈话；避免讨论无法讨论的问题；善于提问和反馈。在交谈中需要注意的问题有：不要随便议论别人的短处或隐私；不要独占谈话时间；不要处处与人争辩；不要用质问式的语气交谈；不要用生硬的口吻批评别人的错误；不要一味地谈论自己的事情；不要自吹自擂；不要故意刁难别人。

演讲是口语表达的最高形式，是有声语言与体态语言的有机统一。要成功地进行演讲，必须在演讲之前做好充分的准备，准备内容主要涉及演讲题目、演讲听众、演讲环境、演讲选材、演讲结构和演讲时间等方面。在演讲过程中，还需要掌握并运用一些方法和技巧，主要有情绪控制的技巧、有声语言运用的技巧、语气语调的技巧、体态语言运用的技巧、即兴插说的技巧、随机应变的技巧等。

能力训练

思考练习

1. 简述即兴发言的类型及使用场合。
2. 要实现有效的交谈，应掌握哪些基本方法？
3. 你认为在交谈中应注意哪些问题？
4. 试述演讲准备的过程和内容。
5. 在演讲过程中怎样才能控制好自己的情绪？
6. 根据你的理解和认识，你认为怎样才能处理好演讲过程中的偶发事件？

能力测评

交谈能力测评

阅读下面10道题目，请你根据实际情况，选择一个最符合你自己的真实想法或做法的答案。

1. 你是否只会对那些经过慎重挑选的朋友才大胆地吐露自己的心事和秘密？

A. 强烈肯定　　B. 有时　　C. 绝对否定

2. 在与一群人交谈时，你是否经常发觉自己驾驭不住自己，在想些与交谈话题无关的事情？

A. 强烈肯定　　B. 有时　　C. 绝对否定

3. 别人问你一些复杂的事情，你是否会觉得“跟他多讲几句没什么意思”？

A. 强烈肯定　　B. 有时　　C. 绝对否定

4. 你是否觉得那些过于表达自己感受的人是肤浅和不诚恳的？

A. 强烈肯定　　B. 有时　　C. 绝对否定

5. 你是否时常避免坦诚地表达自己的感受，因为你认为别人根本不会理解？

A. 强烈肯定　　B. 有时　　C. 绝对否定

6. 你是否觉得需要属于自己的空间和时间，一个人静静地才能保持清醒并整理好自己的思路？

A. 强烈肯定　　B. 有时　　C. 绝对否定

7. 与一大群人或朋友在一起时，你是否时常觉得有隔阂、孤独或者失落？

A. 强烈肯定　　B. 有时　　C. 绝对否定

8. 当一些你不太熟悉的人对你倾诉他们的生平遭遇以求得同情时，你是否会觉得厌烦甚至对这种情绪不加掩饰？

A. 强烈肯定　　B. 有时　　C. 绝对否定

9. 当有人与你交谈或对你讲一些事情时，你是否经常觉得没有兴趣，很难聚精会神地听下去？

A. 强烈肯定　　B. 有时　　C. 绝对否定

10. 当一群人在一起聊天时，你是否经常觉得与他们没有什么共同语言，所以就沉默寡言？

A. 强烈肯定　　B. 有时　　C. 绝对否定

评分标准：

A=3　B=2　C=1

结果评价：

- 如果你的得分在 25 分～30 分之间，表明你只有在非常需要的情况下才会与别人交谈，但你仍然不会以交谈来发展友情。除非对方愿意主动与你接触或交谈，否则你便处于孤独的个人世界里。你的交谈能力存在很大问题。
- 如果你的得分为 24 分，说明总体上你有孤僻的倾向。你的交谈能力可能存在一些问题。
- 如果你的得分在 18 分～24 分之间，表明你比较热衷于跟别人交谈，交朋友是你的爱好。如果你与对方不太熟悉，你开始会比较拘谨，但是时间一长，你会变得非常愿意交谈。
- 如果你的得分在 10 分～17 分之间，表明你非常懂得交际，跟任何人都可以随意进行沟通，在群体中能够创造一种轻松热烈的气氛，具有很强的交谈能力。

案例分析

丘吉尔的演讲

1940 年，当希特勒的铁蹄踏过波兰、丹麦和挪威，直扑英吉利海峡的时候，英伦三岛上空顿时阴云密布。时任首相张伯伦因绥靖政策失败而引咎辞职。1940 年 5 月 10 日，65 岁的温斯顿·丘吉尔受命于危难之际，出任英国首相。5 月 13 日丘吉尔在议会下院发表了题为“热血、辛劳、眼泪和汗水”的著名演说。丘吉尔铿锵有力的声音，一扫英伦三岛的低迷之气，极大地鼓舞了英国民众战胜法西斯的勇气和信心。

“正如我曾对参加本届政府的成员说的那样，我要向下院说：我没有什么可以奉献，有的只是热血、辛劳、眼泪和汗水。

摆在我们面前的，是一场极为痛苦的严峻的考验。在我们面前，有许许多多漫长的斗争和苦难的岁月。

你们问：我们的政策是什么？

 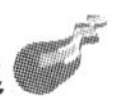

我要说，我们的政策就是用我们的全部能力，用上帝给予我们的全部力量，在海上、陆地和空中进行战争；同一个在人类黑暗悲惨的罪恶史上所从未有过的穷凶极恶的暴政进行战争。这就是我们的政策。

你们问：我们的目标是什么？

我可以用一个词来回答：胜利——不惜一切代价，去赢得胜利；无论多么可怕，也要赢得胜利，无论道路多么遥远和艰难，也要赢得胜利。因为没有胜利，就不能生存。

大家必须认识到这一点：没有胜利，没有英帝国的存在，就没有英帝国所代表的一切，就没有促使人类朝着自己目标奋勇前进这一世代相传的强烈欲望和动力。

当我挑起这个担子的时候，我是心情愉快、满怀希望的。我深信，人们不会听任我们的事业遭受失败。此时此刻，我觉得我有权要求大家的支持，我要说：来吧，让我们同心协力，一道前进！”

讨论：

1. 试分析丘吉尔演说的主要特点。
2. 你认为做一次成功的演讲应该注意哪些问题？

第五章
书面沟通

情境任务设计

案例情景

案例情景1　没有说清楚还是没有听清楚？

有一天，总经理给新来的助理小曹布置了一项任务，要求她向各个部门下发岗位职责空白表格，并要求各个部门在当天下午4点之前上交总经理办公室。总经理问小曹是否明白他的意思，小曹说完全明白，于是就去执行了。

结果，到了下午规定的时间，技术部没有按时上交。总经理问小曹：你向技术部怎么传达的？小曹说，完全按正确的意思传达的。总经理又问为什么技术部没有上交，小曹说技术部就是没有上交，不知道为什么。

总经理把小曹和技术部经理召集到总经理办公室，问这个事情。技术部经理回答说，当时他没有接到小曹传达的关于上交时间的要求。而小曹却说，自己确实传达了，为什么公司其他11个部门都听到了就技术部没听到？技术部经理说，确实没有听到。

到底是小曹没有说清楚还是技术部经理没有听清楚？没有书面的东西，谁也说不清楚。

问题思考：

假如你是小曹，当执行总经理布置的任务时，你会怎么做？

案例情景2　发送配件引起的争执

2008年6月的一天，阳光公司负责外派维修的售后服务工程师陈晓卓电话要求工厂售后服务部门为其在河南洛阳的维修现场发送配件一个，按公司规定，陈晓卓应当书面传真需要配件的具体规格和型号，然后才能发货。结果，陈晓卓讲自己干了三年多，都很熟，声称要为公司节省传真费用，而且客户要的很急，可口头报告型号，售后服务部工作人员小张鉴于这种情况，就相信了陈晓卓，按陈晓卓说的型号发去了配件，结果发到现场后，发现型号错误，又要重发，造成运输费用的增加，更为重要的是影响了客户的需求，耽误了客户的时间。

事后处理此事时，陈晓卓一口咬定自己当初报告的就是第二次发的正确型号，而售后服务工作人员小张则坚持陈晓卓当初报告的就是第一次错误的型号。但是没有书面函件，该相信谁？最后因为双方都在明知公司规定的情况下，违反了书面沟通程序规定，造成了损失，都有责任，分别对其进行了处理。

问题思考：

你认为造成陈晓卓与小张争执的主要原因是什么？怎样才能避免类似矛盾和争执？

学习任务

1. 以小组为单位，以“如何提高学生的学习积极性”为题，列出文章的写作提纲，要求最好列出三级提纲。

2. 请认真收集有关计划方面的资料，然后归纳整理出计划的一般格式。

3. 你在报纸上看到某公司正在进行招聘，在招聘的职位中有非常适合你的职位，而你也非常希望能够到该公司工作。请你写一份求职信并附上你的个人简历。要求：求职信的字数在 500 字左右，个人简历的字数在 1 000 字左右。

知识技能目标

知识目标

通过学习本章内容，学生应掌握：

- 书面沟通的优缺点；
- 书面沟通的种类；
- 书面沟通的主要障碍；
- 写作的基本过程及要求。

技能目标

通过学习本章内容，学生应能够：

- 掌握资料收集的渠道和方法；
- 熟悉并运用写作的方法和技巧；
- 学会企业常用文书的写作；
- 正确撰写求职信；
- 正确撰写个人履历。

必备知识技能

第一节　书面沟通概述

在日常生活和交往中，人们沟通的方式除了语言沟通之外，还有一种重要的沟通方式就是书面沟通。所谓书面沟通，就是利用书面文字作为主要的表达方式，在人们之间进行信息传递与思想交流的沟通形式。如企业在处理日常事务时经常使用的信函、计划书、各类报告、合同协议等都是重要的书面沟通方式。书面沟通在表达思想、传达信息、交流情感、布置任务、履行合约等各方面具有其他沟通方式所不能替代的重要功能。有统计表明，企业中高层领导的大部分时间花在文件审阅、传送及拟订上面，也就是说，其大部分时间花在了书面沟通上。可以说，无论是企业内部沟通还是外部沟通，都离不开书面文字。对企业内部而言，企业成立时需要拟订公司章程、制定规章制度、编制职务说明书等；日常管理中需要制定各种计划、签订有关合同、发放各种通知和任命等。现在许多大企业都有内部刊物，这使得企业内多了一条沟通的渠道，使员工能形成较强的凝聚力。对企业外部而言，书面沟通就更为普遍，如财务报告、市场调研报告、对外商务交往信件与函件等，这些都是企业与外部环境联系的桥梁和纽带。

一、书面沟通的优点

书面沟通在人们生活和企业管理过程中扮演着重要角色，具有其他沟通形式不可替代的作用。概括起来，书面沟通的优点主要表现在下述几个方面：

第一，书面沟通可供阅读，可长期保留，并可作为法律证据。

一般情况下，信息的发送者与接受者通过书面文字了解信息，传递思想与情感。这些书面文字可以长期保存，如果对信息的内容有疑问，事后对信息的查询也是完全可行的。由于书面沟通有据可查，因此在某种意义上还可以作为法律上的凭证和依据，如合同与协议书的条款一旦生效就具有法律效力。不仅如此，书面沟通还能够给读者提供更多的思考时间，使其仔细分析文字上所附有的意义，并且可圈可点。

第二，书面沟通可使下属放开思想，避免由于言辞激烈与上级发生正面冲突。

如果下属面对面地与领导交谈，一般都会有所顾忌，不敢直言，尤其是对上司的缺点，下属更不愿直接说出。采用书面形式沟通，下属可以直抒胸臆，晓之以理，动之以情，让领导理解或接受自己的观点和意见，既能使问题得到解决，又照顾到双方的脸面，避免由于言辞激烈而与上级发生冲突与不快。反之，上级采用书面的形式与下属沟通，既能拉近彼此之间的距离，让下属感到亲切，同时下属也比较重视，能够及时改进自己的不足。同时，采用书面形式沟通，写作者可放开思想包袱，从容表达自己的想法，避免了口头沟通时说话不连贯、吞吞吐吐、欲说还休的尴尬情况。

第三，书面沟通的内容易于复制，有利于大规模地传播。

书面沟通可以将内容同时发送给许多人，向他们传递相同的信息。书面沟通的载体形式多种多样，包括报纸、杂志、书籍、信件、报告、电子邮件、传真、通知等，广泛的载体形式使得书面语可以不受时空的限制，从一地转到另一地。而且，只要载体上所印制或储存的文字及其他信息符号能够保存下来，内容就可以长期保存下来。

第四，书面沟通讲究逻辑性和严密性，说理性更强。

人们把所要表达的内容说出来和写出来是大不一样的。一般而言，说出来要比写出来更为容易，因为说的时候不必对文字进行仔细推敲，也不必讲究语法和修辞，并且还可以伴随着大量的肢体语言和表情等。但要把自己口头表达的内容变成文字，就必须对其进行认真组织，既要讲究语言的运用，又要考虑修辞、逻辑以及条理性，同时，书面文字在正式传播以前还要经过反复修改、补充、论证，以使意思表达更为清晰。

第五，书面沟通可以反复推敲、修改，直到满意为止。

由于口头表达大多都是即时性的，不会给表达者很多的时间思考、准备，说话者一旦话已出口，则很难收回，尤其是当话语有损于对方时，即使重新表达自己的意思也无法消除之前造成的不良效果。而书面沟通则不同，人们在进行书面沟通时，时间一般是比较充裕的，可以对自己要表达的思想观点进行反复推敲、修改，这样不仅可以避免口头表达时个人情绪

冲动产生的不利影响，而且还能够表达口头语言无法表达的内容和观点，如个人情感及内心感受等。也正因为如此，书面沟通才具有口头沟通不可替代的作用。

二、书面沟通的缺点

任何事物都是相对的，具有两面性。书面沟通既有优点，也有不足。书面沟通的缺点也是非常明显的。

（一）书面沟通耗费时间较长

同样的内容，在相同的时间内，口头沟通传递的信息要比书面沟通传递的信息多得多，如花费一个小时写出的东西只需要15分钟就可以说完。之所以如此，是因为口头沟通不需要花费过多的时间进行构思和修改，语言也比较简洁，出现一些不规范的省略句、半截子话等也并不影响听众的理解；而书面沟通则不同，需要花费大量的时间和精力对文章结构、内容和逻辑顺序进行构思和修改，并要花大量时间做到语法规范、用词准确、语言流畅、条理清晰，可以说，有时花在构思和修改上的时间要比实际的沟通时间多得多。

（二）容易产生沟通障碍

由于人们知识水平、社会经验以及思想观念的差异，不同的人对相同的信息所理解的程度是不一样的，因此，对于书面文字传递的信息，接受者有时不能真正理解传递者的本意，从而造成沟通障碍。此外，传递者在写作过程中使用有歧义的语言，或者词不达意，也会造成双方对信息理解的不同，产生沟通障碍。

（三）信息反馈速度较慢

口头沟通能够使接受者对其所听到的东西及时提出自己的看法，如果有不明白的地方可以及时提出疑问，反馈速度较快。而书面沟通缺乏这种内在的反馈机制，无法确保所发出的信息能被读者接收到，也无法确保接收者对信息的理解正好是发送者的本意。发送者往往要花费很长的时间来了解信息是否已经被接受并被正确地理解，反馈速度较慢，有时会造成时间拖延，甚至贻误时机。

（四）无法运用情景和非语言要素

口语表达往往是在一定的情景下进行的，双方通过互相观察，凭借某些非言语信息获得某种讲话者故意掩盖或逃避的信息。而书面表达却没有这种情景性，在口语表达中极容易理解的话语，在书面沟通中要想达到同样的效果，则需要花费大量的笔墨去做背景的交代，而对于有些“只可意会，不可言传”的内容，即使传递者绞尽脑汁，恐怕也很难把它解释清楚。

三、书面沟通的障碍

（一）语言障碍

在书面沟通过程中，由于语言理解和表达能力存在差异，发送者和接收者常常出现理解与把握上的背离。而且由于各地风俗习惯和方言的不同，在借助方言对书面材料进行解释或传递时，往往也会影响沟通的效果。如在中国有些地方称马铃薯为山药，如果订货方在订货单中写上订购山药（实际上是订购马铃薯）500斤，发货方按照订单发出500斤山药，那么订货方就会要求退货，认为发货方所发货物与所订购货物不符，而发货方则坚持不退货，认为自己所发货物正是订购方所订购的，由此导致矛盾和纠纷，这实际上是由于方言不同所造成的障碍。

（二）知识障碍

书面沟通涉及的内容繁杂，范围广泛，包括经济学、管理学、统计学、市场学、广告学及法学等多种学科，沟通双方对此都应有所掌握。如果知识面不够广，就会构成书面沟通中的知识障碍，从而影响书面沟通的准确性。有时由于沟通者文化、地域或宗教信仰的不同，也会造成沟通障碍。

（三）人为障碍

在书面沟通的过程中，由于人为因素的作用，经常会出现诸如书面材料内容表述不清，词不达意的现象；接收者疏忽，造成信息遗漏；书面材料的传递环节过多，造成层次过滤，使书面材料的内容发生畸变等人为的传递障碍。有时信息及其含义会随着信息内容所描述的情况以及收文和发文的部门的改变而有所改变。收文者很容易忽略与他自己的看法有冲突的信息；发文者的地位不同，也会影响信息的意义。此外，阅读者的心情如何，能否专心阅读收到的信息，写作者的心情如何，能否使用委婉礼貌的语言等，这些都有可能造成书面沟通的障碍。

课堂互动

书面沟通是一种非常重要的沟通方式，请大家交流一下，在什么情况下适合书面沟通，并举出相应的例子。

第二节　写作的基本过程

写作的程序和相关技巧，是写作前的必备知识，如对此有了初步的了解，并且不断加以实践，写作能力就能迅速提高。一般来说，写作过程可以分成拟订提纲、收集资料、正式写作、编辑修改四个阶段。这四个阶段既存在着内在的逻辑联系，又存在着不断的反馈和重复。

一、拟订提纲

拟订提纲是写作过程中的重要环节，通常需要花费大量的时间，尤其是在写长篇报告的时候，提纲的拟订显得更为重要。重视提纲的拟订会使写作变得比较容易，也会提高写作的质量。这一阶段包括确立目标、确定主题、分析读者、列出提纲。

（一）确立目标

正式文书都是人们有计划、有目的制作的结果，无论是报纸、杂志所登载的一些文章，还是企业管理中所书写的报告、通知，都是作者或作者所代表的团队思想和意志的体现，其目的或者是告诉人们一种观点，或者是给人们提供一种新的思考方式，或者是要求别人做某些事情等。因此，在拟订提纲之前，写作者必须首先确立写作的目标，即为什么写作以及要达到什么目的和结果。只有写作的目的和意图清晰、明确，才能使写作者知道自己该写些什么以及怎样去写，使阅读者知道你写了些什么以及为什么去写。这样不仅能够使写作的思路更加清晰、富有条理，而且能够使各项工作做到有的放矢，减少或避免写作的失误，提高写作的质量和效率。

（二）确定主题

主题是写作的中心思想，确定主题是实现写作目标的基本途径。主题明确，中心思想突出，能够使阅读者一目了然；反之，主题不明，中心思想模糊或混乱，会让阅读者产生“丈二和尚摸不着头脑”之感，不仅无法正确理解和接收写作的真实目的和意图，还有可能产生曲解或误解。所以，在确立目标之后，还必须根据目标确定写作的主题，并在此基础上进一步确定写作的文体以及所要写作的主要内容和观点。

（三）分析读者

写作的目的不是让写作者自己欣赏，而是让阅读者能够阅读、理解。这就要求写作者必

须认真分析研究读者，弄清：谁是读者？他们是你公司内部的人还是公司以外的人？如果是内部的人，他们的职务是什么？责任范围是什么？如果是外部的人，他们与公司有什么关系？与写作者有什么关系？除此之外，还要考虑：读者对写作的主题是否熟悉？能否理解写作的目的和意图？他们对文中的内容和观点可能会有什么反应？写作者希望读者阅读后采取什么行动？通过分析研究读者，写作者就能够选择对他们有用的信息或者读者可能感兴趣的信息，就知道该运用什么样的方法、使用什么样的语言来写作，就可以使写作过程变得更加有的放矢。

（四）列出提纲

提纲是文书写作的整体框架。提纲合理与否，不仅影响写作的难易程度，而且影响写作的质量和效率。一份合理的提纲能够反映出写作的意图、主要内容及观点，是对写作内容的浓缩和概括。提纲可以有繁有简、有粗有细、有长有短。对于那些比较简单的文书，如请示、批复、备忘录、信函等，可以将提纲列得简略一些；而对于那些比较复杂的文书，如战略规划、工作方案、调查报告、经济活动分析报告、可行性研究报告等，则可以将提纲列得详细一些。提纲越详细，写作起来越容易，相对来说，在列提纲上花费的时间也就越多。从某种程度上说，拿出一份科学合理的提纲就等于写作任务完成了一半。

二、收集资料

"巧妇难为无米之炊"，无论是写正式的文章还是写非正式的便条，都需要一些资料，这些资料可以来自于脑子里的记忆，但更多的来自于各个渠道的收集。收集而来的资料还需加以归纳、整理、提炼，才能成为对写作有用的素材。在写作的具体过程中，这些素材或者成为写作的缘起，或者成为叙述中的事实，或者成为说理的论据，或者成为解决问题的参考。比如写一封回信，最好能把来信找出来，并从记忆中搜寻一些与此人相关的情况，这样才能明确回信的目标，知道需要解释哪些问题或提出哪些问题；才能明白哪些方面应该详细地写，哪些方面可以一带而过，哪些方面不必提或不能提；才能安排合适的结构，形成合适的文风，合理措辞，并以适合对方需要的态度完成写作。其他文体也是一样，无论是一般文书还是调查报告，或者理论性文章，都需要充分地准备材料。收集材料可从下述方面着手。

（一）确定所需资料

写作的意图、与读者的关系以及文书的性质等都会对所需资料的范围、数量产生较大影响。如果只是写一个简短的便条，需要的资料就很有限，但是，如果写一份有关销售和市场情况的调查报告，或是未来的战略规划，就需要积累大量的资料。因此，在收集资料前，首先必须明确写作的意图、与读者的关系、文书的性质，然后有针对性地收集资料，避免花费大量人力、物力和精力却收集和整理了许多无关紧要的东西。

（二）明确资料来源

人们常常处于一种矛盾的状态，一方面资料非常多，相互重叠，可以借助的收集渠道很多；但另一方面，把真正需要的资料收集齐全又十分困难。因此，在收集资料之前，了解所需资料存在于什么地方就显得尤为重要。一般来说，资料收集最常用的渠道有书面媒体、非书面媒体、现代媒体和媒介等。

实践演练

请你通过各种渠道，收集有关"×××"方面的资料，要求每个人收集的资料不得少于5篇。

三、正式写作

在进行了写作前的充分准备之后，就需要通过文字的形式把思想、意图、内容、观点等表达出来，无论是用笔写在纸张上还是直接用电脑在屏幕上形成文字，这一阶段即正式写作，是整个写作过程的核心环节。

写作过程是一种高度复杂的脑力劳动过程。在这个过程中，写作者要依托写作前的准备工作，利用自身积累的知识、经验和资料，围绕文章的主题，不断将思路转化为文字，继而又产生新的思路，从而使创造力不断得到激发。这个过程能否继续下去，取决于写作者对写作目标的熟悉程度，取决于占有资料的数量和质量，取决于写作者对行文构成的掌握和理解，也取决于写作者自身知识和阅历的宽广和丰富程度。

（一）写作的基本要求

对于文书写作中应把握的一些基本要求，有的学者把它归纳为四个方面，即正确（Correct）、清晰（Clear）、完整（Complete）、简洁（Concise），可概括为“4C”。

（二）改善写作的技巧

要想抓住读者的注意力，并让读者在阅读时感到舒适、赏心悦目，有一种美的享受，除了认真组织内容之外，还必须注意写作的技巧。这些技巧包括：留下良好的第一印象；开头要鲜明并具有感染力；使用简洁的词语和句子；书写要做到规范、清楚、工整；注意文书内容的逻辑性等。

四、编辑修改

编辑修改是写作的重要阶段，好的文书既是写出来的，也是改出来的。任何情况下，文书的写作都要经过修改这个环节，只不过文书的重要程度和性质不同、写作者的写作水平不同，修改的次数不同罢了。如一封短信可能只需要修改一次就可以了，但一份战略规划可能需要修改五至六遍才能得以完成。可以说，文书写作的过程就是修改、再修改、反复比较、反复推敲的过程。

（一）明确修改范围和要求

修改可以在写作过程中的任何时间进行，内容涉及提纲、结构、观点、词句、标点等各个方面的重新检查和修订。不过，不管哪个方面的检查和修改，修改的目的都在于找出不足并实施改变，这些改变可以与文书整体框架有关，如提纲、内容、观点等，修改的方法是概括、提炼、归纳；也可以与文书的细节有关，如词句、文字、标点等，修改的方法是增加、替换、删除、合并、扩大。经验丰富的写作者通过修改，可以使文书的内容、形式发生变化，而缺少经验的写作者通过修改，只能使文书发生很小的变化。

（二）修改的技巧

文稿能够修改是写作这一种方式的巨大优越性。正是因为写作过程中可以修改，才使得文稿能达到正确、清晰、完整、简洁的要求。编辑修改的技巧主要包括：修改前把写作材料搁置一段时间；不要太专注于所写的材料；修改内容，改进结构等。

第三节　企业常用文书的写作方法与技巧

一、工作计划

计划是管理的首要职能，是实现资源有效配置的重要方式和手段。所谓计划，就是企业对未来生产经营活动以及所需的各种资源，在时间上、空间上所作出的具体安排和部署。制定科学合理、切实可行的计划，不仅可以使企业在复杂多变的市场环境中辨明方向，知道该

做什么、不该做什么，而且能够帮助管理者预见变化，制定应对措施，减少变化的冲击，从而使浪费和冗余减至最少。

根据划分角度的不同，可以把企业经营计划分为多种类型。如按计划的内容可分为销售计划、生产计划、人力资源计划、采购计划、成本计划、投资计划、财务计划等；按计划的期限可分为长期计划、中期计划、短期计划；按计划的层次可分为战略计划、管理计划、作业计划等。通常情况下，人们常常将时间上长远、牵涉面较广的称为“规划”；比较繁杂、全面的设计称为“方案”；比较深入、细致、带有明显行动性的称为“计划”；较为具体、直面一个现实问题的称为“安排”。尽管计划的类别有所不同，但企业经营计划却都涉及了“做什么”、“怎样做”和“做到什么程度”三个部分。

写好计划既有助于具体工作业务的组织和安排，也是一个管理者综合能力的体现，这不仅仅是文字表达上的事情。写计划分两步进行：首先，写作者必须根据计划的具体内容来合理确定计划的具体文种，即是规划、计划，还是方案、安排。然后，再根据该文种的具体要求进行撰写。举例来说，如果该计划历时较长、涉及总体战略性问题，就要用“规划”文体，因为规划没有必要写得太细，它的主要作用是明确方向、调动士气和激发热情。如果计划内容是一项具体的工作，则用“方案”或“安排”文体，工作内容比较复杂的用“方案”，较简单的用“安排”。

由于计划是对一个企业的全面工作或某一项重要工作的具体要求，所以写作时要做到具体、详细、深入。计划一般包括以下几方面内容：

（1）开头。开头要通过概述情况来阐述计划的依据，要写得简明扼要，同时要明确表达目的。

（2）主体。即计划的核心内容。主体部分包括阐述“做什么”（目标、任务）、“做到什么程度”（要求）和“怎样做”（措施办法）三项内容，既要写得全面周到，又要写得有条不紊、具体明白。全面工作计划一般采取并列式结构。

（3）结尾。结尾或突出重点，或强调有关事项，或提出简短号召。

课堂互动

1. 请你用表格的方式制定出本学期的学习计划，计划中要有目标、时间、内容、要求、措施办法等。

2. 你因某种原因不能按时上课（上班），请你向老师（上级）写一份请假条。

3. 请指出下面会议通知中的错误，并加以改正。

会议通知

各部门有关领导：

经公司领导研究决定，于2008年10月18日召开会议，请各部门提前做好准备，保证按时参加会议。凡不能参加会议的人员必须提前请假，无故不得缺席。

特此通知。

二、调查报告

调查报告是为解决某些问题而调查分析实际情况、研究对策，然后向有关部门和上级领导所做的报告。调查报告有两种：一是主动报告。某项工作进展得如何，一个企业、一个部门发生了什么事件需要有关部门掌握、了解，都需要及时写出情况报告。二是被动报告。组织因工作需要，安排人员就某个方面、某个问题进行调查研究，事后提交的报告即为被动报告。调查报告的意义在于总结经验，发现、研究、解决问题。所以，调查报告要对反映的情况有所选择，要反映有意义的大事。

调查报告是对某些情况的真实反映，虽不必以正式文件的形式发出，也没有确指的受文单位，但却具有向上汇报、对下指导、平级交流三种功能和作用。调查报告既反映情况，又分析问题，而且还提出解决问题的意见。其写法多为报告形式，内容或信息量一般较多。调查报告根据写作对象和目的不同可分成很多种。从内容性质上分，有研究社会情况的，有推广典型经验的，有反映新事物的，也有揭露某些问题的；从调查对象上分，有围绕一个大问题进行多方面调查研究的综合调查报告，也有就一个问题、一个对象或事件进行调查的专题调查报告。

调查报告的标题一般有两种写法：一种是一般文章标题式写法，如“××公司腾飞之路”；另一种是公文标题式写法，如“×××产品市场状况调查分析”。调查报告的正文一般包括四方面内容，即前言、事实、分析和意见（对策和建议）。

（1）前言。前言部分要简要地说明调查目的、调查时间、调查范围以及所要研究和报告的主要内容等。有的调查报告中还包括调查方法以及调查的整体思路等。

（2）事实部分。即阐述调查得来的主要内容或主要问题。这部分是调查报告的主体，容量较大，所以要进行归纳，或以自然情况为序，或以内容的逻辑关系为序，分条列项地进行写作。每一大条都要有一个中心，或用序码标明，或用小标题的方式来概括，以使眉目清楚。具体内容的写法主要是叙述，多用事实和数字说明，做到材料和观点相统一；表达上则要灵活一些，提出论点并以充分的论据证明，或以调查材料归纳出论点。

（3）分析。分析是调查报告的研究部分，通过分析，或指出问题的性质，或找出产生问题的原因。分析可以是理论分析，也可以是实践例证，但不管如何分析，都必须基于事实和数据，要具有针对性，揭示实质，不能凭主观想象，更不能主观臆断。

（4）对策和建议。调查研究的主要目的在于发现问题、分析问题，最终是为了解决问题。因此，在调查分析的基础上，还必须提出解决问题的对策和建议。所提对策和建议可以是原则性的或带有方向性的，也可以是具体的、可操作的。

三、工作总结

工作总结是组织、部门或个人对过去一个时期内的工作活动作出系统的回顾归纳、分析评价，并从中得出规律性认识，用以指导今后工作的事务性文书。工作总结可以从性质、时间、形式等角度划分为不同的类型。从内容上分主要有综合总结和专题总结两种。综合总结又称全面总结，它是对某一时期各项工作的全面回顾和检查，进而总结经验与教训。专题总结是对某项工作或某方面问题所进行的专项总结，尤以总结推广成功经验最为多见。总结也有各种别称，如个人自查性质的评估及汇报、回顾、小结等都具有总结的性质。工作总结的基本写法如下所述。

（一）标题

（1）文件式标题。一般由单位名称、时限、内容、文种名称构成，如“××公司2008年度新产品开发工作总结”。

（2）文章式标题。以单行标题概括主要内容或基本观点，不出现“总结”字样，但对总结内容有提示作用，例如，某企业的专题总结“技术改造是振兴企业之路”，某高校的专题总结“我们是如何实行教学与科研相结合的”。

(3) 双行式标题。分别以文章式标题和文件式标题为正副标题，正标题揭示观点或概括内容，副标题点明单位、时限、性质和总结种类，例如，“知名教授上讲台，教书育人放异彩——××大学德育工作总结”。

(二) 正文

(1) 前言。一般介绍工作背景、基本概况等，也可交代总结主旨并对工作作出基本评价。前言写作要力求简洁，要开宗明义。

(2) 主体。应包括主要工作内容和成绩、工作目标及任务的完成情况、经验和体会、问题或教训等内容。这些内容是总结的核心部分，可按纵式或横式结构撰写。纵式结构是指按主体内容从所做工作、方法、成绩、经验、教训等方面逐层展开。横式结构是指按材料的逻辑关系将其分成若干部分，各部分加小标题，逐一来写。

(3) 结尾。作为总结的结束语可以归纳呼应主题、指出努力方向、提出改进意见，也可以表示对今后工作的决心、信心等。结束语要求简短利索。

(4) 落款。一般在正文右下方署名。如是报纸、杂志或简报上刊载的用于交流经验的专题总结，应在标题下方居中署名。

实践演练

请你写一份年度个人学习或工作总结。字数在 1 000 字左右，总结要有标题、正文和落款。正文要有取得的成绩、存在的问题及今后的打算等。

四、协议书

协议书是社会组织或个人之间对某一问题或事项经过协商，取得一致意见后，共同订立的明确相互权利义务关系的契约性文书。协议书一般由标题、立约当事人、正文、生效标识四部分组成。

(一) 标题

一般只需在“协议书”之前写明该协议书的性质即可，如“赔偿协议书”、“委托协议书”、“技术转让协议书”等。

(二) 立约当事人

在标题下方写明协议各方当事人的单位名称或个人姓名。如果是单位，可在单位名称后注明法定代表人姓名、地址、邮政编码、电话号码等内容；如果是个人，可在姓名后注明性别、年龄、职务等内容。注明的项目可视协议书的性质而定。在立约各方当事人的前面或后面，一般应注明“甲方”、“乙方”等，以便使协议书正文行文简洁方便；“甲方”、“乙方”放在立约当事人名称或姓名前面时应在其后加冒号，放在后面时可加括号。

(三) 正文

正文一般由立约依据及双方约定的内容两部分组成。立约依据或立约原因是正文的开头，其作用主要是引出下文。正文是协议书的主体部分，一般用条款分条列项写出双方协商确定的具体内容。不同性质的协议书所包括的条款不同，具体应写哪些条款要视协议书的性质和双方协商的结果而定。

(四) 生效标识

协议书正文结束后，署上立约各方当事人的单位名称或个人姓名。如果是单位，应同时署上代表人的姓名，然后署上协议书的签订日期，并加盖单位印章或个人印章。如果协议书有中间人或公证人的，也应署名盖章。重要的协议书，可请公证处公证，由公证人员签署公证意见、公证单位名称、公证人姓名、公证日期，并加盖公证机关印章。

第四节　求职信和个人履历的写作方法与技巧

一、撰写求职信

求职信是求职者与用人单位初步交往、建立起联系的第一个环节，它不仅影响着用人单位对求职者的第一印象，而且关系着求职的成败。因此，在求职过程中一定要重视求职信的写作。一般来说，要写好求职信，应特别重视以下方面。

（一）求职信的礼仪要求

1. 称呼要准确、得体

一般情况下，求职信的收信人应该是用人单位的人力资源管理人员，他们有权决定是否录用你。所以，要尤其注意准确、得体地称呼收信人，因为收信人从信件中首先接触到的就是称呼，这决定了他们对你的第一印象如何。

2. 问候要真诚

抬头部分的问候起开场白的作用。即使是素昧平生的人，信的开头还是应该有问候语，这是必不可少的礼仪。

3. 内容须清楚、准确

书信的内容尽管各不相同，写法也多种多样，但都要以内容清楚、叙事准确、文辞通畅、字迹工整为原则，并根据收信人的特点措辞。

4. “包装”要讲究

求职信的“包装”也是十分重要的，因为看信人最先看到的不是信的内容，而是信的外观形式。因此，一封书写漂亮、布局美观的信会让人感到愉快和舒服。讲究求职信的“包装”主要是指：(1) 最好选用标准尺寸（A4）、质地优良、白色无格的信笺。(2) 最好使用打字机或电脑将信的内容打印出来；如手写的话，墨水颜色以蓝黑为佳，忌用铅笔和红色墨水书写。(3) 信文要放在信笺的中间位置，书写格式要统一。(4) 信纸的折叠。这里推荐两种稳妥的折叠方式：其一，将信纸纵向三等分折叠，再换方向折叠，折叠时将信纸两端故意折成一高一低。采用这种折叠方法的人一般被认为是性格谦虚朴实、讲究礼仪的人。其二，将信纸纵向对折，然后在折线处再往里折一至两厘米宽，最后横扣对折。这种折法表示发信者性格文静，有一定的文化修养。

（二）求职信的基本结构

求职信的结构一般由开头、主体、结尾三部分组成。通常情况下，求职信的内容以两页500字左右为宜，因为招聘人员一般没有时间仔细看你煞费苦心所写的洋洋洒洒几页的内容，但如果确实有值得大书特书的亮点内容的话，可以作为求职信的附件。求职信也不能太短，这样会显得草率、没有诚意，自然也就缺乏说服力。

1. 开头

求职信的开头应开门见山，直截了当地说明求职意图，使信的主旨明确、醒目，以引起对方注意。例如：“我是××大学即将毕业的学生，想在贵公司找一份工作。”切忌在开头写一些虚话、套话等与求职无关的内容。

2. 主体

主体部分是求职信的重点内容。一般写法是先讲自己求职的理由，说明自己之所以选择

为该单位效力的理由，理由要合乎情理、合乎实际。其次要明确、具体地说明你的目标。接着要重点介绍自己应聘该岗位所具备的条件，做到有的放矢，尤其要注意突出自己的重要特点、特长、优势，阐明你会给公司带来的特殊价值，重申简历中已经提到的那些主要成就。对于应届毕业生来讲，可以提一下你与该应聘岗位相关的、大学期间的实习经历，尽量做到具有说服力。

3. 结尾

求职信的结尾部分主要是再次强调求职的愿望，可以表达自己的一个意向，如希望应聘单位能给予考虑、给予明确答复、给予面谈机会，或希望给予试用机会，以供招聘单位进一步考察。

（三）求职信的写作技巧

一封好的求职信应该表达出你应聘该职位的诚意及愿意为事业而奉献自己才智的愿望。要写出一封令人满意的求职信，必须注意以下几点。

1. 客观地确定求职目标，摆正心态

一个人要客观地确定自己的求职目标并不容易，因为在人才被看成是“商品”的今天，人才市场的供求规律在时刻影响着这种“商品”的价格。这一规律决定了当你进入就业市场的时候不能一相情愿地认为凭你的学历就一定应该得到什么样的工作。参与竞争前，应先对自己的实力作一个明确的估价，然后再确定应聘哪个水平的职位。只有摆正了自己的位置，确定了合理的目标，你的求职信才能有的放矢，才能提高求职的成功率。

2. 文字通顺，简明扼要，有条理

用简练的语言把你的求职欲望及相应的个人条件和特点表达出来，切忌堆砌辞藻。求职信的读者不会把很多时间浪费在阅读冗长的文章上。那种刻意卖弄文采、想方设法堆砌华丽时髦辞藻的做法只会弄巧成拙，使人反感。

3. 稳重中体现个性

求职信不是你显示文学才华的地方，最好用平实、稳重的语气来写，但这并不排斥以独特的思维方式给对方造成强烈印象的做法。一封求职信，无论内容多么完备，如果吸引不了对方的注意，就会毫无用处；对方如果对你的陈述不感兴趣，你将前功尽弃。

4. 要在信中流露出自信

把握好自我展示和谦虚间的平衡，要想求职成功就必须推销自己，强调你自己的价值，这就少不了自我展示一番，但是这种展示一定要避免浮夸。比如，对于经管类的大学生来说，在表示自己的能力时可以说“能用所学到的管理学知识为单位的人事管理制度的完善作出贡献”，但最好不要说“把企业的经营带上一个新的高度”这样的话。

5. 学会“适度推销”

在中国传统文化里，谦虚是一种美德。但对于求职者而言，过分的谦虚可能会使人觉得你什么也不行，所以求职者应遵循“适度推销”的原则。在求职于外资企业时可多一些自我展示，而在应聘国有企业时应多一些谦谦君子之风。

6. 尽量不用简写词语，慎用带“我”的字眼

求职信中太多的“我觉得”、“我认为”等表达方式很容易给用人单位留下自高自大、处处以自我为中心以及不成熟的印象。

7. 争取面试机会，莫提薪酬问题

求职信所要达到的目标是建立联系，争取面试机会。谈薪酬的问题为时尚早，应把它放

在以后更适当的场合。求职信的最后，要特别注意提醒用人单位留意你的简历，并请求给你回音，以争取进一步联系的机会，获得面试的资格。

8. 诚信为本，动之以情

诚信为本就是指态度要诚恳、诚实、不卑不亢，内容实事求是，突出优点的同时不隐瞒缺点，自信而不自傲。写求职信时还应以情动人。怎样做到以情动人呢？这需要进行换位思考，揣摩招聘人员的心理，从而采取相应的对策。你要设法引起对方的认同进而得到对方的赞许。

二、撰写个人履历

一份内容完整的履历一般包括如下项目：个人资料、求职目标、任职资格、学历、工作经历、专长与成就、学术论著、课外活动、外语技能、社团职务、推荐人等。就具体的个人履历而言，项目的取舍应视求职者个人实际情况及履历用途而定，各项内容的详略应因人因事而异。以下对一些重要项目加以简要介绍。

（一）个人资料

履历表的第一部分是个人资料，一般应列出自己的姓名、性别、年龄、政治面貌、学校、院系及专业、获得何种学位及求职愿望等。

（二）教育背景

随着教育体制改革的深入，学校及学科名称变化很大，适当地介绍学校和专业便于用人单位尽快地了解你的教育背景。这方面的介绍应包括：专业，包括自己所学的专业和业余所学的专业及特长；具体所学的课程；自己所受教育的阶段；各种证明材料、证书等。此外，要突出与招聘工作密切相关的论文、证书与培训课程等。写教育背景时可按下面三部分来写：

(1) 教育经历。列出你所接受的教育过程，提交你的主要学习成绩，列出你所得到过的各种奖励、荣誉，以及在学校曾经担任过的职务。注意，如果你的学习成绩并不优秀，或在校期间没有担任过什么职务，最好不要笨拙地暴露自己的短处。

(2) 有关课程和知识体系。这里分两种情况：如果你的简历并没有什么特殊的针对性，在这部分应尽可能列出你所学过的所有课程，包括主修课、辅修课及选修课，因为你不知道哪一门课程是用人单位最感兴趣的；如果你的简历是有针对性的，就可以只列出学过的、能使用人单位感兴趣的课程。

(3) 列出你受过的其他教育或训练，包括你在工作、生活及个人兴趣方面发展而来的能力。例如，现在一些大学生求职者都接受过汽车驾驶训练并获得了驾驶执照，或是有外语口语证书及计算机等级证书，或者曾获得某项体育比赛的冠亚军等，这些情况均可列入履历表。

（三）工作经历和社会阅历

履历表的第三部分可简述自己的社会活动和阅历以及工作经历。这是对你以前工作的记录，是履历表的重要部分。用人单位尤其是外商独资企业、中外合资企业非常注重求职者的工作经历。即使你工作的时间还不长，从事的工作也不多，也要把你的工作经历一一列出，写明受雇公司名称、工作职称、职能、业绩等。辞职的原因可以不写，但假如这个问题一定要谈的话，也最好延至面试时再提。你应懂得当你未来的雇主对你整个工作经历感兴趣时，他将特别注意你最近的那份可能显示了你最高水平的工作。因此，最近的工作应介绍得最详细。如果你具有与应聘岗位相关的经历，那么无论时间长短都一定要写在履历表上。

如果是应届毕业生，这部分内容应包括在学校和班级所担任的职务、在校期间所获得的各种奖励和荣誉、业余爱好和特长、社会实践和实习情况等。而对于有工作经历的求职者来

说，这部分内容以说明自己的工作经历和能力为主，与求职目标相关的工作经历是最主要、最有说服力的。说明时语气要坚定、积极、有力，要提供具体的工作能力等证明材料。介绍相关工作经验时，一般是先写近期的，然后按照年代的逆顺序依次写出，因为最近的工作经验对于用人单位来说显然更为重要。在每一项工作经历中先写工作日期，接着是工作单位和职务。在这个部分需要注意的一点是，陈述了个人的资格、能力、职业经历之后，不要过多提及个人的需求、理想，应适可而止。

（四）求职目标

求职目标即表达求职者的愿望、目的与动机。要将所申请的职位作为一个独立项目列出来。有人建议迟一些讲求职目标，甚至可延至面试过程中再讲。事实是，如你连面试机会都没争取到，这种建议就没有什么价值可言。在求职信中提出一两个职位或求职意向作为求职目标，可表明你求职的诚意和目的性，从而更有可能获得招聘单位的信任。

（五）结尾部分

履历表的最后多是提供证明自己资历、能力以及工作经历的材料，例如学历证明、学术论文、获奖证明证书、专业技术和职业证书、专家推荐信等。这些材料可以列在附页上，如有必要，可以附加证明人一项。需要说明的是，在“证明人”栏中要说明证明人的姓名、职务、工作单位及联系方式。当你同时向众多单位发出履历表，而难以提供许多对方熟悉且有说服力的证明人时，也可以在简历结尾处注明“一经需要，即提供证明人”的字样。

本章提要

书面沟通在人们生活中和企业管理过程中扮演着重要角色，具有其他沟通形式不可替代的作用。书面沟通既有优点也有缺点，优点是：书面沟通可供阅读，可长期保留，并可作为法律证据；书面沟通可使下属放开思想，避免由于言辞激烈与上级发生正面冲突；书面沟通的内容易于复制，有利于大规模的传播；书面沟通讲究逻辑性和严密性，说理性更强；书面沟通可以反复推敲、修改，直到满意为止。书面沟通的缺点也是非常明显的，它耗费时间较长，容易产生沟通障碍，信息反馈速度较慢，无法运用情景和非语言要素增强沟通效果。书面沟通的障碍主要表现为语言障碍、知识障碍和人为障碍。

写作过程可以分成拟订提纲、收集资料、正式写作、编辑修改四个阶段。这四个阶段既存在着内在的逻辑联系，又存在着不断的反馈和重复。拟订提纲阶段的主要任务是确立目标、确定主题、分析读者、列出提纲。收集资料阶段的主要任务是确定所需要的资料，明确资料的来源，掌握资料收集的一般技巧。正式写作阶段的重点在于明确写作的基本要求，分析影响写作质量和效率的因素，掌握写作的技巧。编辑修改阶段的主要任务是明确修改的范围和要求，掌握修改的技巧。

在企业管理过程中，常用的文书主要包括工作计划、调查报告、工作总结以及协议书等。应根据每种文书的性质和用途来选择恰当的写作格式和方法。

要写好求职信，应特别重视以下方面：注意求职信的礼仪；讲求求职信的基本结构；掌握求职信的写作技巧。个人履历的写作应特别注意以下方面：个人资料、教育背景、工作经历和社会阅历、求职目标、结尾部分。

能力训练

思考练习

1. 书面沟通有什么优点和缺点？
2. 文章的修改一般包括哪些方面？
3. 简述调查报告写作的主要格式和内容。
4. 简述工作总结的基本写法和格式。
5. 求职信写作的技巧有哪些？
6. 简述个人履历主要包括的项目。

能力测评

管理者文字表达能力测评

1. 请选择一个最能表达你的情况或感受的答案：

A. 习惯于提醒自己定时完成工作。

B. 我现在能写一篇让外行人读懂的报告。

2. 我喜欢我认识的所有人。

A. 是　　B. 否

3. 将“(1) 人才素质测评/ (2) 识别人才/ (3) 可以/ (4) 客观、有效地”组成通顺的句子的顺序是：

A. 2—1—3—4　　B. 4—3—1—2　　C. 3—2—1—4　　D. 1—3—4—2

4. 请选择一个最能表达你的情况或感受的答案：

A. 总是尽可能避免由于个人的偏见和冲动而影响工作。

B. 清楚工作中常用的实用文体的写作方法。

5. 有时我真想骂人。

A. 是　　B. 否

6. 请选择一个最能表达你的情况或感受的答案：

A. 我会承认并改正自己的错误。

B. 当他人有特殊成就时，我会赞扬他们。

7. 我有时会发怒。

A. 是　　B. 否

8. 将“(1) 浩创人才测评中心/ (2) 专业化的测评机构/ (3) 是/ (4) 广东地区”组成通顺的句子的顺序是：

A. 1—3—4—2　　B. 3—4—2—1

C. 1—4—3—2　　D. 3—2—1—4

9. 无论做什么事我都能完成任务。

A. 是　　B. 否

10. 请选择一个最能表达你的情况或感受的答案：

A. 有指派他人工作的经验。

B. 对自己写的文章的语法、逻辑性、清晰程度、说服力、可读性有信心。

11. 做游戏的时候，我只愿赢，不愿输。

A. 是　　B. 否

12. 小明比小强大，小明比小红小，下列陈述中哪一个是正确的?

A. 小红比小强小　　B. 小红与小强一样大

C. 小红比小强大　　D. 无法确定小红与小强谁大

13. 偶尔我听了无趣的笑话也会发笑。

A. 是　　B. 否

14. 请选择一个最能表达你的情况或感受的答案：

A. 我能很好地处理各种日常问题。

B. 曾经写过受人赞许的文章。

15. 有时我也讲假话。

A. 是　　B. 否

16. 请选择一个最能表达你的情况或感受的答案：

A. 我曾经写过受人赞许的文章。

B. 通常早晨醒来后，我觉得精力充沛。

17. 我喜欢结识一些重要人物。

A. 是　　B. 否。

18. “ABAB”对于“工人工人”相当于“BBABA”对于（　　）。

A. 工人人工工　　B. 人人工人工　　C. 工工工人人　　D. 人人人工工

19. 请选择一个最能表达你的情况或感受的答案：

A. 现在的工作要求会写备忘录、报告或书信。

B. 同事们认为我是一个有创新能力的人。

20. 无论上班或约会，我从未迟到。

A. 是　　B. 否

21. 我身体不舒服的时候，有时会发脾气。

A. 是　　B. 否

22. 请选择一个最能表达你的情况或感受的答案：

A. 清楚工作中常用的实用文体的写作方法。

B. 关心其他部门的运作状况。

23. 张三有 7 本书，李四有 10 本，王五有 6 本，刘三有 8 本，他们四人共有多少本书?

A. 21　　B. 41　　C. 31　　D. 33

24. 有时我将今天应该做的事拖到明天去做。

A. 是　　B. 否

25. 偶尔我会想到一些坏得说不出口的话。

A. 是　　B. 否

26. 我从未故意说谎。

A. 是　　B. 否

27. 人才素质测评可以快速地（　　）人的能力、性格等素质。请选择一个合适的词语填在括号中，使句子通顺完整。

A. 好比　　B. 可以　　C. 了解　　D. 就是

28. 无论做什么事，即使比别人差，我都无所谓。

A. 是　　B. 否

29. 下列4个成语中，哪一个是错的？

A. 四马难追　　B. 一言九鼎　　C. 随机应变　　D. 三心二意

30. 请选择一个最能表达你的情况或感受的答案：

A. 别人认为我文笔很好。

B. 在决策前我会搜集必要的信息。

31. 有时我也会说别人的闲话。

A. 是　　B. 否

32. “水”对于“水管”相当于“电”对于（　　）。

A. 光线　　B. 开关　　C. 电话　　D. 电线

33.（　　）对于“大动物”就好比“蚂蚁”对于（　　）。

A. 大象—蚂蚁　　B. 大的—动物

C. 大的—小动物　　D. 大象—小动物

34. 将“(1) 比/ (2) 别人强/ (3) 相信自己/ (4) 每个人”组成通顺的句子的顺序是：

A. 4—2—1—3　　B. 4—3—1—2

C. 3—4—1—2　　D. 4—1—3—2

35. 2瓶酱油4元，买5瓶酱油要多少钱？

A. 7元　　B. 10元　　C. 9元　　D. 8元

36. 小天有19元，买笔用去6元5角，买纸用去2元3角，还余多少钱？

A. 10.2元　　B. 9.4元　　C. 8.8元　　D. 11.6元

结果评价：请以小组为单位讨论选择每题答案，然后与教师交流文字表达测评结果。

案例分析

案例一　两封信函的对比分析

亲爱的先生/女士：

我已经间接获悉您在寻找一家公司为贵公司所有部门安装新电脑。我确信作为一个完全能令人放心的公司，我公司定能被指派。不管我们在贵公司业务方面经验有限，曾经为您服务过的人说我们能胜任此项工作。我是个非常热情的人，对于与您相会的可能性，除非另行通知，我在周一、周二和周五下午不能拜访你处，这是因为……

吴新涵先生：

您好！

这是来自卓越计算机集团公司的信，继我们上周电话沟通之后，我很高兴再邮寄给您一本我公司的最新宣传册。

您曾表示过贵公司对安装新型计算机软件感兴趣，我相信我们的服务符合您的要求，会让您满意的。

期待您的回音，并期望很快能和您会面。

此致

敬礼

王汝刚

2014年10月8日

讨论：

两封信函在内容、格式、语句等方面有什么不同？

案例二　大学生生存现状调查报告

2007年5月

一、总提

大学生一直是一个备受瞩目的群体，他们是社会的未来，是祖国的希望。本次调查的目的主要是认识并了解大学生的生存现状，更好地认识当代大学生，更好地让更多人有机会真实了解这个特殊的群体，了解他们所处的尴尬境地，了解他们遇到的问题，了解他们的现状，关心他们的生活，关心他们的心理，关心他们的未来，关心他们的成长！调查对象是在校的本科生、研究生和博士生。调查范围主要集中在哈尔滨工程大学，采取的是口头提问式的调查方法，以及在网上发帖子、网友回帖子的调查方法。另外，本调查引用了大量的其他可信调查的数据，在此对其作者表示感谢！

二、调查报告

（一）大学生的经济情况

主要采取了口头提问方式完成这部分的调查，调查人群包括了在校本科生、研究生以及博士生。调查发现，大学生的消费心理有了很大的变化，主要以理性消费为主，但其中也存在着许多问题。

1. 储蓄观念淡薄，财商需培养和加强

“财商”一词的提出者罗伯特·清崎曾经说过：“财商与你挣了多少钱没关系，它是测算你能留住多少钱以及能让这些钱为你工作多久的能力。”当问及对“财商”概念的认识时，很多同学表示陌生。当问及一学期结束后经济情况如何时，大部分同学都坦然承认自己的消费已经超出计划范围，甚至有些同学还需要向别人借回家的路费，略有剩余的同学也想着如何把剩余的钱花完，只有极少数同学有储蓄的意识。可见，当前大学生的财商需要培养和加强。

2. 消费水平偏高

在关于月平均消费一栏调查中，有54.5%的同学月消费在400元～800元，还有9.7%的同学在900元～2 000元，甚至有0.4%的同学坦言自己的月消费高达2 000元。可见大学生整体消费水平偏高。而这种高消费的背后，92.4%的同学的消费来源为家庭供给，仅有4.8%的同学把靠兼职等其他途径获得的报酬作为生活费的主要来源。“伸手向父母要”，在大家看来，仍然是天经地义的事情。因而花钱大手大脚、不计后果也就不足为怪了。

3. 消费结构存在不合理因素，女生更为突出

大学生的生活消费即消费的主要组成部分以生活费用和购买学习资料、用品为主。在生活费用中，饮食费用又是重中之重，以学生在校每天消费8元左右用于基本饮食需要来估计，学生每月净饮食费需250元左右。大部分女生饮食费用在300元以下，有的为了保持苗条身材而控制自己的食欲，有的为了节约支出而不顾营养需要选择廉价的饭菜。

4. 过分追求时尚和名牌，存在攀比心理

调查中发现这样一种现象：为了拥有一款手机或者换上一款最流行的手机，有的同学情愿节衣缩食，甚至牺牲自己的其他必要开支；有些男同学为了一双名牌运动鞋，有些女同学为了一套名牌化妆品或者一件名牌衣服，不惜向别人借钱甚至偷钱以满足自己的欲望等，都可以反映出一些学生不懂得量入而出，而虚荣心的驱使又极易形成无休止的攀比心理。在这

个品牌概念大行其道的时代，名牌标签、闪亮LOGO成了众多缺少辨识力和自制力的人盲目追逐的目标。虽然说从某个角度来看，品牌象征着个人品位，但大学生还没具备"自己动手，丰衣足食"的能力，所以高消费与个人能力无关，只能显示出家庭背景的差异，这与崇尚个人奋斗的精神是不符的。

5. 恋爱支出过度

调查中发现，一部分谈恋爱的大学生每月多支出100元～200元，最少的也有50元左右，最高的达到500元。他们大多承认为了追求情感需要物质投入，经常难以理性把握适度消费的原则。

（二）大学生生活及学习情况

大学生的在校生活无疑是大学生活的重点，以哈尔滨工程大学五系为例，一共调查了160位本科生，20位研究生，在本科生中，有62位同学每天学习时间长达12小时，另有近10位同学学习时间达到了近16小时，只有3位同学每天学习时间不足3小时，在研究生中，10位同学每天学习时间平均11.5小时，有3位同学每天学习时间平均16小时，这些数据首先说明五系的学习太累了，其次说明考上研究生日子好过一些。在如此巨大的课业压力下，学生很可能忽视对自身能力的提高而盲目追求高分，这是一个很严重的问题，希望能引起有关部门的重视！在不多的课余时间有写不完的作业，好不容易写完了作业才有时间经营友谊和爱情。

广州市168位大学生接受了一次随机问卷调查。其中，对于"婚前性行为"的看法是：33.13%的被调查者认为可以，性是个人行为，自己负责就行了；43.37%的人认为不可以，婚前性行为对自己的危害大；21.69%的人认为无所谓，只要做好预防措施就可以；1.81%的人则认为是生理需要，就算是"一夜情"也可接受。回答"怎么看待婚前同居行为"时，65.64%的被调查者认为可以尝试，不过在尝试前需要慎重考虑好；此外，认为"无所谓，有和没有都没关系"和"坚决反对，在道德观念上不能接受"的人各占9.82%。

这说明大学生对待性方面的问题比较开放，但不够成熟，存在着极大的隐患，希望有关部门在关心大学生学习成绩的同时，也关心一下大学生的性心理问题，先让大学生成为健康的人再让大学生成为掌握一定专业知识的人。

（三）大学生就业及考研情况

问客网的问卷调查数据表明只有15.1%的人认为工作好找，更多的人则表达了工作不好找的意向，有19.1%的人满意自己的第一份工作，25.9%的人表示他们会积极地做第一份工作，大多数人都是本着骑驴找马的精神对待第一份工作。

在大学生中，感到有就业压力的学生高达92%，其中有31%的学生觉得"压力非常大"。学生心中对就业的期望值却普遍较高，绝大多数学生选择了"自己喜欢的"或是"专业对口"的工作。仅有20%的学生对就业信心很大，学生们普遍认为现代社会需要的人才是能力强、实践经验丰富的。

根据潇湘晨报面向长沙市地方高校本科生（大一至大四）的调查问卷数据显示，目前，已有46%的学生有过实习经历。除学校的实习安排外，高达96%的学生在大学期间有自己的实习计划，不打算自主实习的学生仅占4%。有34%的学生表示"不管任何时候，只要有实习机会就不会放过"。数据显示，69%的大四学生有实习经历，49%的大三学生实习过。18%的大一学生有过实习经历，大二学生的实习率为35%。为锻造一副"实践经验"的盔甲，学生们认为实习是最好的方式，想要实习的次数也大幅增加，81%的学生不满足于一次实习，

15%的学生有5次以上的实习体验。在实习的时间方面，60%的学生认为每次3个月为宜，30%的学生将实习一次的时间定为“三个月到半年”。

调查中，有68%的学生已经考了一种或两种以上的职业（专业）证书，有30%的学生将会考，而不考的仅为2%。为了积累经验，不少学生在招聘场上一试身手，“身经百战”，练就“不坏之身”。48%的学生在校期间有过求职经历，高达84%的学生会提前求职，其中在大四或打算在大四求职的为36%。同样值得注意的是，12%的大一学生就已经开始求职，而大三学生的求职比例为21%。在调查问卷中，课题组还提出了这样的问题：“有一天你走上工作岗位，你预想每月的薪水应该是多少?”调查结果显示，65%的大学生要求月薪在2 000元～3 000元，而2 000元以下几乎没有学生选择。此外，70%的大学生明确选择不愿意支援西部，而愿意留在条件比较优越的大城市。

大学生考研多为回避竞争。当被问及“大学毕业后你会选择做什么”时，有60%的人选择“考研”，26%的人选择“就业”，6%的人选择“出国”，8%的人选择“没考虑过”。在这六成选择考研的学生中，大多数学生抱着回避当前竞争、回避就业压力的心态，认为自己读完硕士或博士后就业形势就会好转。对此，辽宁大学一位曾长期从事大学生毕业分配工作的张老师表示，这样很容易落入考研的“盲区”。比较客观的态度应该是，勇敢面对当前的就业形势，结合自己的兴趣、特长，规划自己的职业生涯。如果选择考研，也绝不应是回避竞争，而应是充分考虑自己的需求后，用高学历来为自己的职业竞争增添砝码。

由此可见，大学生不是找不到工作，而是对工作期望值过高，许多大学生要求用人单位十全十美，工资、福利、住房等都在考虑之中，盲目追求高薪、高职位待遇，最终将导致与适合自己的用人单位失之交臂。“大城市情结”也是大学生必须摒弃的，在他们为寻找“理想”的工作到处奔波、愁眉不展时，一些边远地区的中小城市人才需求正旺盛，却难赢得大学毕业生们的青睐。

三、结语

通过这次调研，我们知道，大学生的基本生活消费大体上是现实的、合理的；大学生对待性和婚姻的态度是开放的；同时课业压力过大也是要面对的首要问题；本科生就业形势严峻，因此许多人选择了考研。

（资料来源：http://phoebewang369.blog.163.com/blog/static/24046743200741401015170/。）

讨论：

1. 读完这篇调查报告，你有什么感受和体会?
2. 请你根据调查报告反映的内容，设计出“大学生生存现状调查问卷”。
3. 从调查报告撰写的内容和格式方面分析，你认为这份调查报告有什么优点和不足?

第六章
非语言沟通

情境任务设计

案例情景

这套时装不适合我

小罗经过笔试、面试，终于进入世界知名品牌代理店担任销售人员。今天她打扮入时，开开心心进入购物中心二楼大厅左侧的店面内。衣架上的时装，件件吸引着靓女们的眼球，不少人乘兴而来，满意而归。尽管这些时装价格不菲，但销路不错。在实习的两周中，她发现进店观赏的顾客中超过三成的女士都到收银台付了款，然后，提着时装袋开心而去。

正式上班的第一天，直到下午四时，小罗仍然没有售出一件时装。她正在沉思着：自己曾热情地微笑着，不厌其烦地介绍和推介，但……突然，她发现一个中年女士已走到她的柜台前，眼睛盯着她身边衣架上的时装。她知道，这几款套装有好多人试穿过了，只是有的腰围或胸围不符，也有的没说什么就走了。面前的这位女士要身材有身材，要三围有三围，皮肤白嫩，真叫小罗羡慕和嫉妒。于是她卖力地向这位女士介绍，请她随意试穿，同时赞扬着女士的身材和皮肤。

女士换上一套一套套装后，在场的003、008号服务员也围过来，发出惊羡的声音。那位女士似乎也很满意这几款套装，特别是米灰色和草绿的两套，她穿在身上反复照着镜子，走过来转过去，舍不得脱下，每件衣服她都仔细看，观察质地，看说明标牌。

小罗抓紧时机请她确认一套，那位女士却幽幽地："这套时装不适合我。"

小罗微笑着询问："哪儿不合适呢？你看这几款，款款都那么漂亮，这两天来试过的人如果像你穿得这么合身早就买走了。你看，价格也不贵，只有4 000元，如果有贵宾卡，可以享受9折优惠，今天我们就给你折价优惠，补给你一张贵宾卡。以后都可以打9折，一般购物5 000元以上，我们才发卡的。"

女士看了看小罗，没有出声。在小罗的询问下，女士说："让我看看，还有没有适合我的。"然后她走向其他的衣架，仔细摸摸，试试手感，看看标牌，最后还是走了出去。

小罗又陷入了沉思，003号服务员说道："她那么好的身材给我就好了，我一定可以当上

模特儿，哪用得着当这个售货员……”

（资料来源：胡巍主编：《管理沟通：案例 101》，192～193 页，济南，山东人民出版社，2005。）

问题思考：

1. 小罗在推销衣服的过程中运用了哪些非语言沟通技巧？传递了哪些信息？
2. 这么合适的时装，为什么没有成交？通过非语言沟通技巧如何揣摩顾客的心思？
3. 对于一名出色的销售人员，哪些沟通技巧是最重要的？

学习任务

1. 请你认真自我反思一下，你在非语言沟通方面有哪些优点和不足，请在表 6—1 中列出来，并针对自身存在的缺点和不足，提出具有可操作性的改进办法或措施。

表 6—1

自身非语言沟通的优点（按重要程度排序）	自身非语言沟通的缺点（按重要程度排序）	改进办法或措施

2. 请收集资料，对比分析不同国家（国家自选，至少 5 个以上）在肢体语言方面的区别及联系，并填写表 6—2。

表 6—2

国家 肢体语言					
手势语言					
头部语言					
腿部语言					
脚部语言					
肩部语言					

3. 请实事求是地分析你的某位同学在衣着打扮方面的优点和缺点，并提出改进的意见和建议，将相关内容填入表 6—3。

表 6—3

优点	缺点	改进的意见和建议
1.	1.	1.
2.	2.	2.
3.	3.	3.
4.	4.	4.
5.	5.	5.

知识技能目标

知识目标

通过学习本章内容，学生应掌握：

- 非语言沟通的含义及特点；
- 非语言沟通与语言沟通的关系；
- 非语言沟通的类型；
- 眼睛在沟通中的功能和作用；
- 空间距离的功能和类型。

技能目标

通过学习本章内容，学生应能够：

- 正确运用身体表情达意；
- 学会面部表情的表达和解读；
- 掌握姿态语言的表达方法和技巧。

必备知识技能

第一节　非语言沟通概述

沟通的主要工具是语言，但沟通的工具绝不只有语言，很多非语言符号也是重要的沟通工具。事实上，人们在沟通过程中常常会同时运用语言和非语言两种工具，特别是在人们面对面交谈时，会伴随着使用大量的非语言形式，这些非语言有时比语言本身更有意义。在沟通时人们甚至不需要通过语言，只需要通过一些动作、姿态、眼神、表情、服饰、仪表等非语言信号就能得到许多有价值的信息。可以说，良好的沟通不仅可以使人们听到绘声绘色的讲述，还可以通过丰富多彩的表情、姿态、动作等使人们获得形象的感受。非语言形式的运用有助于增加对沟通对象的吸引力，体现沟通者的良好形象，增加对沟通者的信任感。

一、非语言沟通的含义及重要性

所谓非语言沟通，就是使用除语言沟通以外的各种沟通方式来传递信息的过程。非语言沟通的形式很多，它包括形体语言、副语言、空间语言以及环境语言等，甚至没有表情的表情、没有动作的动作都是非语言沟通的有效途径。

非语言沟通在人类交际中具有十分重要的地位和作用。事实上，根据国外心理学家的调查研究，在信息传递的全部效果中，语言只占 7%，声音占 38%，而非语言沟通所起的效果最为明显，占到了 55%。可见，非语言沟通在实际沟通活动中起着非常重要的作用，甚至比语言表达更为重要。概括起来，非语言沟通的重要性主要表现在下述方面。

（一）非语言沟通能更真实地表明人的情感和态度

非语言行为在很大程度上是无意识的，因而它能更真实地表明人的情感和态度。当你与他人交谈后，你会很清楚地记得谈话的内容，因为这些话是通过你的思考、选择有意识地表达出来的，但在谈话时你做了哪些动作、用过什么样的姿势却难以说清，因为它们是自然流露的，你并没有刻意地去选择在说哪些话时采取哪些姿态。例如，我们会不自觉地接近自己

喜欢的人，而与自己不喜欢的人谈话时则离得远些；当反对某些意见时，可能会把双臂交叉在胸前；而对某话题感兴趣时，会把身体倾向对方。面部表情、手势、形体动作和使用目光的方式，都向他人传递了我们的情感和情绪，别人能从我们的面部表情上发现愉快、悲哀、恐惧、愤怒和是否有兴趣。绝大多数人也能通过说话的速度、音调等准确地识别说话者的情绪。

（二）非语言行为所包含的信息远远超出语言所提供的信息

有关研究表明，非语言行为所显示的含义要比语言丰富得多，因为语言有时会把所要表达的意思的大部分甚至是绝大部分隐藏起来。所以，要了解说话人的深层心理，即无意识领域，单凭语言是不够的，人的动作比语言更能表现出人的情感和欲望。人类语言传达的意思大多数属于理性层面，这种经过理性加工表达出来的语言往往不能真实地表露一个人的真正意向，甚至还会出现“口是心非”的现象。这就表明，当一个人在谈话时，他可能戴上某种面具，讲的话可能是虚假的，而其身体语言的掩饰就不会那么有效了。正如人们常说的：“不仅要听你说什么，更重要的是看你怎么说。”由此可见，非语言行为在沟通中所表现出的真实性和可靠性要比语言强得多，特别是在情感的表达、态度的显示、气质的表现等方面，非语言行为更能显示出它所独有的特性和作用。所以，在管理沟通过程中，尤其在准确表达丰富的情感、增强表达效果、提供可靠的心理活动信息时，都必须运用准确的非语言表达方式。

（三）非语言沟通能够影响并调控语言沟通

在沟通过程中，非语言沟通不仅起着配合、辅助和加强语言沟通的作用，而且能够影响并调控语言沟通的方向和内容。如在交谈过程中，讲话者应把目光集中在听话者身上，尤其是面部，意思是“我在跟你说话”。而听话者也应不时地注视一下讲话者，表示“我在听着呢”。讲话者在快讲完时，总是抬起眼望着对方，示意对方“该你讲了”。这时对方会接受这一信号，将目光移向别处，表示“我已经准备接话了”。然后听话者转为讲话者，重复刚才的一幕，谈话继续进行。如果在讲话者喋喋不休时，听话者东张西望，那就表示“够了，别讲了”，这时讲话者应及时作出调整。这种目光信号的交换伴随着整个谈话过程，调节着谈话的结构和内容。

不仅如此，非语言沟通还能验证和表达语言沟通所要传递的信息。如在一些娱乐节目中，我们会看到一种大众游戏，就是表演者不可以说话，但可以通过动作或者表情来表现一个成语或是一句话，让另外的参与者来猜。有时表演者做得很传神，参与者便回答准确；而有时表演者的表达不是很到位，参与者便会错误地理解表演者的意图而说出了毫不相干的意思，令观众忍俊不禁，这就说明非语言沟通在表达准确的时候可以真实地传递信息，而这个信息传递的过程又会受到动作、表情、理解等众多因素的影响。

（四）非语言沟通隐藏着丰富的文化内涵

人们的许多非语言行为都是在特定的文化背景下形成的，不可避免地受到文化环境、风俗习惯、思维方式、价值观念以及宗教信仰的影响，并在沟通过程中自然而然地将这些文化内涵反映出来。如在佛教国家里，头是神圣不可侵犯的，你绝对不可摸别人的头；在伊斯兰教文化中，不能用左手碰食物或用左手拿东西吃，这会被认为不干净；在印度尼西亚、泰国和叙利亚等国，将脚踝交叠在一起被认为是举止粗鲁的表现；在德国和瑞士，用手指指自己是侮辱他人的行为；在越南，低下眼睛看着地面表示尊敬。跷起大拇指，在德国表示点一份啤酒，在日本表示你要五份啤酒，在中国则表示对人的夸奖。“OK”手势，在美国，它代表完美或正确；在日本，它是金钱的象征；对法国人而言，它表示“零”；在某些阿拉伯国家，它则代表诅咒；在德国、澳大利亚、俄罗斯和巴西，它却是猥亵手势。在西方国家，那些有许多窗户和最好风景的办公室都是特意留给地位比较高的人的，而在日本却恰好相反，“坐在窗户旁边”暗示你已经从主要工作组中被排除出来，或者是已经被放在一边了。在德国，办公室是单独的、分开的，并且在紧闭的办公室门上写着主人的名字。德国人不愿在一个敞开的大办公室里工作，因为自己的谈话能被别人听到显然是一种缺乏隐私权的表现。而在日本，办公室一般是不分割的，公司经常会使用一个很大的、开放的但是很拥挤的办公室，包括老板在内所有的人都坐在这里，他们认为这样有助于消除那些阻止非正式交流的隔阂。

自我检查

请你自我检查一下，看是否有以下一些坏习惯：

1. 蓬头垢面，衣冠不整；
2. 在公开场合挖鼻孔、掏耳朵、剪指甲、涂口红；
3. 讲话时，嘴里吃着零食，或边讲话边抽烟；
4. 身体散发出体味；
5. 讲话时口角吐白沫；
6. 双臂交叉，斜眼看人；
7. 跷着二郎腿，斜靠椅背伸懒腰、打哈欠。

二、非语言沟通与语言沟通的关系

英国学者阿盖尔（Argylls）提出，非语言沟通有三个基本用途：一是处理、操纵直接的社会情境；二是辅助语言沟通；三是代替语言沟通。由此说明，语言和非语言沟通各有其作用，它们相互作用、相互影响，有时语言沟通起主要作用，有时非语言沟通起主要作用。这就要求人们必须全面认识非语言沟通与语言沟通的关系，不能顾此失彼，不能因强调语言沟通而忽视非语言沟通的作用，也不能因强调非语言沟通而忽视语言沟通的作用。事实上，在沟通过程中，非语言沟通与语言沟通常常是伴随进行的，可以想象，脱离非语言行为的配合，语言沟通往往难以达到应有的效果；同样，脱离语言沟通的语意环境，孤立地理解某一非语言行为的含义也是很困难的。概括而言，非语言沟通与语言沟通的关系主要表现在以下几个方面。

（一）非语言行为能够强化语言信息

非语言行为在许多场合还能起到强化语言信息的作用。如在表达“我们一定要实现这个目标”时，要有力地挥动拳头；在表达“我们的明天会更好”时，要提高语调，同时右手向前有力地伸展；等等。这些非语言行为大大增强了说话的分量，体现出决策者的郑重和决心。现实生活中，我们常用手势与语言相结合的方法来强调事物的重要性、紧迫性和真实性。有时为了要强调一个人、一件事物和某个地点，人们会一边指着一边说：“就是他！”“就是这个！”“就是这儿！”人们在生气的时候常常提高声音强度，并以一些动作来表达自己十分生气，例如：一名顾客眉头紧锁、表情严肃地向经理诉说着自己的不满，并不时地挥舞着双臂表示愤怒；上司拍打着桌子对下属的失职表示愤怒等。上述这些都是利用非语言行为来强化语言信息。

（二）非语言行为能够代替语言信息

非语言行为作为一种特定的形象语言，它可以产生有声语言所不能达到的交际效果。许

多用有声语言所不能传递的信息，非语言行为却可以有效地传递。在日常工作中，人们都在自觉或不自觉地使用各种非语言行为来代替有声语言，进行信息传递和交流。利用非语言行为进行沟通有时能够省去过多的“颇费言辞”的解释而达到“只可意会，不可言传”的效果。这正像人们所说的“此时无声胜有声”。如老师在课堂上提出问题，学生们举手表示“我想回答”；如果学生面对老师的提问一再摇头，虽然没有说“不知道”，但同样传递了“我不知道”或“我不会”的信息。需要指出的是，在管理沟通中运用非语言行为，要尽量生活化、自然化，与当时的环境、心情、气氛相协调。如果运用非语言行为时过分夸张或矫揉造作，只会给别人造成虚情假意的印象，影响沟通的质量，甚至会起到反作用。

（三）非语言行为能够补充语言信息

非语言行为可以在语言信息之外增加信息。以道别为例，在多数情况下，非语言行为与语言二者并用，互为补充。例如，如果人们言谈甚欢，在一方站起身来说“我得走了”的时候，同时对方也会起身相送，双方告别时还会增加目光的接触，表示：“我们的谈话很有趣，有机会我们再聊好吗？”但是如果此前的谈话很不顺利，那双方的表情会显得冷淡，尽管也会说“再见”，但非语言行为（如移开目光、坐着不起身相送等）却可能暗示着“再也不想和你谈了”，“天哪，总算完了”等不同的含义。

（四）非语言行为能够重复语言信息

在交流过程中，人们为了使语言所表达的信息更容易被理解和接受，往往在说话的同时还伴随着意思相同的非语言行为。如幼儿园老师叫小朋友们上课时要专心听讲，不可以跟同桌小朋友说话的时候，会朝着小朋友摇摇手，强调千万不可以。

（五）非语言行为能够否定语言信息

当人们对语言沟通所传递的信息表示不满或意见有分歧时，人们可以通过非语言行为给予否定或拒绝。如两人发生了冲突，其中一个人说：“我真希望您没生气。”另一个人立即回答：“我才不生气呢！”不过声音是高调的，带着不屑的眼神，或者嘴角紧绷，握着拳头。虽然嘴里说“不生气”，其实是真的生气了，因为他的语气、声调及面部表情已经表明了这一点。再如，当某人在争吵中处于劣势时，却颤抖地说道：“我怕他？笑话！”事实上，从说话者颤抖的嘴唇上不难看出，他的确感到恐惧和害怕。这些例子都充分说明，当语言信息与非语言信息发生冲突时，最常被接受的是非语言信息的含义，或者说非语言信息揭露了真相。

（六）非语言行为能够验证语言信息的真实性

非语言行为所包含的信息常常是在不知不觉中反映出来的，是人们内心情感的自然流露，它所传递的信息更具有真实性。正因为非语言行为具有这个特点，因而非语言行为所传递的信息常常可以印证有声语言所传递信息的真实与否。在实际交流过程中，常会出现“言行不一”的现象。正确判断一个人的真实思想和心理活动，要通过观察他的非语言行为，而不只是听他的有声语言，因为有声语言往往会掩饰真实情况。日常工作中，同事之间的一个很小的助人动作，就能验证谁是你的真心朋友。在商务谈判中，可以通过观察对方的言行举止，判断出对方的合作诚意和所关心的目标等。

课堂互动

下文系《三国演义》第一回节选。请通读全文，找出文中非语言应用的地方，并分析文中非语言应用的特点及对人物性格特征刻画产生的作用。

1. 对刘备的刻画

性宽和，寡言语，喜怒不形于色；素有大志，专好结交天下豪杰；生得身长七尺五寸，两耳垂肩，双手过膝，目能自顾其耳，面如冠玉，唇若涂脂。

2. 对张飞的刻画

身长八尺，豹头环眼，燕颔虎须，声若巨雷，势如奔马。玄德见他形貌异常，问其姓名。其人曰：某姓张名飞，字翼德。

3. 对关羽的刻画

身长九尺，髯长二尺；面如重枣，唇若涂脂；丹凤眼，卧蚕眉，相貌堂堂，威风凛凛。玄德就邀他同坐，叩其姓名。其人曰：吾姓关名羽，字云长。

三、非语言沟通的类型

（一）按非语言行为传递信息的功能划分

根据非语言行为传递信息的功能不同，可将非语言沟通分为表态类非语言沟通和抒情类非语言沟通两种类型。

1. 表态类非语言沟通

表态类非语言沟通是指在沟通过程中通过非语言行为来传递态度或感受等有关信息，它包括警告、肯定与否定、同意与不同意、强调、致意、责备、尊重、蔑视、关心、怜悯、仇恨、鼓励、威吓、暗示、禁止、允许、赞扬、嘲笑等。如盛有剧毒的化学药瓶上贴着带有骷髅图形的标签，是警告别人“小心有毒”；夜间道路施工处安装有一闪一闪的红灯，是要求人们绕道，以免发生危险；在投票选举时，在选票上打钩或画圈表示赞成，打叉表示反对；在日常生活中，如果主人不停地打哈欠或看手表等，则是在含蓄地提醒客人及早离开。可见，所有这些行为都在表明一种态度。

2. 抒情类非语言沟通

抒情类非语言沟通是指在沟通过程中通过非语言行为将自己对信息的理解、认识及心理反应反馈给他人，这些心理反应主要有高兴、悲哀、愤怒、惊讶、失望、困惑、厌倦、激动、恐惧、痛苦、忧愁、烦恼、犹豫和无动于衷等。以嘴的动作为例，撅嘴表示不高兴；撇嘴表示不满；咧嘴可能是开心，也可能是痛苦；张嘴可能是哭，也可能是笑；抿嘴可能是含蓄地流露出心中的暗喜；闭嘴或许是想将情感隐藏起来。人们从这些嘴部动作可以判断一个人的喜怒哀乐。

（二）按非语言行为存在的状态划分

根据非语言行为存在的状态，可将非语言沟通分为身体语言沟通、副语言沟通、环境语言沟通等类型。

1. 身体语言沟通

身体语言沟通是指在沟通过程中通过身体的固有特征或身体的某些动作来传递交流信息，它既包括身体动作，如手势、面部表情、眼神、头及四肢的动作等，也包括个人的身体特点，如体形、体格、姿势、气味、高度、体重、头发颜色及肤色等，同时还包括用于个人装饰的服装、饰品及化妆等。

2. 副语言沟通

副语言是指发出的有声但无固定语义的辅助语言，像音质、音调、音高、讲话的速度，以及诸如停顿、叹息或嘟囔的声音。副语言虽然有声音，但却是非语言的。所谓副语言沟通就是通过人的音质、音量、语速、语调等所进行的信息传递与交流，例如沟通过程中的各种笑声、叹息、呻吟以及各种叫声。哈哈大笑、爽朗的笑、傻笑、苦笑、冷笑、假笑、讨好上司的笑、无可奈何的笑，诸如此类，都等于在说话，有时甚至胜似说话，它可谓不分音节的语言。

3. 环境语言沟通

环境语言沟通是指通过环境因素所进行的信息传递与交流，它不仅包括自然环境，如建筑设计、办公场所、房间布置、家具摆放、色彩搭配、光线、噪音等，而且包括空间环境，如空间利用方式、座位布置、空间距离等，同时还包括时间环境，如准时、迟到或早到、让别人等候等。

课堂互动

两个学生一组。一方先通过非语言的方式介绍自己，3 分钟后双方互换。在向对方自我介绍时，要求双方都不准说话，整个介绍必须全部用动作完成，大家可以通过图片、标识、手势、目光、表情等非语言手段沟通，然后再请大家通过口头沟通的方式，说明刚才通过肢体语言所表达的意思，与对方的理解进行对照。

第二节　身体语言沟通

在日常生活中，身体语言是人们沟通中最常用的一种形式，因此，学会观察和利用身体语言是实现有效沟通的基本保证。概括起来，身体语言具有以下一些特点：一是身体语言是利用身体动作或姿势来传递信息的一种非语言沟通手段。二是在一个民族或一种文化里，用什么样的身体语言来表示什么意思，是约定俗成的，违反了规则，就会引起误解。三是身体语言可以是有意识的，也可以是无意识的。一个人走路的姿势大多是无意识的，但却能传递某种信息。四是身体语言是以生理肌肉活动为基础的身体动作或动作停顿下来形成的姿势。五是身体语言可以用来代替语言，同时也可以与语言相互补充或强调语言传递的信息。六是身体语言可以是天生的，也可以是后天养成的。在沟通过程中，最常用的身体语言主要有肢体语言、面部表情、姿态语言以及着装打扮等。

一、肢体语言

肢体语言主要指四肢语言，包括手部语言、头部语言、腿部语言以及肩部语言等。通过对肢体动作的分析，可以判断人的心理活动或心理状态。

（一）手部语言

由于手部动作比较灵活，因此运用起来更加自如，手部语言也就成了肢体语言中最核心的部分。手势可以是各民族共通的，如摇手表示“不”；手势也可能会因文化不同而异，如英美人面对开来的车辆，右手握拳，拇指跷起向右肩后晃动，表示要求搭便车，但在澳大利亚和新西兰，这一动作往往会被看作淫荡之举。手部语言具体如下所述。

1. 手掌

一般认为，敞开手掌象征着坦率、真挚和诚恳。判断一个人是否诚实，有效的途径之一就是观察他讲话时手掌的活动。小孩子撒谎时，手掌藏在背后；成人撒谎时，往往将双手插在兜内，或者双臂交叉，不露手掌。常见的手掌语言有两种：掌心向上和掌心向下。掌心向上，摊开双手，表示真诚坦率，不带任何威胁性；而掌心向下，表明压抑、控制，带有强制性和支配性，容易使人们产生抵触情绪。

2. 手指

双手插在上衣或裤子口袋里，伸出两拇指，是显示高傲态度的手势；将双臂交叉胸前，双拇指跷向上方，这既显示防卫和敌对情绪，又显示十足的优越感，这种人极难接近；若在谈话中将拇指指向他人，这是嘲弄和藐视的信号。若伸出食指，其余的指头紧握，指着对方，表示不满对方的所作所为而教训对方，带有很大的威胁性。如果将双手手指架成耸立的塔形，表示有发号施令和发表意见的欲望；若成水平的尖塔形则表示愿意听取别人的意见。

3. 背手

有地位的人都有背手的习惯，当他们站立或走路时，双臂背在背后并用一只手握住另一只手，表示的往往是有一种优越感和自信心。不仅如此，背手还可以起到镇定作用，双手背在身后，表现出自己的胆略。学生背书，双手往后一背，确能缓和紧张情绪。但要注意的是，若双手背在身后，不是手握手，而是一只手握另一只手的腕、肘、臂，则成为一种表示沮丧不安并竭力进行自我控制的动作语言，暗示了当事者心绪不宁的被动状态。

4. 搓手掌

冬天搓手掌，是为防冷御寒。平时搓手掌，正如成语“摩拳擦掌”所形容的表示跃跃欲试的心态，是人们表示对某一事情的急切期待的心情。运动员起跑前搓搓手掌，表示期待胜利；国外的餐馆服务员在你桌前搓搓手掌，问：“先生，还要点什么?”这实际上是表示对小费的期待，对赞赏的期待。

5. 双手搂头

将双手交叉搂在脑后，这是有权威、占优势地位或对某事抱有信心的人经常使用的一种典型的表示高傲的动作。这也是一种暗示拥有权力的手势，表明当事者对某地某物拥有所有权。如若双手支撑着脑袋，或是双手握拳支撑在太阳穴部位，双眼凝视，这是脑力劳动者惯用的一种帮助思考的手势。

6. 亮出腕部

男性挽袖亮出腕部，是一种力量的展示，显示了积极的态度。女性的腕部肌肤光滑，女性露腕亮掌，具有吸引异性的意图。

7. 握手

握手是现代社会习以为常的见面礼，然而握手的方式却千差万别。握手的力量、姿势和时间的长短都能传递不同的信息。根据握手的力量、姿势和时间的长短的不同，可将握手分为以下几种类型：

（1）支配性与谦恭性握手。握手时手心向下，传递给对方的是支配性的态度。研究证明，地位显赫的人习惯于采用这种握手方式。掌心向上与人握手，传递一种顺从性的态度，表示愿意接受对方支配，谦虚恭敬。若握手双方都想处于支配地位，握手则是一场象征性的竞争，其结果是双方的手掌都处于垂直状态。研究表明，同事之间、朋友之间、社会地位相等的人之间往往会出现这种形式的握手。

（2）直臂式握手。即握手时猛地伸出一条僵硬挺直的胳膊，掌心向下。事实证明，这种形式的握手是最粗鲁、最放肆、最令人讨厌的握手形式之一，所以在日常生活中应避免这种握手方式。

（3）死鱼式握手。一方伸出软弱迟钝的手，有气无力地让对方去握，像一条死鱼，给人一种很不情愿的感觉。这种握手使人感到无情无义，受到冷落，还不如不握。

（4）双握式握手。采用这种方式握手的人是想向对方传递真挚友好的情感，常常是先用右手握住对方的右手，再用左手握住对方的手背，双手夹握。西方亦称之为“政客式握手”。这种握手包括两种形式：一是“手握式握手”，即用两只手紧紧握住对方的一只手并上下用力摇动；另一种形式是用右手抓住别人的右手不放，左手同时作出各种“亲密”动作，例如抓住别人的手腕、手臂、肩头等。左手触及别人身体的位置越高，就表示越热情、越亲密。

（5）折骨式握手。这是一种用力过猛的握手形式。握手时用拇指和食指紧紧抓住对方的四指关节处，像老虎钳一样夹住对方的手，让别人感到疼痛难忍。很显然，这种握手方式会让人感到畏惧和厌恶。

（6）蜻蜓点水式握手。这种握手方式不是满手张开去握住对方的整个手掌，而是轻轻地捏住对方的几个指尖，给人十分冷淡的感觉，其用意是要与对方保持距离。女士同男士握手时往往会采用这种方式。

课堂互动

分别请男女学生各两名，练习握手的六种类型，并与被握手者交流握手的感受，以掌握正确的握手方法。

（二）头部语言

头部动作也是运用较多的身体语言，而且头部动作所表示的含义十分细腻，需根据头部动作的程度并结合具体的条件来对头部动作传递的信息进行判断。

1. 点头

点头这一动作可以表示多种含义，有表示赞成、肯定的意思，有表示理解的意思，有表示承认的意思，还有表示事先约定好的特定暗号，等等。在某些场合，点头还表示礼貌、问候，是一种优雅的社交动作语言。

2. 摇头

摇头一般表示拒绝、否定的意思。在一些特定背景条件下，轻微地摇头还带有沉思的含义和不可以、不行的暗示。另外，头朝对方略微侧转表示注意；单手或双手抱头表示沉思、沮丧或懊恼。

（三）腿部语言

（1）站立时两腿交叉往往给人一种自我保护或封闭防御的感觉；相反，说话时双腿和双臂张开，脚尖指向谈话对方，则是友好交谈的开放姿势。

（2）架腿而坐，表示拒绝对方并保护自己的势力范围；而不断地变换架脚的姿势，是情绪不稳定或焦躁、不耐烦的表现；在讨论中，将小腿下半截放在另一条腿的上膝部，往往会被人理解为辩论或竞争性姿势；女性交叉上臂并架脚而坐，有时会给人以心情不愉快甚至是生气的感觉。

（3）坐着的时候无意识地抖动小腿或脚后跟，或用脚尖拍打地板，表示焦躁、不安、不耐烦或是为了摆脱某种紧张感。

（四）脚部语言

脚的动作虽然不易观察，但却更直观地揭示了对方的心理。抖脚可表明轻松、愉快，也可表示焦急不安；跺脚表明兴奋，但在愤怒时也会跺脚；脚步轻快表明心情舒畅；脚步沉重说明疲乏、心中有压力等。双脚呈僵硬的姿势，表示紧张、焦虑；脚尖点地表示轻松或无拘束；坐着时脚尖来回摆动表示轻松或悠闲。

（五）肩部语言

耸肩膀这一动作外国人使用较普遍。由于受到惊吓，一个人会紧张得耸肩膀，这是一种生理上的动作。另外，耸肩膀还表达“随你便”、无可奈何、放弃、不理解等含义。

二、面部表情

人的面部表情是非常有效的沟通工具，嘴、眼、眉等都能敏锐地传递特殊的感情、想法和目的。人的脸部能够表达生气、快乐、恐惧、伤心、幸福、惊讶、关心、担忧、窘迫、不屑一顾等各种表情。事实上，人们可以有超过25万种不同的面部表情，而我们能够进行描述的面部表情却甚少。面部表情能传达多种情感，同时也能轻易地隐藏情感。在一些社会文化中，人们被教育不要轻易表达情感，对受伤的感情要把它伪装起来。所以，虽然人们经常运用面部表情，但是它们所表达的情感并不易被解读。

解读面部表情是一个复杂的过程，面部经常迅速显示几种感情的组合。提高一个人对面部表情的解读能力的最好方式是观看人们说话时面部表情的无声录像。观看眉毛的扬起或紧皱、瞳孔的变化、鼻子的张合、嘴唇的绷紧与放松、牙齿合上或紧咬等变化，揣摩其中的含义，例如，瞳孔放大可能意味着听者对你正在讲的内容感兴趣，瞳孔缩小说明他或她不喜欢你所说的内容。常用的面部表情语言包括眼睛、嘴巴、眉毛等的动作。

（一）眼睛

眼睛是心灵的窗户，在人体的各个器官中，眼睛一直是神秘力量的源泉，它能够传神地表达出一个人的内心感情，具有很强的交流功能和感染力。中国绘画艺术中所讲究的“画龙点睛”充分说明了眼睛是神采的表现这一道理。

1. 眼神交流的方式

一般来说，通过眼睛进行交流的常见形式有目光接触、视线交流、目光回避、扫视、斜视和眨眼等。这里重点介绍目光接触与视线交流。

（1）目光接触。在不同的文化环境中，目光接触的习惯有所不同。美国人认为那些回避目光接触的人不可靠、不友善、不值得信赖，或者不专注、不客观。但是，过多的目光接触显得专制独裁，过少则是软弱的表现。日本人认为直接的眼神接触是一种威胁，并且认为与长者说话时应低垂眼睛，以表示尊敬。阿拉伯人通常直接看着对方的眼睛说话，他们相信眼睛是心灵的窗户。拉美文化和非洲文化鼓励长时间的目光接触，但身份较低的人对身份高的人这样做则被认为是对身份高的人的不尊敬。

（2）视线交流。在人们日常交往过程中，视线交流具有以下特殊功能：一是爱憎功能。亲昵的视线交流可以打破僵局，使谈话双方的目光长时间相接。若在公共场合对异性死死盯视，则可能伤害他或她，引起不愉快的结局。二是威吓功能。用视线长时间盯视对方还有一种威吓功能。警察对罪犯、父母对违反规矩的孩子，常常怒目而视，形成无声的压力。三是暗示功能。通过视线交流，人们能够把自己的意图及想法清晰地暗示出来，从而达到心领神会的效果，这正像人们所说的“心照不宣”或“心有灵犀一点通”。四是显示地位功能。如果地位高的人与地位低的人谈话，那么，地位高的人投于对方的视线，往往多于对方投来的视线。

2. 眼睛的功能和作用

研究表明，眼睛具有许多特有的交流功能，透过眼神或眼色可以看到人的内心世界。其沟通功能和作用大致包括以下几点：

（1）专注功能。眼神能够反映出一个人的注意程度及感兴趣程度。一般来说，瞳孔的大小能精确地反映一个人的兴趣水平和对他人的态度。例如，当兴趣强烈时瞳孔会放大，而当兴趣减少时瞳孔就会收缩。

（2）说服功能。眼睛在说服性沟通中能起到重要的作用。在沟通中，劝说者要想使人感到真诚可信，必须与被劝说者保持眼神接触。为了避免可信性的显著下降，劝说者不能经常向下看或眼光离开被劝说者。过度的眨眼和明显的眼皮颤动都会让对方生疑。

（3）亲和功能。目光在建立、保持以及终止人际关系方面扮演着很重要的角色。例如注视表明你对对方很感兴趣，并允许对方获得关于你的信息。这里需强调的是，目光交流在人际关系发展方向方面的作用比其他任何一种非语言交流都更重要一些。

（4）暗示功能。有足够理由说明，眼神配合手势可以更好地进行暗示。

（5）表达情感功能。眼睛和脸部表情可以作为交流中有效的中介体。要想了解一个人是在表达一种肯定的还是否定的感情时，可以通过观察眼睛的瞳孔来加以判断。当你所表达的是肯定的情感，如高兴或幸福时，瞳孔就会放大；反之，当你表达的是否定的情感，如悲伤或痛苦时，瞳孔则会缩小。总之，眼睛可以正确反映一个人是在表达肯定还是否定的情感，这与“喜形于色”的说法是一致的，即人们常把自己的情感表露于面色上，把情感的温度显现在目光中。因此，希望了解别人心情和情感的人，可以依靠对方的面部和眼睛所提供的信息进行判断。

（6）表示地位与能力功能。人的目光不仅可以折射其地位高低，还能有效地反映出其领导潜力。一份对某军校警官的目光举止的有趣研究显示出，级别低的警官看上去比级别高的警官更谦逊，同时也证实那些看上去行动谨小慎微的学员大多数只担任级别较低的领导职务。事实上，实权在握的人其目光通常很有力，这类人常以有力的目光注视着自己的部下，控制着他们的情绪。相反，那种回避和低头不敢对视的目光一般被看做是软弱屈从的标志，通常，这类人不具备领导才能或领导能力不强。

（二）嘴、眉及微笑

1. 嘴

嘴的动作也能从各方面反映人的内心。嘴的表情是通过口型变化来体现的：鄙视时嘴巴一撇；惊愕时张口结舌；忍耐时紧咬下唇；微笑时嘴角上翘；气急时嘴唇发抖等。当然，嘴还可和身体的其他部位配合以表示不同的含义。

2. 眉

眉在交流的过程中也扮演着重要的角色：当人们表示感兴趣或有疑问的时候，眉毛会上挑；当人们赞同、兴奋、激动时，眉毛会迅速地上下跳动；处于惊恐或惊喜之中的人，他的眉毛会上扬；而处于愤怒、不满或气恼时，眉毛会倒竖；当窘迫、讨厌和思索的时候，往往会皱眉。

3. 微笑

微笑能给人一种容易接近和乐于交流的印象。善于交际的人在人际交往中的第一个行动就是面带微笑。一个友好、真诚的微笑会传递给别人许多信息。微笑能够使沟通在一个轻松的氛围中展开，可以消除由于陌生、紧张带来的障碍。同时，微笑也显示出你的自信心，表示你希望能够通过良好的沟通达到预定的目标。

三、姿态语言

姿态是指人们身体语言不断变化所呈现的状态，如坐姿、站姿、身体接触等。姿态在传递有关自信度、个人偏好、独断性、权力大小方面的信息上起着关键的作用。不同的姿态传递不同的信息，人们内心活动的变化会以姿态语言有意无意地流露出来。从一定意义上说，姿态是人们心理活动的晴雨表。有研究者认为，至少有 1 000 种不同的姿态语言。至于这些姿态语言传递的究竟是哪一种信息，还要视具体的语境而定。

（一）姿态语言传递的主要信息

人的姿态常常能“说”出很多话来，表达出种种不同的信息。一般来讲，无论是站着还是坐着，当一个人放松或悠闲的时候，身体往往处于比较舒展的状态；而当一个人不舒服、紧张、害怕时，整个身体都绷得紧紧的，手臂和双腿紧靠在一起。一个人是直挺挺地站着，还是斜靠着门站着；是端端正正地坐着；还是随随便便，跷着二郎腿、交叉着腿或并排着腿坐着；等等，这些都能传递一定的信息。概括而言，姿态语言主要传递了以下四种信息：

（1）态度信息。姿态不仅可以帮助我们传递或强化语言表达的信息，而且还能够生动地反映出信息传播者对他人的态度。

（2）心理信息。姿态可以有效地提供确切的个人心理状态的信息。它不仅能够表明人们是否自信，而且能暗示出自信的程度，还能将人们消极的心理状态暴露无遗。

（3）情绪信息。姿态则能够反映人们情绪的变化。

（4）相关信息。姿态还能揭示许多其他重要的相关信息，如个人偏好、权力地位以及心理变化等。显然，如果人们不了解姿态所提供的相关信息，在人际沟通过程中就容易产生误解，甚至引起不必要的冲突。

（二）各种姿态语言说明

1. 开放式姿态和封闭式姿态

在沟通时，开放式姿态是很受欢迎的，因为它能够给人传递这样一个信号：我真诚地努力表现出自己真实的思想。开放式姿态通常表现为以下一些：伸展一下双手，松一下衣服扣子或领带，放松一下四肢，双手背后，下颌微抬，斜着身子，以手托头等。

相反，封闭式姿态则是不受欢迎的，因为它带有制造不愉快气氛的意味。封闭式姿态通常表现为以下几种：紧缩双臂，夹紧双腿，目光下垂，捻弄手指，拉衣服和摸耳朵等。这些动作通常是一种不自信的信息流露。事实上，任何毫无意义的动作都可能被解释为紧张的表现。

2. 喜欢姿态和不喜欢姿态

希望别人喜欢自己的愿望人人皆有。要想知道自己是否受人喜欢，可以通过观察别人的姿态语言来进行检验和判断。当别人向你传递的姿态语言是短时间的目光接触、白眼、不高兴的面部表情、相对较少的动作、身体僵硬、神情冷漠、身体紧张等，表达的显然是“不喜欢”。相反，当别人向你传递的姿态语言是亲切的目光、友好的眼神、微笑的面部表情、自由放松的动作等，则表达的肯定是喜欢。

3. 有权姿态和无权姿态

具有一定权力的人，无论权力大小，都希望被别人认可，他们有意无意表现出来的姿态语言中暗示了其权势感。表示权力与地位的姿态语言主要有：放松的姿势，昂首直立的身姿，果断有力的手势，持续而又直接的凝视，相对夸张的动作，适当的瞪眼，适时的打断，适当地接近别人等。

一般来说，那些有一定官职却并不渴望得到别人认可的人，一般不会是一个强有力的人物。在这类人身上常常会显出一些没有权势感的姿态暗示，如身体紧张、过度微笑、别人发言时一直不直接看别人且频繁地向下看、很早到场、坐在会议桌的最后、经常移动脚、注意力分散、动作僵硬等。

实践演练

分别请男女学生演练各种姿态，并进行课堂讨论与交流。

四、着装打扮

在现代生活中，人们的着装打扮已远远超越了最基本的遮羞避寒的功能，其更重要的功能是向别人传递属于个人风格的信息。服装、饰物及化妆都作为沟通手段发挥着重要作用。

（一）服装

服装对非语言沟通极为重要。衣服的颜色、款式和风格等能够传递许多信息，其不仅可以表示一个人的社会地位、身份和职业性质，而且能够反映人的心理特点和性格。服装能够透露人的感情信息，常常是你如何感觉的就会如何穿着，而穿着如何又会影响着你的感觉。

一般来说，服装可以分成制服、职业装和休闲装几类。制服是最专业化的服装形式，它表明穿着者属于一个特定的组织。最常见的制服是军装，军装告诉人们着装者在军队中所处的地位以及与他人的关系。职业装是企事业单位为员工提供的服装，它是企事业单位形象识别系统的组成部分。如公司为员工提供的职业装，学校为教职工提供的职业装等。休闲装是工作之余的穿着，这种服装的选择权在个人，所以休闲装能够表现人的个性。

关于服装的颜色值得注意。在西方，黑色是丧服的颜色，白色为婚庆礼服的颜色；但在东方，丧服往往用白色，婚庆用红色。在古代欧洲，紫色一般是权力的象征，而在古代中国，黄色才是不可侵犯的权贵颜色。皇帝的龙袍是黄色的，唐朝以后甚至规定非天子不得穿黄袍，不过紫色在古代中国也代表权贵。在正式的工作场合，最佳颜色为黑和白，其次是灰色、褐色系列。

（二）饰物

饰物在人的整体装饰中至关重要，一件用得适当的饰物好似画龙点睛，能使你气质出众。佩戴饰物有三点要求：与服装相协调，与人相协调，与环境相协调。不要在正式场合询问对方所佩饰物的新旧、价格及购自何方，更不能动手去触摸对方的饰物，这样会使对方感到恼火。任何时候男士在室内都不得戴帽子、手套。女士的纱手套、帽子、披肩、短外套等，作为服装的一部分，则可在室内穿戴。在他人办公室或居室里，不要乱放自己的衣帽，当主人允许后，才可以按照要求放好。领带和领结被称为西装的灵魂，选择上应下一番工夫。在正式场合穿礼服时，可配以黑色或白色领结。蝴蝶结在运动场上或比较轻松的场合里大受欢迎，但打上蝴蝶结参加社交活动给人感觉就不太严肃了。

男士的腰带分工作和休闲两大类。工作中应以黑色和棕色的皮革制品为佳。而配休闲服装的腰带，只要漂亮就可以。腰带的颜色和式样不宜太醒目。女士系腰带应考虑同服装相配套；还要注意体型问题，如是纤细柳腰，系上一条宽腰带会楚楚动人，如腰围太粗，可系一条环扣粗大的腰带，使腰带的环扣成为瞩目的焦点。

纽扣在服装上的作用是很大的。女士服装上的纽扣式样可以千姿百态，而男士的纽扣则不宜追求新潮。西装上衣为双排扣的，穿着时一定要把扣全系上。如果是单排扣的，还有两粒与三粒纽扣之分。前者应系上面那一粒纽扣，后者应系中间那一粒纽扣。

眼镜选配得好，可使人显得儒雅端庄。方脸的人要选大圆框、粗线条的镜框，圆脸的人宜选四方宽阔的镜框，而椭圆形脸最适合选框型宽阔的眼镜。在室内不要戴黑色等有色眼镜，如遇眼疾不得已而为之，应向主人说明缘由。

女式手提包应套在手上，不要拎在手里，手包大小应与体型相适应。男士在公务活动中携带的公文包应以黑色、棕色的上等皮革制品为佳。女士用的钱夹可以随手携带，或放在提包里。男士的皮夹只能放在西装的上衣内侧口袋里。

（三）化妆

化妆跟衣服一样，是皮肤的延伸。常见的化妆品有眉笔、胭脂、粉、唇膏、指甲油、香水等。化妆的目的在于重整面部焦点的特征，例如单眼皮变双眼皮、细小的眼睛变大的眼睛、扁平的鼻子显得高耸、青白的面色变得红润等。化妆是一种身体语言，一位女士精心打扮，除了令自己更好看，还可能“告诉”别人三件事：第一，我肯花时间在化妆上，而时间就是金钱，所以我的社会地位并不低。第二，我的化妆品是贵重的，这反映了我的财富。第三，我与其他同样精心化妆的人是特别的一群，与一般人不同。

本章提要

所谓非语言沟通，就是使用除语言沟通以外的各种沟通方式来传递信息的过程。非语言沟通在人际交往中具有十分重要的地位和作用，主要表现在：非语言沟通能更真实地表明人的情感和态度；非语言行为所包含的信息远远超出语言所提供的信息；非语言沟通能够影响并调控语言沟通；非语言沟通隐藏着丰富的文化内涵。非语言沟通与语言沟通存在密切的联系：非语言行为能够强化语言信息；非语言行为能够代替语言信息；非语言行为能够补充语言信息；非语言行为能够重复语言信息；非语言行为能够否定语言信息；非语言行为能够验证语言信息的真实性。根据非语言行为传递信息的功能不同，可将非语言沟通分为表态类非语言沟通和抒情类非语言沟通两种类型；根据非语言行为存在的状态，可将非语言沟通分为身体语言沟通、副语言沟通、环境语言沟通等类型。

身体语言是人们沟通中最常见的一种形式。在沟通过程中，最常用的身体语言主要有：一是肢体语言，主要是指四肢语言，包括手部语言、头部语言、腿部语言、脚部语言以及肩部语言等。二是面部表情，常用的面部表情语言包括眼睛、嘴巴、眉毛等的动作。三是姿态语言，如坐姿、站姿、身体接触等，它在传递有关自信度、个人偏好、独断性、权力大小等方面的信息上起着关键的作用。四是着装打扮，服装、饰物及化妆都作为沟通手段发挥着重要作用。

能力训练

思考练习

1. 什么是非语言沟通？其重要性体现在什么地方？
2. 非语言沟通与语言沟通有什么区别和联系？
3. 为什么说眼睛是心灵的窗户？
4. 简述握手的基本类型。你是怎么与别人握手的？
5. 管理者应如何提高自身的非语言沟通能力？

能力测评

观察能力测评

对下列各题，请选择一个最符合你的想法或做法的答案，然后把各题答案所对应的分数相加。

1. 走进某个单位时，你会（　　）。

A. 注意桌椅的摆放

B. 注意用具的准确位置

C. 观察墙上挂着什么

2. 与人相遇时，你会（　　）。

A. 只看他的脸

B. 悄悄地从头到脚打量他一番

C. 只注意他脸上的个别部位

3. 你从自己看过的风景中记住了（　　）。

A. 色调

B. 天空

C. 当时浮现在你心里的感受

4. 早晨醒来后，你会（　　）。

A. 马上就想起应该做什么

B. 想起梦见了什么

C. 思考昨天都发生了什么事

5. 当你坐上公共汽车时，你会（　　）。

A. 谁也不看

B. 看看谁站在旁边

C. 与离你最近的人搭话

6. 当你站在大街上，你会（　　）。

A. 观察来往的车辆

B. 观察街边的房子

C. 观察过往行人

7. 当你看橱窗时，你会（　　）。

A. 只关心可能对自己有用的东西

B. 也看看此时不需要的东西

C. 注意观察每一件东西

8. 如果你在家里需要找什么东西，你会（　　）。

A. 把注意力集中在可能放这个东西的地方

B. 到处寻找

C. 请别人帮忙找

9. 看到你的亲戚、朋友过去的照片，你会（　　）。

A. 激动

B. 觉得可笑

C. 尽量了解照片上都是谁

10. 假如有人建议你去参加你不会的游戏，你会（　　）。

A. 试图学会玩并且想赢

B. 借口过一段时间再玩而给予拒绝

C. 直言你不玩

11. 你在公园里等一个人，于是你（　　）。

A. 仔细观察旁边的人

B. 看报纸

C. 想某事

12. 在满天繁星的夜晚，你会（　　）。

A. 努力观察星座

B. 只是一味地看天空

C. 什么也不看

13. 你放下正在读的书时，总是（　　）。

A. 用铅笔标出读到什么地方

B. 放个书签

C. 相信自己的记忆力

14. 你记住领导的（　　）。

A. 姓名

B. 外貌

C. 什么也没记住

15. 在摆好的餐桌前，你会（　　）。

A. 赞扬它的精美之处

B. 看看人们是否都到齐了

C. 看看所有的椅子是否都放在合适的位置上

评分标准（见表 6—4）：

表 6—4

题目	A	B	C
1	3	10	5
2	5	10	3
3	10	5	3
4	10	3	5
5	3	5	10
6	5	3	10
7	3	5	10
8	10	5	3
9	5	3	10
10	10	5	3
11	10	5	3
12	10	5	3
13	10	5	3
14	5	10	3
15	3	10	5

结果评价：

● 如果你的得分在 100 分～150 分，表明你是一个很有观察力的人。对于身边的事物，你会非常细心地留意，同时，你也能分析自己和自己的行为，并能做到极其准确地评价别人。只是很多时候做人不能太拘泥于细节，你也应该适当利落一点，从大的方向去看。

● 如果你的得分在 75 分～99 分，表明你有相当敏锐的观察能力。很多时候，你会精确地发现某些细节背后的联系，这一点对于培养对事物的判断力非常有好处，同时也让你的自信心大增。但你需要注意的是，很多时候你对别人的评价会带有偏见。

● 如果你的得分在 45 分～74 分，表明你能够观察到很多表象，但对别人隐藏在外貌、行为方式背后的东西通常采取不关心的态度，从某种角度而言，你适当的“难得糊涂”充满了大智慧，你很懂得把自己从某些不必要的事情中“拔”出来，享受自己内心的愉悦。

● 如果你的得分在 45 分以下，基本上可以认为你不喜欢关心周围的人，不管是他们的行为还是他们的内心。你甚至认为连自己都不必过多分析，更何况其他人。因此，你是一个自我中心倾向很严重的人。沉浸于自己无限大的内心世界固然是好，但要提防这会给你的社交生活造成某些障碍。

案例分析

“管理沟通”与闲聊

星期五下午 3:30。

宏达公司经理办公室。

经理助理李明正在起草公司上半年的营销业绩报告。这时公司销售部副经理王德全带着公司销售统计材料走进来。

“经理不在?”王德全问。

“经理开会去了。”李明起身让座，“请坐。”

“这是经理要的材料，公司上半年的销售统计资料全在这里。”王德全边说边把手里的材料递给李明。

“谢谢，我正等着这份材料呢。”李明拿到材料后仔细地翻阅着。

“老李，最近忙吗?”王德全点燃一支烟，问道。

“忙，忙得团团转！现在正忙着起草这份报告，今晚大概又要开夜车了。”李明指着桌上的文稿回答道。

“老李，我说你呀应该学学太极拳。”王德全从口中吐出一个烟圈说道，“人过四十，应该多多注意身体。”

李明闻到一股烟味，鼻翼微微翕动着，心里想：“老王大概要等这支烟抽完了才离开，可我还得赶紧写这篇报告。”

“最近，我从报上看到一篇短文，说无绳跳动能治颈椎病。像我们这些长期坐办公室的人，多数都患有颈椎病。你知道什么是‘无绳跳动’吗?”王德全自问自答地往下说，“其实很简单……”

李明心里有些烦，可是碍于情面不便逐客，他瞥了一眼墙壁上的挂钟，已经 4:00 了，李明把坐椅往身后挪了一下，站起来伸了个懒腰说：“累死我了。”李明开始动手整理桌上的文稿。

“‘无绳跳动’与‘有绳跳动’十分相似……”王德全抽着烟，继续着自己的话题……

（资料来源：康青主编：《管理沟通教程》，85～86 页，上海，立信会计出版社，2003。）

讨论：

1. 王德全的行为是管理沟通还是聊天？为什么？

2. 李明用哪些非语言行为暗示了自己的繁忙或不耐烦？如果你是王德全，遇到这种情况会怎么办？

3. 你认为李明该怎么做才能更明确地传递信息？

第七章
倾听技巧

情境任务设计

案例情景

职场沟通：倾听比说更重要

周末去朋友家聚会，大家的讨论都定格在来年的学习计划上。突然有个朋友说，她来年的第一门功课，就是要学会倾听，学习不再打断别人说话，让别人把想说的话说完了，再表达自己的想法。听起来很意外，这还需要学习吗？在座的人不是已经为人父母了，就是上班很多年了，难道他们还不会倾听吗？

她笑着说："以前领导召集大家开会的时候，多少次我们都在抱怨，怎么还没结束呢？总是不自觉地去打断，或者思想走神，根本没有深刻理解领导的意思，结果做了很多无用功，又去不停地与领导沟通，解释自己的意思，其实都是因为自己首先没有听明白领导的意图和想法，才有后来的沟通不畅。"

的确，这种情况在职场中很常见，很多人都会觉得沟通是一件很难的事情。随着工作频率的加快，我们不再愿意接收太多不需要的信息，总是显得行色匆匆，因为太忙，就连说话都变得简短。

很长一段时间，"说"成为我们更多人选择的沟通方式。在吵架的时候，我们放任心情地说，表达自己的愤怒；别人对自己不理解的时候，我们绞尽脑汁地为自己辩说；想对父母尽孝心的时候，我们把自己的心意说给父母听。更多的人愿意用"说"作为唯一的沟通方式，因为它更快、更直接，但大家却遗忘了"只有会听的人才会说"这句老话。

听比说做起来更需要毅力和耐心，只有听懂别人表达的意思才能沟通得更好，事情才能解决得更圆满。沟通就好像一条水渠，首先是要两头通畅，那就要打开我们的耳朵，倾听别人的话。关上耳朵、张开嘴巴的谈话，不能算是沟通。倾听是说的前提，先听懂别人的意思了再说出自己的想法和观点，才能更有效地沟通。

多听，有时候也是一种积累，听别人谈成功、说失败，那就是在为自己的将来储蓄财富。

听和说是不能分开的两个环节，只听不说的人不能成功，只说不听的人也不能成功。在工作中每个人都需要和别人沟通，但是听的多还是说的多，就要看我们拥有怎样的态度。做一个先听后说的人，会让沟通更顺利。

问题思考：

你怎样看待沟通中的说与听？请谈谈你的理解和认识。

学习任务

1. 请通过自我反思，列出你在倾听过程中存在的不良习惯，并推出改进措施或办法，然后填写表7—1。

表7—1

倾听中存在的不良习惯	改进措施或办法

2. 请收集资料，归纳总结提高倾听能力的方法和技巧。

知识技能目标

知识目标

通过学习本章内容，学生应掌握：

- 倾听的意义和作用；
- 倾听的过程；
- 倾听的类型；
- 倾听障碍的主要表现；
- 提问与反馈的类型。

技能目标

通过学习本章内容，学生应能够：

- 掌握克服倾听障碍的对策；
- 学会有效的倾听；
- 灵活运用倾听的技巧；
- 有效地提问与反馈。

必备知识技能

第一节 倾听的认识与培养

自我检查

请你检查一下，你在倾听过程中，有没有下列坏习惯？

- 说的比听的多。
- 喜欢插话。
- 在交谈时几乎一言不发——对方无法判断你是否在听。
- 发现感兴趣的问题时就问个不休，结果导致对方跑题。
- 你的谈话基本上以自己为核心。
- 别人说话时你经常走神。
- 对方在说话时你在设计自己的反应。
- 你很乐于提出自己的建议，甚至在别人没要求时也如此。
- 你的问题太多，常常打断对方的思路。
- 客户转向别人，你不问原因所在。
- 在对方还没说完时你已经下了结论。

一、倾听的意义和作用

很多人认为，倾听技能是每个人都具有的一种与生俱来的能力，不需要训练，所以，一谈到沟通，人们自然想到的是说，很少有人想到听。其实恰恰相反，人们在沟通过程中产生的许多问题往往是由于不善于倾听导致的，也就是说，不善于倾听所导致的失误要比不善于表达所产生的问题多得多。这也正验证了俗话所说的“会说的不如会听的”。可以说，每个人都具有天生的表达才能，却不具有天生的倾听技巧。更为遗憾的是，人们在听的方面所花费的工夫太少。理论与实践都告诉我们，是否善于倾听是衡量一个管理者管理水平高低的重要标志。成功的管理者，大多是善于倾听的人。所谓倾听，就是用耳朵听、用头脑思考、用心灵感受的过程。

倾听是通向心灵的道路，是管理者成功的基石。倾听能够使人们与周围的人保持接触，失去倾听能力也就意味着失去与他人共同工作、生活、休闲的可能。一般来讲，人们很少只为消遣而倾听，而是为了以下目标而倾听，即：获得事实、数据或别人的想法；理解他人的思想、情感和信仰；对听到的进行选择；肯定说话人的价值。有人说：“会倾听的人到处都受欢迎。”对于管理者来说，倾听有着十分重要的意义和作用，这是由管理工作的特点决定的。复杂多变的管理环境使个人难以作出正确的判断，从而无法制定出有效的决策方案。一位擅长倾听的管理者将通过倾听，从上级、同事、下属、顾客那里及时获得信息并对其进行思考和评估，不断提升管理水平，并使管理更加有效。概括起来，倾听的意义和作用主要表现在以下几个方面。

（一）倾听能够产生激励作用

管理的过程就是调动人的积极性的过程。善于倾听的人能及时发现他人的长处，并使其发挥作用。倾听本身也是一种激励方式，能提高说话者的自信心和自尊心，加深彼此之间的理解和感情，因而也就激发了对方的工作热情与负责精神。美国企业家玛丽·凯·阿什要求自己的管理者记住倾听员工的诉说是最优先的事，她本人专门抽出时间来聆听下属的讲述，并进行仔细的记录。她对下属们提出的建议和意见十分重视，在规定的时间内给予答复。这样做的好处就是沟通了彼此的感情，倾诉者要求被重视的自尊心得到了满足。在很多情况下，倾诉者的目的就是倾诉，“一吐为快”，并没有更多的要求，甚至有些时候，只要你倾听了倾诉者的倾诉，问题也就解决了。英美一些企业的管理人员常常在工作之余与下属一起喝咖啡，其目的也正在于给下属一个自由倾诉的机会。

（二）倾听是获得信息的重要渠道

倾听可以得到最新的信息。通过倾听，不仅可以了解对方要传达的消息，感受到对方的感情，同时还能够据此推断对方的性格、目的和诚恳程度。事实上，交谈中包含着很多有价值的消息，有时它们常常是说话人一时的灵感，而其自己又没意识到，对听者来说却有启发。“听君一席话，胜读十年书”，一个随时都在认真倾听他人讲话的人，在与别人的交谈中就可能成为一个信息的富翁。不仅如此，通过耐心地倾听，还可以减少对方防范意识，得到对方的认同，甚至使对方产生找到同伴和知音的感觉，从而加深彼此之间的了解。

（三）倾听能够给人留下良好的印象

一般来说，人们都喜欢发表自己的意见，如果你愿意给他们一个机会，他们会觉得你和蔼可亲、值得信赖。作为一名管理者，倾听顾客、上司还有下属的想法，可消除他们的不满和愤懑，获取他们的信任。戴尔·卡内基（Dale Carnegie）曾举过一个例子：在一个宴会上，他坐在一位植物学家旁边，专注地听着植物学家跟他谈论各种有关植物的趣事，几乎没有说什么话，但分手时那位植物学家却对别人说，卡内基先生是一个最有意思的谈话家。可见，学会倾听，实际上已踏上了成功之路。

（四）倾听可以掩盖自身的弱点和不足

俗话说“沉默是金”、“言多必失”，沉默可以帮助人们掩盖自身的弱点和不足。如果你对别人谈论的话题一无所知，或未曾考虑，或对别人提出的问题不便于直接回答，这时最好的办法是认真倾听，并保持沉默。对缺乏经验的管理者来说，倾听还可以弥补自己的不足，当自己对某些问题了解不多或难以作出决定时，最好先倾听一下别人的意见和想法，并通过对别人意见的归纳和总结来提出自己的看法，这样不仅可以弥补自身的不足，而且还能够让别人产生受到尊重和重视的感觉。

（五）倾听能激发对方的谈话欲望

谈话是人与人之间沟通的重要途径，它能帮助人们解决问题，创造新点子，发现新方向；让人们觉得不再孤单，比较有自信，比较受赏识，比较有价值。因此，在谈话过程中，如果一方能够主动倾听，让对方觉得自己的话有价值，就能让他说出更多更有用的信息。并且，倾听不仅能够激发对方的谈话欲望，而且能够启迪对方产生更多或更深入的见解，从而使谈话双方均受益匪浅。

（六）倾听是说服对方的关键

如果你沟通的目的是说服别人，交谈中多听他的意见会有助于你的说服。因为，通过倾听你能从中发现他的出发点和弱点，即是什么让他坚持己见，这就为你说服对方提供了契机。同时，你又向别人传递了一种信息，即你的意见已充分考虑了他的需要和见解，这样他们会更愿意接受。

二、倾听的类型

倾听实质上是说话者与听话者的一种互动过程，它不仅包括说话者的语言表达，而且包

含着倾听者的主动参与。在倾听过程中，倾听者要调动自己的知识和经验对听到的话语进行理解、筛选和加工，并采取不同类型的倾听对所听到的内容进行处理。倾听的基本类型如下所述。

(一) 按照倾听的目的分类

按照倾听的目的不同，可以把倾听分为获取信息式、质疑式、情感移入式和享乐式四种倾听类型，每一种类型都包含不同的技巧。

1. 获取信息式倾听

获取信息式倾听是指倾听者为了了解某种知识、技能或就某一问题征求别人意见的学习过程。如学生在课堂上，企业在进行市场调查时，经常采用的就是获取信息式倾听。获取信息式倾听的着眼点首先是识别中心思想，这是贯穿于整个内容的基本思想，然后倾听加强中心思想的主要观点，最后倾听支持主要观点的材料。因为所有的主要观点都与中心思想相关联，因此要识别中心思想，只有抓住了中心思想，才能理解那些可能不相关联的主要观点。倾听时要设法在头脑中形成框架，识别中心思想之后再听主要观点。另外，在倾听时，由于思维速度比语言快，倾听者会有很充分的时间考虑文字及一些问题。如果自己不能回答这些问题，向说话者提问是很有必要的。即使是对问题有自己的回答，倾听者可能还是要问，以便通过说话者的回答来检验自己的理解。

2. 质疑式倾听

质疑式倾听是指倾听者对获取的信息进行分辨、明晰、筛选、加工、整理的过程。质疑式倾听除了要识别中心思想，抓住主要观点外，还应该对所听到的内容进行估量和质疑。在质疑式倾听中，我们首先要弄清对方的动机。例如，当一个朋友劝说我们停下学习去购物时，我们必须问一些问题：他（或她）的动机是什么？结果可能是什么？当我们处于被劝说的情景之中时，质疑劝说者的动机是一种正常和恰当的反应。质疑的目的在于验证观点是否合理、合法，信息来源是否准确、可靠。在质疑时需要注意的是，事实是可以被验证的某种事情，它永远是真实的，而观点是人们的信念。作为倾听者，我们听到更多的是观点而不是事实。所以，倾听者应具备区分事实与观点的能力，以及辨别正确的、权威的或可信度高的观点的能力。

3. 情感移入式倾听

情感移入式倾听是指倾听者设法从他人的观点中理解他人的感受并作出相应反应的过程。人们的倾听能力总会不同程度地受到感情因素的影响。在情感移入式倾听中，要求倾听者在倾听说话人说的内容时把自己的感情放在一边，投入到对方的情感中去。有时仅仅倾听他人的情感并让他们作出一些解释就可以在很大程度上解决问题。一个人倾吐了自己的烦恼之后，就会感觉舒畅一些。情感移入式倾听的关键在于投入情感、识别情感。通常识别情感是最困难的。要识别情感，就要了解说话者的意图、愿望、观点、价值观等。这里并不需要同意或接受说话者，只是要尽力去理解说话者。理解之后，再通过复述的方式来证实倾听者的猜测，向说话者暗示倾听者正在努力理解他的话语，至此情感移入式倾听即告完成。

4. 享乐式倾听

享乐式倾听是指倾听在一种轻松、愉快的形式下进行，使得严肃的倾听变成了愉悦的沟通方式。人们在看电视或者听音乐时，都会轻松、愉快地听。通常情况下，人们认为享乐式倾听是很随意、很放松的，但事实上，享乐式倾听也有简单和复杂之分。如果人们的倾听仅仅为了放松一下高度紧张的神经，或者为了营造一种氛围，而不愿意也没有必要去领会和理解倾听的内容和意境，那么这种倾听将是简单随意的，人们日常生活中大量的倾听均属于这种情况。如果人们的倾听是为了一种专业享受，那么这种倾听就成为一种更加复杂的过程，比如听音乐会，必须在听的过程中试图理解音乐的主题、识别曲子的节奏、听出曲子的情绪等。

（二）按照倾听的专心程度分类

按照倾听的专心程度，可以把倾听分为投入型倾听、字面理解型倾听、随意型倾听、假专心型倾听和心不在焉型倾听五种类型。

1. 投入型倾听

这类倾听者在倾听过程中，思想高度集中，全神贯注，不仅能够用耳朵去倾听全部的内容和信息，而且能够用脑去思考、用心灵去感受所倾听的内容和信息。也就是说，投入型倾听能够用全部身心进入对方的话语境界，既注重听懂对方的“话内音”，又注重听懂对方的“话外音”，不仅要倾听信息的主要内容和细节，而且要把复杂纷乱的内容变得有逻辑。可以说，投入型倾听是一种最积极、最有效的倾听。由于投入型倾听需要耗费大量的脑力、精力和体力，所以倾听者很难在任何场合对任何内容都做到全身心的投入，只有当倾听内容非常重要、倾听者十分关注时，倾听者才会采用这种倾听方式，如企业员工倾听工资分配方案、重大问题决策、财务信息等。

2. 字面理解型倾听

这类倾听者在倾听过程中，对方怎么说，自己就怎么听，也不问其内在的隐含意义是什么，始终处于被动地位。字面理解型的倾听者通常只能听到表面意思，不能深刻体会到说者实际要表达的想法。因此，在日常的人际沟通中，这类倾听者往往给人一种不懂要领、迟钝的感觉。

3. 随意型倾听

随意型倾听相当普遍，可以说，人们日常生活中的大量倾听均属于这种类型。一般来说，随意型倾听并不刻意追求倾听到全部信息，也不想或认为没有必要通过倾听了解信息的每一个细节，只是倾听信息的大致内容或梗概，目的在于把握信息的主题和中心思想，甚至是为了愉悦，或者是为了消磨时间。由于随意倾听不需要耗费大量脑力和精力，也不需要倾听者对倾听的内容进行分析和评价，所以这类倾听常常是比较轻松的，如听体育新闻、音乐等。

4. 假专心型倾听

在许多情况下，人们都是假装在听，虽然他们的眼睛也一直在注视着对方，甚至脸上还露出微笑，或不时点头示意，给人以倾听的印象，但事实上他们的思绪却可能在无目的地漫游，甚至早已跑到了千里之外。这种倾听者在听的过程中不做任何努力，虽然也能够听到说话者在说什么，但对说者说了些什么知之甚少，所获得的信息毫无价值。

5. 心不在焉型倾听

这类倾听者在倾听时总是心神不定、局促不安，甚至东张西望、左顾右盼，有时还会走来走去，或者不时地看表，好像很着急的样子。也有的倾听者在倾听时毫无表情，不管听到的内容是好是坏、是对是错，一概持漠不关心的态度。一般来说，当倾听者身体不适，或对倾听内容不太感兴趣，或有急事要做时，就可能对倾听内容表现出心不在焉的样子。若不是这样，那就需要倾听者必须认真反思自己是否养成了不良的倾听习惯。

知识链接

倾听的五个层次如图 7—1 所示。

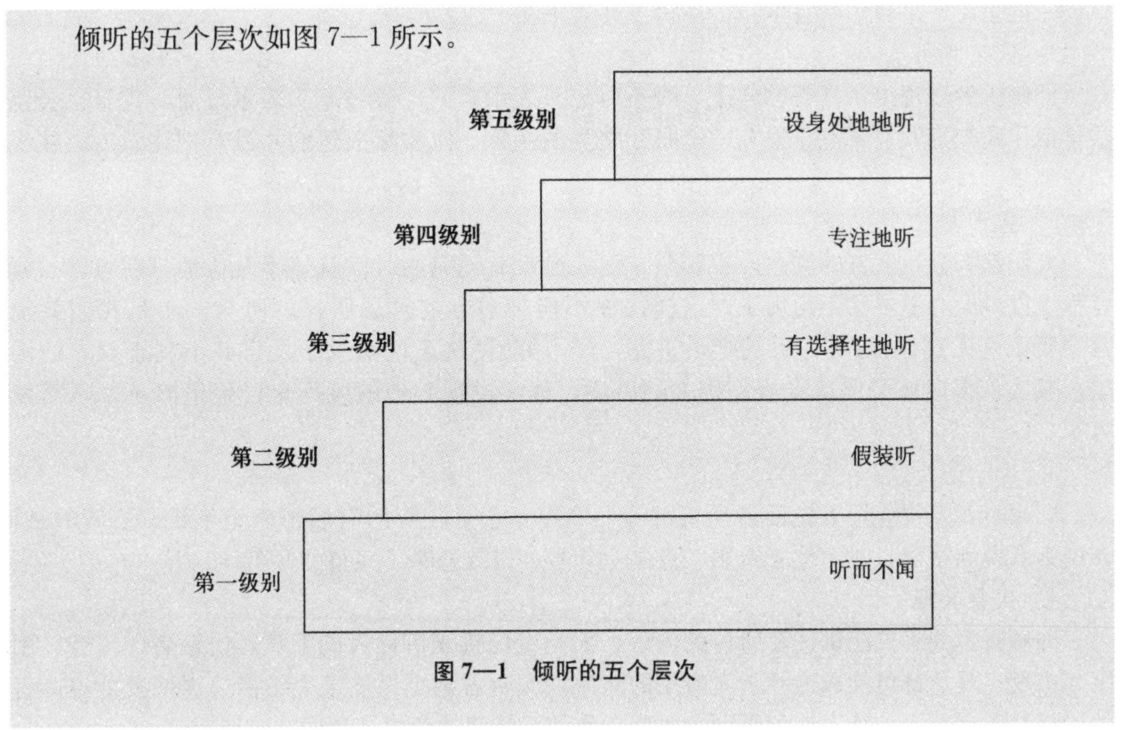

图 7—1　倾听的五个层次

第二节　倾听的障碍及克服

一、倾听的障碍

人们似乎更倾向于彼此进行语言交流，而不是彼此去倾听。在倾听过程中，由于受到语言、环境、情感等众多因素的影响，倾听往往难以达到应有的效果。一般来说，倾听的障碍主要表现在下述几个方面。

(一) 语言因素引起的障碍

语言在不同层次上影响着倾听过程：

(1) 语言层次。语言是说话者表达观点和想法所使用的基本工具。使用不同的语言工具以及不同的语言背景和习惯，都会影响倾听的效果。

(2) 声音层次。这是人们利用听觉器官接收说话者信号的层次，不同的音量、音调、语调等传递着不同的内容。

(3) 语法层次。不同的语言表达方式、表达习惯会使同样的语言产生不同的表达效果，甚至意思完全相反。

(4) 语意层次。这是说话者所要表达的原意层次。语意表达不明会给倾听带来障碍。

可以说，绝大多数倾听的障碍都与语言因素有关。如口头语言与身体语言不相符，当你说“3”时，却伸出了五个手指，如果听者注意到你的动作，必然会产生迷惑。又如，不恰当地使用专门术语，可能使不懂行的人完全丧失理解能力，如对大多数人来讲，对“氯化钠”可能比较陌生，但　提到“盐”则几乎人人皆知。

(二) 倾听者引起的障碍

倾听者在整个交流过程中具有举足轻重的作用。不仅倾听者本人的知识水平、文化素养、职业特点、理解信息的能力直接影响倾听效果，倾听者对说话者个人的态度也会影响倾听效果。一般来说，来自倾听者本身的障碍主要表现在下述方面。

1. 假装倾听

即倾听者表现出认真听的样子，时不时点头表示赞同，皱皱眉头表示反对，甚至也会说些类似“我知道”、“真有意思”、“是吗”之类的短评，但实际上他们并没有把注意力放在说话者那里。

2. 急于发言

人们都有喜欢发言的倾向，很容易在他人还没有说完的时候就迫不及待地打断对方，或者嘴里没说但心里早已不耐烦了，这样往往不能把对方的意思听懂、听全。于是我们就经常会听到别人这样说：“你听我把话讲完，好不好？”这正说明急于发言并不利于双方的沟通。其实许多时候只要认真听完别人的讲话，就会发现心中的疑问也已经消除了，不需发言了。

3. 忙于记要点

即倾听者觉得应记下说话者所说的每一个字，于是在听的时候忙于记笔记，不幸的是，在说话者说到第三点时，他才给第一点画上句号，以致忽略了完整的倾听。

4. 吹毛求疵

即倾听者并不关注讲话者所讲的内容，而是专门挑剔讲话者的毛病，讲话者的口音、用字、主题、观点都可能成为倾听者挑剔的对象，倾听者甚至抓住某个细微错误而贬低说话者的风格和观点。这种个人的偏颇观念时常导致敌对情绪的产生，从而影响倾听。

5. 缺乏耐心

即倾听者过于心急，经常在说话者暂停或者喘口气时插话，帮助说话人结束句子，而往往忽略了说话者正要说的话题。

6. 以自我为中心

即倾听者表现出过于自我的心态，对说话人的每个话题他都有意无意地以自己生活中的事件作回应。比如他会说：“那让我想起，我……”这便打断了说话人的思路，甚至引开了话题。

7. 忙于私活

即倾听者从倾听开始就没有停下手中的事情。他可能在谈话中拆信、接电话或整理办公桌，见此情景，通常说话者都会尽快结束谈话并离开。

（三）感情过滤引起的障碍

人人都爱听奉承，好听的话即使说得言过其实，也不会引起听者的反感，难听的话即使说得恰如其分，也不会给听者以满足。每个人都是选择自己喜欢听的来听，当某人说到一些自己想听的话时，我们会“竖”起耳朵，接收所有的信息，不管是真理、部分真理，还是谎言和谬误；相反，遇到所不想听到的内容时，会本能地排斥，也不管这些内容对自己是否有用。可以说，在倾听过程中，情感起到了听觉过滤器的作用，有时它会导致盲目，而有时它排除了所有倾听的障碍——你会很满足从别人口中证实了自己的思想，并由此感到快乐。但要注意，运用感情过滤信息，有可能就无法正确地倾听并理解说话者所讲内容的意义。

（四）心理定势引起的障碍

每个人都有自己的好恶，都有根深蒂固的心理定势和成见，与自己不喜欢或不信任的人交流时很难以客观、冷静的态度接收说话者的信息。比如，当一个自己讨厌的人在台上讲得

手舞足蹈时，你会认为他太虚伪，是乱吹一气，因此不屑于听他讲话，甚至会东张西望，或用手不停敲打桌面，向对方发出“你有完没完，我已经不想听了”的信号。再比如，当一个平时比较啰嗦的人要求与你谈话时，你会有心无心地听他讲，因为你会觉得他讲的许多都是废话，而这样会错过一些有用的信息。

（五）心智时间差引起的障碍

正常人大脑的运转速度极高，每分钟能处理 500 个字词以上，而普通人的说话速度是每分钟 140 个字左右，这便产生了听者的心智时间差问题。为了填补这一段时间的空白，在听的同时，你的大脑很自然地会游走到其他的想法上去，但是当你回过神来时会发现这段时间你走神走得太远了而遗漏了许多重要的内容。应该说，这是正常心理反应的结果，但为了更好地倾听，这一过程还是应该控制的。

（六）性别差异引起的障碍

研究表明，男性和女性倾听的态度和方式是不同的。女性之间在谈话时常常是面对面坐、向前倾、有丰富的面部表情、给予直接的目光接触和鼓励性的声音。而男性之间在谈话时以有角度的方式坐着、姿态比较随和、保持较少的目光接触和面部表情，他们通常期待对方安静地倾听。于是，当男性和女性交谈时就可能会产生困难。如果女性在听时发出鼓励性的声音，男性不是认为她不专心倾听，就是认为她真的同意他所说的话；事实上，女性只是表示自己在听而已。而在交谈中，女性如果发现男性没有口头或肢体语言的表示，则认为他们根本没有在听；事实上，男性认为他们的沉默正表示他们的专心。因此，男性和女性在交谈时，双方必须了解和包涵这种差异所造成的障碍。

（七）环境因素引起的障碍

任何沟通都是在一定的环境中进行的，环境因素是影响倾听效果最重要的因素之一。环境因素不仅包括客观环境因素，如谈话场所选择、环境布置、噪音大小、光照强弱、温度高低、气候状况、座位安排等，而且包括主观环境因素，如交谈双方的心情、性格、衣着以及谈话人数、话题等。环境因素主要从两个方面影响倾听的效果：一方面，环境因素会干扰信息传递的过程，消减、歪曲信号；另一方面，环境因素会影响沟通双方的心境。这正是人们为什么在沟通时很注重挑选环境的原因。比如，上级在会议厅里向下属征询建议，下属会十分认真地发言，但若是换在餐桌上，下级可能会随心所欲地谈自己的看法，甚至谈一些自认为不成熟的想法。上司在咖啡厅里随口问问下属西装的样式，下属会轻松地聊上几句，但若上司特地走到下属的办公室里发问，下属多半会惊恐地想这套衣服是否有违公司仪容规范。出现这种差别是由于不同场合人们的心理压力和情绪以及交谈氛围都大不相同。另外，说话者和倾听者在人数上的差异也影响倾听的效果。在交谈中，是一个人说话一个人倾听，还是一个人说话多个人倾听，或者多人说话多人倾听，这种不同的对应关系也会产生不同的倾听效果。当一个人说话一个人倾听时（如两人促膝谈心），会使倾听者感到自己角色的重要性，注意力自然集中；当一个人讲话多个人倾听时（如听课、听报告），会使听者感到压力较小，所以经常开小差；而当倾听者只有一位，发言者为数众多时（如多家记者向新闻发言人提问），那么倾听者将是全神贯注，丝毫不敢懈怠。

此外，由于倾听是感知的一部分，它的效果受听觉器官、视觉器官的限制，如果生理有缺陷，必然会影响倾听的效果。

二、克服倾听障碍的对策

尽管导致倾听障碍的因素多种多样，来源十分广泛，但就其对倾听效果的影响程度而言，倾听环境、倾听者、说话者无疑是最重要的三个因素。因此，克服倾听的障碍也应该从这三个方面做起。

（一）创造良好的倾听环境

倾听环境对倾听的质量和效果具有重要的影响，交谈双方如果能够选择并营造一个良好的环境，就能够在很大程度上改善倾听的效果。一般来说，良好的环境包括以下内容。

1. 适宜的时间

如果有可能，可根据沟通的需要，慎重选择有助于倾听的时间和地点。某些人工作效率最高的时间是早晨，于是他们会把重要的汇报安排在早晨。对多数人来说，一天中心智最差的时间是在午餐后和下班前，因为在饱食后很容易疲倦，而人们在下班前不愿被过多地耽搁。因此，应尽量避免在这些时间里安排重要的倾听内容。另外，在时间长度上要尽量避免时间限制，如果你只有几分钟的时间，而这个谈话又很重要或很复杂，需要更多的时间，那么最好把它定在另一个时间段。这样做时你可向对方解释，说明你需要足够的时间深入地与他探讨，对方一般会很乐意与你重新确定谈话的时间表。

2. 适当的地点

谈话地点的选择也很重要。地点的选择必须保证交谈时不受打扰或干扰，要尽量排除所有分心的事，告诉秘书代为接听你的所有电话，或者摘下电话听筒，或者在门上挂一块免扰牌。另外，还要适当安排办公室的家具及座位，要使家具安放的位置不致妨碍行走，坐椅的摆放能够使交谈双方直接看到对方的眼睛，这样不仅能够集中交谈双方的注意力，而且易于观察对方的非语言表现。

3. 平等的氛围

要根据交谈内容来营造氛围。讨论工作上重要的事情时，应该营造一个严肃、庄重的氛围；而在联欢晚会上，则要营造一个轻松的、愉快的气氛。要知道，同样的一句话在不同的氛围下传到听者耳朵里的效果是不同的。但不管哪种氛围的营造，都要遵循平等、信任、协调的原则，这样才能使谈话的氛围成为有利的条件，而不至于变成沟通的障碍。

（二）提高倾听者的倾听技能

倾听者是倾听过程的主体，倾听者的知识水平、理解能力、倾听态度以及精神状态等直接影响倾听的效果。因此，克服倾听的障碍，关键在于提高倾听者的倾听技能。提高倾听技能可从下述方面入手。

1. 完整、准确地接收信息

在交谈中，倾听者仔细聆听讲话者说出的话是重要的，因为它告诉我们说话者在想什么。但是，好的倾听者不仅要倾听讲话者说出来的信息，还要能够听出言外之意，即不仅要听说出的事情，而且要听某事是如何说出的。许多时候，人们的非语言行为透露了人们真实的意图，所以倾听时尤其要注意观察与语言表述相抵触的那些非语言行为。这样才能避免接受信息的偏颇和遗漏。为了完整准确地接收信息，作为倾听者应该注意以下几点：一是精心准备。要求倾听者在谈话前列出自己要解决的问题，以便在谈话过程中注意倾听对方对这些问题的回答。二是摘录要点。对于谈话中涉及的一些关键问题要一一记下来，可以适当重复对方的话来验证所获得的信息，也可以换个角度说明对方的信息，这既可以帮助你获得正确的事实，同时也是对说话者的一种反馈。三是会后确认。在会谈接近尾声时，与对方核实自己的理解是否正确，尤其是关于下一步该怎么做的安排，这有利于自己按照对方的要求正确地采取下一步行动。

2. 正确地理解信息

交谈双方文化水平、社会环境的差异常造成双方对同一事件的不同理解。产生误解的一大原因就是习惯思维。一个人在对问题的理解上总是先调动自己以往的经验，然后推测将来的发展趋势。因此，要防止误解的产生，倾听者要尽量做到以下几点：一是从对方角度出发，考虑他的背景和经历，想想他为什么要这么说，他希望我听完之后有什么样的感受。倾听者要试着让自己掌握说话者的真正意图，而不是让说话者觉得谈话索然无味。二是消除成见，克服思维定势的影响，客观地理解信息。一个人总会被自己的好恶所左右：喜欢某个人，只要那个人讲句话，不管对与错，都认为他讲的就是正确的；讨厌某个人，连见一面都觉得难受，更别说坐下来耐心听他讲话了。其实，这种倾听方式对双方的沟通会造成很大影响，容易使信息失真。三是不要自作主张地将自己认为不重要的信息忽略，最好与信息发出者核对一下，看看自己对信息的理解是否存在偏差。可以说，有相当多的沟通问题都是由于倾听者个人对信息的任意理解而造成的。

3. 适时适度地提问

虽然作为一个倾听者的主要任务是了解他人所说的话，但是如果你能以开放的方式询问所听到的事，成为谈话的主动参与者，不仅有利于把自己没有听到的或没有听清楚的事情彻底掌握，同时也有利于讲话人更有重点地陈述和表达。

4. 及时地给予反馈

说话者会根据倾听者的反馈作出适当的调整，这样会更加有利于倾听，因此在倾听时对说话者的信息作出反馈是十分必要的。反馈可以是语言上的，也可以是非语言的，但注意反馈应清晰，易于为人所了解、所接受。比如，问问题，查验信息，或以其他感觉和反应形式表达，都是较适当的反馈方式。当倾听者作出反馈时，说话者能根据倾听者的反应来检查自己行为的结果，从而知道自己所说的是否被准确接收、正确理解，由此决定接下来如何说和做。非口语性的反馈是由身体姿态、动作、表情来传达的，当你站、坐、皱眉、微笑，或者看起来心事重重时，都是在反馈给对方某些信息。

5. 防止分散注意力

注意力分散是有效倾听的最大障碍之一。在倾听时使人分散注意力的因素很多，一定的生理疲劳会使人们感到厌倦，而其他的新异刺激也将人们的注意力转移到其他人或事上。除了周围噪音，演讲者的口音和方言也可能让倾听者分心；不感兴趣的主题或组织得不好的演讲，也会很快让倾听者失去热情而将注意力分散到其他事情上。但是，好的倾听者会排除干扰，并努力倾听说话者信息中的要点，采用良好的坐姿，使自己保持在觉醒和兴奋状态，帮助自己在倾听时克服分心，另外，适当记笔记也是保持注意力集中的好方法。

(三) 改善讲话者的讲话技巧

一切沟通的技巧从本质上说只为两个目的服务：让别人懂得你，以及让你懂得别人。如果你的谈话方式阻碍了其中任何一个目的的达到，你就步入了危险的沟通雷区。

讲话者常犯的毛病主要有四种：一是说话速度太快。高频率的长篇大论只会给人以喋喋不休的感觉，听众没有时间完全理解讲话者要表达的东西。二是太注重细节。在说明一个问题的时候，总想把所有的细节都解释清楚，可是到了最后往往连自己也不知道要讲的中心问题是什么了。三是过于紧张。有些人觉得在很多人面前发言是 件很可怕的事，并且因为紧张连发言也莫名其妙地颠三倒四起来。四是对人不对事。“每次和同事有争执的时候，我都会觉得脑袋里的血呼地一下就往上涌了，然后我说出来的话就不那么理智，有点儿意气用事的味道了。”这也是人们经常会遇到的问题。

讲话者这些毛病和缺点的存在，直接影响着倾听的质量和效果，因此，作为谈话中的引导者，讲话者应该克服这些毛病，引导倾听者的兴趣，使他提高倾听效率。

三、有效倾听的技巧

有效的倾听既是一种技巧，又是一种极富警觉性与极费心思的历程。在面对面沟通的场合里，倾听不仅要做到“耳到”，还要做到“眼到”、“心到”与“脑到”。所谓“眼到”，就是要用眼睛去观察对方的表情、眼神、手势、体态与穿着等，以判断他的口头语言的真正含义。所谓“心到”，就是要以换位思考的态度站在沟通对手的立场与角度，去体会他的处境与感受。所谓“脑到”，就是要运用大脑去分析对方的动机，以便了解他的口头语言是否话中有话、弦外有音。

听是一种生理反应和行为，倾听则是一种艺术，有效的倾听能够使人不需要出声就达到沟通的目的，正所谓“此时无声胜有声”。然而，真正懂得倾听的人不及25%，人们对于那些真正应该关心的信息，常常不是漏了，就是扭曲或误解了。因此，掌握倾听的方法和技巧，就成为培养和提高倾听技能的重点和关键。

（一）努力培养倾听的兴趣

在倾听时，倾听者既要保持良好的精神状态，又要以开放的心胸和积极的态度去倾听，这样不仅能够倾听到谈话的主要内容和观点，而且能够很容易地跟上说话者的节奏。即使自己对说话者所说的话感到失望，也要努力试着倾听正面的及有趣的信息。一个有效的倾听者，常常会在倾听过程中思考以下问题：说话者谈论的主要内容和观点是什么？采取了什么样的表达方式？哪些内容和观点对自己具有借鉴价值？从说话者身上自己能够学到什么？这些问题不仅能够帮助倾听者培养倾听的兴趣，而且能够让倾听者在倾听过程中学到很多东西，这正是所谓的“从听中学”。但遗憾的是，人们在倾听时总是因自己的好恶进行取舍，只愿意听自己感兴趣的，而对自己不感兴趣的往往是充耳不闻。事实上，在交谈过程中，“没有无趣的主题，只有无趣的人”，关键在于自己能否培养出兴趣。

（二）注视对方的眼睛

眼睛是心灵的窗户。一位细心、敏感的倾听者会适当注视对方的眼睛，保持与说话者的目光接触，而不是看窗外、看天花板，或者看对方肩膀后面。如果直视他人的眼睛很困难的话，也可以用弥漫性的目光注视对方的眼睛周围，如发际、嘴、前额、颈部等。目光接触是一种非语言信息，表示“我在全神贯注听你讲话”。试想一下，如果你在说话时对方却不看你，你的感觉会如何？很可能会认为对方冷漠或不感兴趣，即使有重要的话题也不愿意再继续下去。

（三）了解对方的看法

倾听时可以不同意对方的看法，但至少要认真接纳对方的话语，点头并不时说“原来如此”、“我本来不知道”等，鼓励对方继续说下去。说不定他说的是正确的，你或许也可从中获益。如果你不给对方机会，就永远也不知道对不对了。

（四）使用开放性的动作

人的身体姿势会暗示出对谈话的态度和兴趣。自然开放性的姿态代表着接受、容纳、尊重与信任。调查研究发现，攻击的、恳求的或不悦的声调以及弯腰驼背、手臂交叠、跷脚、眼神不定等肢体语言，都代表并传递着负面的信息，并影响沟通的效果。所以，在倾听过程中，使用深感兴趣的、真诚的、高昂的声调会使人自信十足；恰当的肢体语言，如用手托着

下巴等，也会显示出倾听者的态度诚恳，这些都能让说话者感受到倾听者的支持和信任。

（五）及时用动作和表情给予呼应

有效的倾听者不仅会对听到的信息表现出兴趣，而且能够利用各种对方能理解的动作与表情及时给予呼应和反馈。如用赞许性的点头、恰当的面部表情与积极的目光接触相配合，向说话人表明你在认真倾听；利用皱眉、迷惑不解等表情，给讲话人提供准确的反馈信息以利于其及时调整。

（六）学会复述

复述指用自己的话来重新表达说话者所说的内容。有效的倾听者常常使用这样的语言："我听你说的是……""你是否是这个意思?""就像你刚才所说……"之所以要重新表达说话者所说的话，是因为：首先，它是核查你是否认真倾听的最佳监控手段。如果你的思想在走神或在思考你接下来要说的内容，你肯定不能准确复述完整的内容。其次，它是精确性的控制机制。用自己的语言复述说话者所说的内容并将其反馈给说话的人，可以检验自己理解的准确性。最后，复述对方说过的话，既表示了对说话者的尊重，同时又能够用对方的观点来说出自己的想法。这样，倾听者不仅能够赢得说话者的信任，而且还能够找到沟通语言，从而拉近彼此之间的距离。但是，需要注意的是，复述如果运用不当往往被看做对说话人的一种不信任。可见，复述需要掌握一些技巧，例如运用表情、体态来说明你并非怀疑，而只是想证实一下自己倾听到的与说话人所要表达的是否相符合。

（七）适时适度地提问

作为一个倾听者，尽管其主要任务在于倾听他人所说。但是，如果倾听者能以开放的方式询问所听到的事，成为谈话的主动参与者，就会增进彼此间的交流和理解。可以说，提问既是对说话者的一种鼓励，表明你在认真倾听，同时也是控制和引导谈论话题的重要途径。提问既有利于倾听者把自己没有听到的或没有听清楚的事情彻底掌握，同时也有利于讲话人更加有重点地陈述、表达。但需要注意的是，提问必须做到适时适度，要多听少问，如果倾听者满脑子考虑的是如何问问题，或提问像连珠炮似的，问起来没完没了，那么这种提问就失去了应有的价值，还会引起说话者的反感和不满。

（八）抑制争论的念头

沟通中难免会出现不同的认识和看法，当自己的意见和看法与别人不一致的时候，倾听者一定要学会控制自己的情绪，尽量抑制内心争论的冲动，要有耐心，放松心情，一定要等着对方把话说完，再来表达自己的看法和见解。有效的倾听者绝不会随意打断对方的谈话，更不会轻易动怒或争论。要记住，倾听的关键是"多给别人耳朵，少给声音"，倾听的目的是了解而不是反对或争论。

四、倾听中应注意的问题

倾听是一项最值得重视的沟通技巧。但是，很多人却不愿意在如何有效地倾听上下工夫，出现这种状况的原因之一是多数人对自己听的能力都有较强的自信。如当一位演讲者发现听众在睡觉，或是发现他的演说没有得到任何反应时，他一定会警觉自己缺乏说话的技巧。相反，对倾听能力低下自己却很难觉察到。大多数人很难相信倾听能力是学习而来的。实际上，有效的倾听必须通过学习才能提高。然而，很少有人关注积极的倾听训练。以下是关于积极倾听的建议。

（一）不要多说

大多数人乐于畅谈自己的想法而不是聆听他人所说。很多人之所以倾听仅仅因为这是能让别人听自己说话的必要付出。尽管说话可能更有乐趣，而沉默使人不舒服，但我们不可能同时做到听和说。一个好听众知道这个道理，能够做到多听少说甚至不说。你一旦说话就无法倾听。倾听需要两只耳朵，一只听信息，一只听感觉。

（二）不要轻易下结论

对说话者的肢体语言、面部表情或音调所传递的信息，如果自己心存疑惑，最好开口问问，如果不好意思问的话，也可以用非语言方式表达出自己的想法。不能凭借自己听到的只言片语轻易下结论，一定要把说话者的真正目的和意图了解清楚后再作出判断。

（三）不要心存偏见

人们在与别人沟通交流之前，总是以自己的主观印象或思维定势来推测对方的动机，带着偏见去看待别人，结果是对方还没有开口说话，自己就表现出了不想听、不耐烦或不感兴趣，从而错过了倾听一些有用的或重要的信息。因此，倾听时应尽量不心存偏见，要诚实地面对、承认自己的偏见，并且倾听对方的观点，容忍对方的偏见。

（四）不要臆测

臆测是指倾听者在倾听过程中凭着自己的主观臆断对说话者的话进行推测或猜测。臆测是沟通的障碍，它常常会使人产生曲解或误解。所以，倾听者要尽力避免对别人进行臆测，如不要臆测别人想用眼光的接触、面部的表情来唬住你。虽然有时候臆测可能是正确的，不过最好尽可能避免臆测。

（五）避免分心的举动或手势

在倾听时，注意不要进行下面这类活动：看表、心不在焉地翻阅文件、拿着笔乱写乱画，等等。这会使说话者认为你很厌烦或不感兴趣。更重要的是，这也表明你并未集中精力，因而很可能会遗漏一些说话者想传递的重要信息。

（六）不要中途打断说话者

打断别人的话表示你要说的比对方的还重要。即使对方在反复说那几件相同的事，奉劝你还是要耐心等候，这样做的收获会比插嘴说话的收获要多得多。倾听者一定要让说话者讲完自己的想法，当他说完时你就会知道他说的是否真的没有价值。

课堂互动

根据表 7—2 中的角色扮演进行讨论。

表 7—2

人物甲	人物乙
第一部分：做主讲者 你是主讲者，请用两分钟的时间向听众讲述你最开心的一次假期，其中包括曾度假或旅游的地点、同行者，以及你曾做过的有趣事情。	第一部分：做倾听者 你是一个倾听者，请用心倾听主讲者讲述他的一次开心假期。尝试用良好的倾听来表现，如与主讲者进行目光交流，身体微微前倾，在适当的时候微笑或适当提问等。
第二部分：做倾听者 你扮演倾听者，请先用心倾听一分钟，接着用另外一种心态去倾听主讲者的讲述，如四处张望、玩弄指甲、交头接耳、没精打采、烦躁不安等。	第二部分：做主讲者 你扮演主讲者，请用两分钟的时间向听众讲述你最开心的一次假期，其中包括曾度假或旅游的地点、同行者，以及你曾做过的有趣事情。

问题讨论：

1. 身为主讲者，你有何感受？为何如此？

2. 举出人物乙曾表现出的有效的倾听技巧和心得。

3. 你凭什么判断人物甲并非在倾听？

4. 哪些倾听技巧是你常用的？你是否有过对讲述内容不感兴趣的表现？那么你认为主讲者的感受会如何？

第三节　倾听中的提问与反馈

一、倾听中的提问

提问能使倾听更具有含金量。在倾听过程中，恰当地提出问题，与对方交流思想、意见，往往有助于人们相互沟通。沟通的目的是获得信息，是知道彼此在想什么，要做什么。适时、适度地提问，不仅能够促进、鼓励讲话人继续谈话，从对方谈话的内容、方式、态度、情绪等方面获得更多的信息，而且能够促进双方和谐关系的建立，因为这样的提问往往有尊重对方的意味。

（一）提问的类型

从不同的角度，按照不同的标准，可将提问划分为多种类型，如从回答问题的角度，可将提问划分为开放式与封闭式提问；从提问内容的角度，可将提问划分为明确性提问、相关性提问、选择性提问等；从提问功能的角度，又可以将提问划分为激励性提问、证实性提问等。某一种提问，既可能是开放式提问，也可能是相关性提问。为了简单起见，我们在此将提问大致归纳为以下类型。

1. 开放式提问

开放式提问是指被提问者在回答提问时，不能用简单的“是”或“不是”、“对”或“错”来回答，必须经过思考并展开来加以解释。这种提问方式能够帮助提问者了解更多的情况和事实，同时回答者也有更多、更自由的发挥空间。开放式提问常采用“什么”、“谁”、“如何”、“什么地方”、“什么时间”、“为什么”这样的特殊疑问词。如“你对这个问题有什么看法”、“公司今年的销售业绩如何”等，对这些问题，回答者显然不能用“是”或“不是”、“对”或“错”来回答，只能展开来加以解释。一般来说，开放式提问可分为两种类型：一是阐述性问题，即要求回答者作出阐述性的回答，这类问题往往是一些积极的问题，通过提问与回答，沟通双方能加深相互的理解，更好地协调。例如：“你知道今天报纸有什么消息吗？”“那部电影对你有什么影响？”二是辩护性问题，即要求回答者为自己的观点辩解，具有挑战性，很可能使沟通双方建立完全对立的关系，站在相反的立场上。提问者在提出辩护性问题时，一定要注意语气语调，因为提问的目的在于鼓励对方进一步说下去，达到有效沟通，而不是使之成为对立面。例如：“为什么不采取这种方式？”“为什么说采用这种方式会对公司产生不利影响？”

开放式提问既有优点也有不足，开放式提问气氛缓和，可自由应答，可以作为谈话中的调节手段松弛一下神经，同时，开放式提问也可作为正式谈话的准备，如“最近怎样”，为后面开始实质问题的交谈作了铺垫。但开放式提问也有缺点，如果所提问的开放式问题范围较大，回答者在自由发挥的情况下有可能偏离谈话的主题，导致谈话效率低下。

2. 封闭式提问

封闭式提问是指被提问者在回答提问时能够用简洁的语言来回答，如“是”或者“不是”、“对”或者“不对”等，回答结果往往可控制，或者与预期结果相近。企业在进行市场调查和顾客访谈时，为了既了解更多的信息又减少被访谈对象回答问题所占用的时间，常常提问一些封闭式的问题，如：“您是否消费过我们的商品？”“您对我们的服务是否满意？”“您打算下次购买吗？”对这些提问，顾客只要简单地给予回答，就能使企业了解或掌握相应的情况和信息。比较来说，封闭式提问的使用机会较多，其优点是可以控制谈话及辩论的方向，同时可以引导和掌握对方的思路，但运用不当会使人为难，气氛容易紧张。因此，使用封闭性提问时一定要注意环境、场合、口气，尽量避免语气生硬或过分锋芒毕露。

3. 明确性提问

明确性提问是指提问的问题已经有了明确的答案，被提问者只需要按照事先已经明确规定的内容进行回答即可。如“请你把电视机的使用方法说明一下”或“请你介绍一下该机器的基本原理”等，都属于明确性提问。由于明确性提问有规定的参考答案，不需要回答者自由发挥，因此回答这类提问相对来说比较简单。在管理沟通过程中，若需要了解某一方面的知识和信息，而这种知识和信息已经有了明确的规定或表述，则可以通过明确性提问的方式来获得。

4. 相关性提问

相关性提问是指对两件事物间的相互联系性进行提问，如：“最近发生的几件事情对本公司的声誉有何影响？”“公司所采取的工资分配方案会在员工中产生什么反响？”相关性提问的目的在于探索事物之间的内在联系，使人们在思考或处理问题时能够从动态的观点、联系的观点出发，避免用静止、孤立的观点看问题。一般来说，为了使谈论的话题有所展开，或者对说话者的观点、看法给予引导，或者探讨事物之间的内在联系，经常使用相关性的提问。但如果相关性提问运用得不好，也可能使谈话偏离主题，最终失去交流的意义。

5. 选择性提问

选择性提问是指提问者提出一系列相互关联的问题，供回答者有所选择地回答，如：“最近公司员工纪律松懈，你认为主要原因是什么？工资偏低？制度不健全？工作压力太大还是别的什么原因？”对这些问题，回答者可以全部回答，也可以就某一个问题提出自己的意见和看法。提问者所提的选择性问题，既可以是彼此独立的，也可以是相互关联的。在沟通过程中，运用选择性提问的主要目的在于鼓励被提问者多方面地考虑问题，通过其选择性的回答来获得更多的信息。

6. 证实性提问

证实性提问是指提问者对讲话人的一些讲话内容所进行的提问，如：“你是说我们公司正在准备进行一场重大的变革？”“你的意思是我们应该与顾客加强沟通？”运用证实性提问的目的在于向说话者传递这样的信息：一是表明自己在认真倾听，听到了对方提供的信息；二是检验自己所获得的信息是否准确、可靠；三是表明自己对说话者提供的信息很感兴趣或非常重视；四是显示自己对说话者的信任和尊重。在交谈过程中，恰当地运用证实性提问不仅能够给对方留下良好印象，而且能够使交流进一步深入。

7. 激励性提问

激励性提问是指提问者运用激励性的语言来提出问题，其目的在于激励对方或给予对方勇气。根据激励的性质不同，可以把激励分为正向激励和负向激励。所谓正向激励，就是通

过表扬、鼓励、肯定性的语言来进行激励，如："领导认为你的工作能力很强，让你负责这项工作绝对没有问题，不知你的意见如何?"正向激励能够让被激励者感到心情愉快、舒畅。所谓负向激励，就是利用批评、惩罚、否定性的语言来进行激励，即利用激将的方法进行激励，如："就凭你的能力，领导不敢把这项工作任务交给你，担心你完不成这么重要的工作任务，你认为呢?"负向激励能够让被激励者感到鞭策和压力。值得注意的是，在谈话中应尽量多运用正向激励，少运用负向激励。负向激励如果运用得不好，很可能让人产生逆反心理。

8. 假设性提问

假设性提问是指提问者运用假设性的语言提出问题，让回答者回答，例如："如果是你的话，你会怎样处理这件事?"运用假设性提问的主要目的在于鼓励对方从不同的角度思考问题、处理问题，让对方换位思考，通过变换看问题的角度来进一步加深对问题的理解和认识。一般情况下，为了征求别人对某些问题的认识和看法，或者为了消除某些不正确的理解和认识，或者为了处理某些矛盾和分歧，通常会采取假设性提问的方式提出问题。

实践演练

请练习提问的不同类型，并比较分析不同提问类型的适用场合及目的。

(二) 提问的技巧

提问应掌握一些必要的技巧。恰当的提问能够给倾听的效果锦上添花，而不适宜的提问不仅使倾听的过程变得本末倒置，而且还有可能带来许多矛盾和问题，甚至引起别人的厌烦和不满。概括而言，要做到适时适度的提问，需要注意以下方法和技巧。

1. 提出的问题要明确

进行有效提问是沟通双方共同的责任，因为它可以使双方受益，即双方都能从提问和回答中获得对事物更深刻的认识。但不管谁来提问，提出的问题一定要做到明确具体。这里所说的明确具体，既包括表述问题的词义明确具体，便于理解，也包括问题的内容明确具体，便于回答。如果提出的问题含混不清或过于抽象，不仅回答者难以回答，还有可能造成曲解或误解。另外，在提问时还要尽量语言精练、观点明确、抓住重点。在很多情况下，人们在提问之前总愿意加上一些过渡性的语言来引出自己所提的问题，这里需要说明的是，过渡性的语言一定要精练、简短，不要过于啰唆，否则的话，回答者可能还没有听到你的提问就对问题或你本人产生了反感。

2. 提出的问题要少而精

恰当的提问有助于双方的交流，但太多的提问会打断讲话者的思路，扰乱其情绪。至于提多少问题比较合适，不可一概而论，要根据谈话的内容、交谈双方的个人风格特点而定。如果你有爱问问题的习惯，在交谈时一定要控制自己提问的数量，最好做到少问或者不问问题；如果你从不愿意问问题，在与别人进行交流时最好预先设计一些问题，到时尽量把它提出来，以锻炼自己的胆量和勇气。但是，不管你具有什么样的个人风格和特点，在交谈时都必须牢记一点，那就是多听少问。

3. 提出的问题应紧扣主题

提问是为了获得某种信息，问什么问题要在倾听者总目标的控制掌握之下，要能通过提问把讲话人的讲话引入自己需要的信息范围。这就要求提出的问题要紧紧围绕谈话内容和主题，不应漫无边际提一些随意而不相关的问题，因为这既浪费双方的时间又会淡化谈话的主题。

4. 提问应注意把握时机

提问的时机十分重要，交谈中如果遇到某种问题未能理解，应在双方充分表达的基础上再提出问题。过早提问会打断对方思路，而且显得十分不礼貌；过晚提问会被认为精力不集中或未能理解，也会产生误解。一般情况下，在对方将某个观点阐述完毕后应及时提问。及时提问往往有利于问题的及时解决，但及时提问并不意味着反应越快越好，最佳的时机还需要倾听者灵活地捕捉。如果在不适当的时机提出问题，可能会带来意想不到的损失。

5. 提问应采取委婉、礼貌的方式

讲究提问方式，避免使用盘问式、审问式、命令式、通牒式等不友好、不礼貌的问话方式和语态语气。如果交谈的气氛较为紧张，有些人会对他人的行为、语调或话语产生防卫性反应。解决方法之一就是用开放性、友好的问句代替“为什么”型的问题。简单地问一问“为什么”易被看成是威胁性的。换句话说，为避免造成紧张的防卫气氛，我们最好不用“你为什么没准时到，我们误车了”，而说：“由于你没能准时到场，我们误了车。以后如果再有类似情况，你事先通知我们一声好吗?”

此外，提问还应适应对方的年龄、民族、身份、文化素养、性格等特点。有的人率直热诚，你应坦诚直言，否则他会不喜欢你的狡猾、不坦率；相反，有的人生性狡黠多疑，你最好旁敲侧击，迂回进攻，否则很可能当即碰钉子。

二、有效反馈

每个人每天都在要求别人给予反馈，也都在对别人作出一定的反馈。反馈是有效倾听的一个重要组成部分，如果只是“倾听”而毫无反馈，对于信息提供者来说就好比是“对牛弹琴”。有效反馈是有效倾听的体现，在管理过程中，管理者通过倾听获得大量信息，并及时作出有效反馈，这对于激发员工的工作热情、提升工作绩效具有重要作用。不仅如此，反馈还能把谣言减少到最低限度，因为谣言的产生往往是由于不能及时得到准确消息。另外，有效反馈还能够建立领导和员工们之间的紧密联系，更能防患于未然。

（一）反馈的类型

反馈的类型多种多样，可以从不同的角度或按照不同的标准对其进行划分。概括而言，常见的反馈大致包括回应、判断、分析、提问和复述五种类型。

1. 回应

回应就是对所获得的信息作出回答和反应。回应具有多种途径和形式，它可以是语言的、非语言的，也可以是正式的、非正式的。其中，语言形式的回应通常以口头或书面的方式对所获得的信息作出反应；非语言形式的回应通常由身体姿态、动作、表情来传达，站、坐、皱眉、微笑或者看起来心事重重，事实上都在回应某些信息。正式的回应通常以报告、会议的方式来表现；而非正式的回应则通常借助闲聊的方式作出反应。

2. 判断

判断是对所获得的信息加以评价。例如：“这样做很好！我赞成这种做法。”“你的观点是错的，我不同意你的看法。”这些都属于判断。可以说，不管人们的知识水平、思想观点以及认识程度如何，在沟通过程中，人们都在利用自己的知识、经验及阅历对所获得的信息进行判断。由于人的情况千差万别，知识、经验各不相同，因此人们对同一问题的看法也会有很大的差别，这也正是人们认识存在差异的主要原因。

3. 分析

在沟通过程中，所传递的信息是大量的，人们不可能也没有必要对所有的信息照单全收，而且也不是所有的信息都是有价值的。这就需要倾听者对接收的信息进行分析，去粗取精、去伪存真。只有这样，才能更好地利用信息，而不仅仅是倾听信息。

4. 提问

提问是一种非常重要的反馈方式。在提问时，首先要明确有哪些提问方式，然后要了解通过这些提问方式会获得什么样的反应。这样才能以适当的提问方式去激发别人“倾诉”的热情，从而获得良好的倾听效果。

5. 复述

复述是通过对有关信息的重复，核实所获信息正确与否，这有助于向信息提供者表达自己的兴趣所在。需要注意的是，在利用复述的方式进行反馈时，一定要抓住重点，避免过多的复述，否则会给人留下语言啰唆、累赘的印象。

知识链接

1. 反馈常见的问题：

（1）不反馈；

（2）将发表意见当成反馈；

（3）消极反馈。

2. 如何接受反馈？

（1）倾听，不打断；

（2）避免自卫；

（3）提出问题，澄清事实，询问实例；

（4）总结收到的反馈信息，以确认对它的理解；

（5）向对方表明你将考虑如何去采取行动；

（6）尽力理解对方的目的。

（二）反馈应注意的问题

在倾听过程中，有效反馈可以起到激励和调节的作用。但要做到有效反馈，不仅需要沟通双方努力创造良好的沟通氛围，建立起相互信任的关系，而且还要注意以下几点。

1. 反馈语言要明确具体

反馈要使用具体明确、不笼统抽象和不带有成见的语言。例如“你的任务完成得很好啊”就不如“这次会展的组织工作非常好，达到了我们预想的目的”，后者更明确具体。有时人们只顾把自己的结论反馈给对方，却忘记了有义务和责任提供更多的细节。如果人们接收到不明确的反馈，可以再对之反馈，以引导谈话向更有利于信息交流的方向发展。例如，当你听到对方的反馈“你的任务完成得很好”这样不太明确的评价时，可以这样反馈：“你认为这次任务成功在哪里？有什么需要注意的吗？”进行这样的有效反馈是双方共同的责任，也可使双方受益，能使双方共同获得对事物的更深认识。

2. 反馈的态度应是支持性的和坦诚的

这一特点反映了反馈过程中人性化的一面，它有助于沟通双方建立起理解和信任的关系。反馈要明确具体，但不能不照顾对方的感受。真正的双向沟通和反馈，是一个分享信任、取得共识的过程，而不是其中一方试图主导交流或评审对方的过程。要达到沟通的目的，必须把对方置于与自己同等的地位，任何先入为主的、盛气凌人的做法都是不可能被接受的。例如：一位经理当着大家的面对一位下属的报告进行这样的反馈："你的报告提交得太晚了，不仅如此，字号还小得像蚂蚁一样。重新打印一份马上交给我！"反馈虽然具体明确，但却完全没有心理上的平等沟通，因而是无法与对方建立起信任和理解的关系的。

3. 营造开放的氛围，避免引起防卫性的反馈

在沟通过程中，开放坦诚的氛围不仅有助于加深彼此之间的理解与交流，而且有助于调解矛盾和冲突，因为在建设性的、满意度较高的气氛中，尽管人们持有不同意见，但他们对事不对人，是在共同向需要解决的问题挑战。而防卫性气氛却没有积极作用，它往往将人们导向批判的、对立的价值体系中去。

4. 把握适宜的反馈时机

一般情况下，应给予对方及时的反馈，及时反馈往往有利于问题的解决，否则矛盾逐渐积累，会越发不可收拾。但是及时反馈并不意味着立刻作出反应，还必须灵活地捕捉最佳时机。有时需要及时反馈，而有时反馈应在接受者准备接受时给予，如当一个人情绪激动、心烦意乱、对反馈持有抵触心理时，就应推迟反馈。反馈时机还与谈话者言语中所带的感情有关。善于反馈的人能识别对方言语中哪些是真情实感、哪些是表面情绪，只对对方的真诚情感进行反馈。

5. 反馈必须适度

尽管反馈在沟通中十分重要，但反馈也必须适度，因为不适当的反馈会让对方感到窘迫，甚至产生反感。如果以判断方式作出反馈，这类判断最好保持中立态度，不要简单地评论，如："这简直是大错特错！"另外要记住的是，反馈只能是反馈，不能直接作为建议，除非对方有这样的要求。

本章提要

倾听就是用耳朵听、用头脑思考、用心灵感受的过程。倾听的意义和作用主要表现为：倾听能够产生激励作用；倾听是获得信息的重要渠道；倾听能够给人留下良好的印象；倾听可以掩盖自身的弱点和不足；倾听能激发对方的谈话欲望；倾听能发现说服对方的关键。倾听可以按照不同的标志进行分类：按倾听的目的不同，可把倾听分为获取信息式、质疑式、情感移入式和享乐式四种类型；按照倾听的专心程度，可把倾听分为投入型、字面理解型、随意型、假专心型和心不在焉型五种类型。

倾听的障碍主要表现在：语言因素引起的障碍、倾听者引起的障碍、感情过滤引起的障碍、心理定势引起的障碍、心智时间差引起的障碍、性别差异引起的障碍、环境因素引起的障碍。克服倾听的障碍可以从三个方面做起：一是创造良好的倾听环境；二是提高倾听者的倾听技能；三是改善讲话者的讲话技巧。

提问能使倾听更具有含金量。提问的类型主要包括开放式提问、封闭式提问、明确性提问、相关性提问、选择性提问、证实性提问、激励性提问和假设性提问。提问应掌握一些必要的技巧，如：提出的问题要明确，提出的问题要少而精，提出的问题应紧扣主题，提问应注意把握时机，提问应采取委婉、礼貌的方式。反馈的类型多种多样，常见的反馈大致包括回应、判断、分析、提问和复述五种类型。要做到有效反馈，需要注意的问题有：反馈语言

要明确具体；反馈的态度应是支持性的和坦诚的；营造开放的氛围，避免引起防卫性的反馈；把握适宜的反馈时机；反馈必须适度。

能力训练

思考练习

1. 什么是倾听？它有哪些意义和作用？
2. 倾听的障碍有哪些？怎样才能克服这些障碍？
3. 要做到有效倾听，应该掌握哪些技巧？注意什么问题？
4. 简述提问和反馈的类型。
5. 反馈应注意哪些问题？

能力测评

倾听能力测评

对下面的问题，请选择一个最符合你自己真实想法或做法的答案。

1. 努力回忆一下你最近一次倾听讲话或情况介绍时的情景，哪一点与你的情况最符合？

A. 我拒绝浪费时间去倾听一次令人乏味的演讲。

B. 我很善于倾听，即使是位乏味的人也能讲一些东西。

C. 除非我觉得演讲实在不错，否则我将一边假装在听，一边去做些其他事。

D. 我努力总结出讲话者真正想说些什么，这样就迫使我认真听。

2. 你的下属或上司或者你的家人是如何评价你的倾听能力的？

A. 我心不在焉。

B. 我没有听，我总要人重复他们刚说的话。

C. 我看起来没有听，实际上一个字也没听漏。

D. 我专心致志。

3. 某人讲话口音很重，很难懂。你最可能怎么办？

A. 请他重复一下。

B. 停止听讲。

C. 努力去听懂一些话，然后将其余的猜出来。

D. 非常仔细地听——也许做笔记或录音，因此我可以再听一遍。

4. 在一次谈话中，某人说了如下的一些话，你最可能接受哪一句？

A. 我并不害怕在大庭广众之下说话，只是有几次该我站起来讲话的时候，我的嗓子哑了，运气真不好。

B. 我想提升他是再合适不过了，如果我来决定的话，这就是我要提升的人。

C. 我真的不知道怎样回答那个问题，我从来没有费心去考虑过。

D. 你能用更简洁的语言再将它解释一下吗？我对它了解不多。

5. 某人说话声音很低，这很可能表明该人：

A. 想努力掩饰他的一个错误。

B. 害羞。

C. 嗓门低。

D. 和附近一位大声说话者形成对比——这迫使人们仔细听。

评分标准（见表 7—3）：

表 7—3

题目	A	B	C	D
1	1	3	2	4
2	1	2	3	4
3	2	1	3	4
4	1	2	3	4
5	3	2	1	4

结果评价：

- 如果你的得分在 16 分～20 分，表明你很注意倾听那些明显的要点，也很注重了解其中的含意。你是位很好的倾听者，具有较强的倾听能力。
- 如果你的得分在 10 分～15 分，表明你的倾听能力一般。当下属告诉你一件事情时，你开始会显示出倾听的兴趣；但当你认为下属的讲话不重要时，你就有些心不在焉。
- 如果你的得分在 5 分～9 分，表明你是个糟糕的倾听者，你必须加强倾听能力的培养和训练。

倾听游戏

游戏目的：证明人群中谁是真正好的倾听者，并迅速提高学生们的聆听技巧。

游戏形式：全体学生。

游戏时间：10 分钟。

游戏要求：

老师宣布，接下来将提出一系列问题，每个问题都有一个很简短的答案，学生所需做的就是将答案记在纸上。注意：每道题只念一遍。

老师将下面所附的 8 个题一一念给全体学生听，学生作答，老师检查学生的答案。随后老师再重新读一次问题，并逐一解释各题。学生可参考后面所列的解题关键。

游戏题目：

1. 我国法律是否规定成年男子不得娶其遗孀的姐妹为妻？
2. 如果你晚上 8:00 上床睡觉，设定闹钟在 9:00 将你闹醒，你能睡几个小时？
3. 在我国，每年都庆祝 10 月 1 日国庆节，在英国是否也有 10 月 1 日？
4. 如果你只有一根火柴，当你走进一间冰冷的房间时，发现里面有一盏油灯、一个燃油取暖器、一个火炉，你会先点燃哪一个来获取最多的热量？
5. 平均一个男子一生可以有几次生日？平均一个女子一生可以有几次生日？
6. 根据国际法的规定，如果一架飞机在两个国家的边境坠落失事，那些不明身份的幸存者应当被安葬在他们准备坐飞机去的国家呢，还是出发的国家？
7. 一位考古学家声称发现了一枚标有“公元前 48 年”字样的钱币，这可能吗？
8. 有人造了一幢普通的四堵墙的房子，每面墙上都开着一个面向南的窗口，这时有只熊来敲门，猜猜这只熊是什么颜色的。

解题关键：

1. 从没有任何一部法规会有如此的规定，因为这个男人若想娶他遗孀的姐妹为妻，首先得让自己的妻子变成遗孀，而他的妻子要变成遗孀，他就得先去世。

2. 你只能睡一个小时，因为闹钟不会区分是白天还是晚上，除非你按 12 小时制设定。

3. 是的，在英国也有 10 月 1 日，还有 2 日、3 日直到 31 日。

4. 首先你得先点燃火柴。

5. 平均一个男人一生只有一次生日，平均一个女人一生也只有一次生日，其他的都是生日纪念日。

6. 无论哪里的法律都绝不允许埋葬不明身份的幸存者，因为他们还活着。

7. 那个考古学家在骗人，因为公元前不可能在钱币上刻上“公元前”的字样，那时还没有公元纪年。

8. 是只白熊，因为只有在北极才可能建一幢那样的房子，在北极点每个方向都是南方。

相关讨论：

1. 你答对了多少，答错了多少？

2. 为什么你的成绩不太理想呢？

3. 为什么我们说倾听也应当是积极主动的，必须边听边想，不能只是被动地接受？

案例分析

人事处罚引起的矛盾

张先生是一位已有五年工龄的模具工，他工作勤奋，爱钻研。半年前，张先生利用业余时间自行设计制作了一套新型模具，受到设计部门的嘉奖。为了赞扬和鼓励张先生的这种敬业精神，当时的生产部主任王先生特别推荐他上夜校学习机械工程学。从那以后，张先生每周有三天必须提前 1 小时下班，以便准时赶到夜校。这也是经原生产部主任王先生特许的，王先生当时曾说过他会通知人事部门。

然而，上周上班时，张先生被叫到现任生产部主任鲁先生的办公室进行了一次面谈。鲁先生给了他一份处罚报告，指责他工作效率低，尤其批评他公然违反公司的规定，一周内三次早退，如果允许他在公司继续如此工作下去，将会影响其他员工。因此，鲁先生说要对张先生进行处罚，并警告说照这样下去他将被解雇。

张先生接到处罚报告后感到十分委屈。他曾试图向鲁先生解释缘由。然而，每次鲁先生都说太忙，没有时间同他交谈，只告诉他不许早退，并要求他提高工作效率。张先生觉得这位新上司太难相处，不禁感到万分沮丧。

（资料来源：康青主编：《管理沟通教程》，64 页，上海，立信会计出版社，2003。）

讨论：

1. 张先生和鲁先生之间是否产生了倾听障碍？出现这一问题的原因应归于张先生、鲁先生、前任上司王先生，还是人事部门？

2. 如果你是张先生，你会怎么办？

第八章
团队沟通

情境任务设计

案例情景

案例情景 1　沟则两败　通则两胜

有一家企业，财务部和采购部平时缺少沟通，在一些事情上，两个部门经常产生矛盾和扯皮，不仅影响了部门之间工作的协作与配合，也影响了企业的名誉。心细的老总发现了这个症结，就把两个部门经理叫到一起，让他们坦诚地、推心置腹地说出对彼此的意见和建议。本来两个部门没有什么矛盾，但由于采购部想尽快给供应商支付货款，而财务部却想把公司的活动资金多周转一次，就对外谎称公司账户上临时没有钱，于是，采购部就经常把客户带到财务部讨债，并且两个部门的员工私下里都在说对方的坏话，由此导致两个部门之间的矛盾越积越多。经过老总的耐心开导和两个部门经理真心诚意的沟通，两个部门经理都反思了自身存在的问题，互相赔礼道歉，表示要严厉管束本部门员工，消除分歧和误解，克服部门本位主义，为公司的发展而亲密协作。从此以后，两部门关系和谐，配合协作顺利。

问题思考：

两个部门之间的矛盾是怎么产生的？你能从这个案例中得到什么启示？

案例情景 2　天堂与地狱

一位学生问老师："人们总说天堂和地狱，那么天堂和地狱是什么样的呢？"

老师就回答说："走吧，我带着你去看看。"

于是，老师带着学生走到一栋楼房前，他们来到一楼的一个房间，看到房间里放着一大桌的美味佳肴，围在旁边的那些人都拿着长长的钢叉，夹菜时你争我夺，只见一根根钢叉在空中交错碰撞，可口的菜肴掉了满桌，咒骂声此起彼伏，没有人能真正吃上几口美味可口的菜，每人都面色憔悴、骨瘦如柴。

随后，老师又带着学生来到另一个房间，同样房间里也有一大桌美味佳肴，房间里的人每人手中也都拿着长长的钢叉，只是这里的人个个脸色红润、白白胖胖，他们每个人都在忙着用叉把菜送到别人口中，虽然夹着有些吃力，但将菜送入别人口中却一点也不难，在彼此相互的道谢之余，大家纷纷对菜的美味赞不绝口。

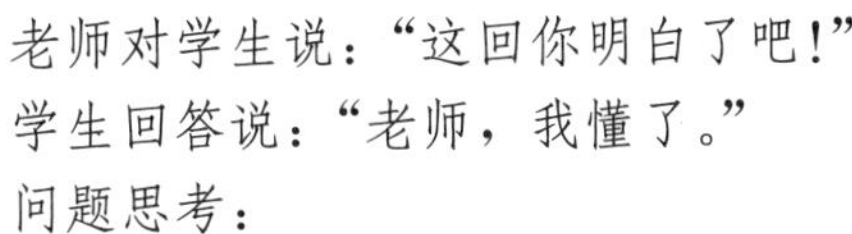

老师对学生说："这回你明白了吧！"

学生回答说："老师，我懂了。"

问题思考：

看了这则故事，你明白了什么道理？

学习任务

1. 请你以所在班级为对象，设计出班委会或班级实现团队有效沟通的方法和形式。

2. 以小组为单位，拟订一份计划书，内容自定，计划书应包括以下要素：

(1) 计划的目的；

(2) 计划的内容；

(3) 计划的时间和地点；

(4) 参与人员；

(5) 计划实施的条件；

(6) 计划的有关要求或措施。

要求：字数不少于1 000字，并注明小组成员在拟订计划书过程中发挥的作用。

3. 作为会议服务人员，请你设计出会议工作流程与服务标准。

知识技能目标

知识目标

通过学习本章内容，学生应掌握：

- 团队的概念、构成及特征；
- 团队沟通的含义及特点；
- 影响团队沟通的因素；
- 团队决策的类型和模式；
- 会议的含义、目的及类型。

技能目标

通过学习本章内容，学生应能够：

- 掌握团队沟通的流程；
- 了解影响会议成效的因素；
- 把握提高会议成效的对策；
- 学会科学合理地组织会议。

必备知识技能

第一节　团队的概念及特征

课堂互动

四年一次的世界杯足球赛是万人瞩目的世界体坛盛事。成千上万的足球爱好者均会端坐在电视机前观看这一激动人心的比赛。为了更好地满足观众，在每一赛事结束之后，总会有一场特殊的比赛。这场比赛是在当届冠军得主和当届最佳球员组成的明星队之间举行，按理说，明星队球员个个球技高超，明星队赢的概率很大，因为他们拥有世界上最好的球员，而结果恰恰与人们的预料相反，在历届的比赛中，明星队总是负多胜少，颇令观众失望。你认为出现这种情况的原因是什么？

一、团队的含义

20 世纪 70 年代以来，团队精神日益受到企业的高度关注和重视。团队建设与团队精神在企业再造和建立学习型组织及无边界组织中得到了广泛运用，已经成为组织提高其竞争力的一种基本手段，甚至连哈佛商学院也采用团队教学方式，它的 1/4 的作业要以团队的形式完成。所谓团队，是指按照一定的目的，由两个或两个以上的人员所组成的工作小组。任何团队都包含五个要素，简称为“5P”，即目标（Purpose）、定位（Place）、职权（Power）、计划（Plan）、人员（People）。目标是把工作上相互联系、相互依存的人们组成一个群体，使之能够以更加有效的合作方式完成某项任务。定位是将团队结合到现有的组织结构中，创造出新的组织形式。职权是指团队负有的职责和应享有的权限。计划是指团队具体分配和行使组织赋予的职责和权限的规划。人员指团队实现目标所需要的人员构成情况，它是团队能否成功的关键因素。

需要说明的是，团队不同于“群体”。群体成员往往有各自的目标，个体只是被动地接受任务，按时完成工作即可，成员之间的沟通往往谨小慎微，决策时一般成员的参与机会较少；而团队成员往往拥有高度一致的目标，具有强烈的归属感，团队成员之间的沟通渠道通畅，成员对决策的参与非常充分。

二、团队的构成

在团队中，起主导作用的是团队成员之间的相互配合与协调。如果团队成员之间能够进行有效的团结与协作，便能够产生整体功能大于各成员力量相加之和的效果。反之，若团队成员之间相互摩擦掣肘，能量相互抵消，团队则会一事无成。因此，加强团队成员之间的相互协作与配合，就成为团队建设和团队管理的核心问题。一般来说，团队的构成主要包括下述几个方面。

（一）团队大小

团队有一定的人数限制。国外对小型团队的规模问题曾做过大量研究。有人提出小型团队的规模最好是 3 人～9 人，有人则主张小型团队的人数应为 20 人～40 人。一般来说，小型团队的人数应以 8 人～10 人为宜，但是这并不是团队的绝对标准。一个小型团队的人数应根据它的性质、承担的任务来确定：第一，小型团队人数的下限要能保证一般地完成任务。第二，团队的最佳人数应以保证团队工作效率达到最佳程度为准。第三，团队人数的上限应确定在这样的人数上，即超过了上限人数，工作效率就会下降，出现人浮于事、互相扯皮的现象。所以，团队人数有一个最佳值的问题，过少或过多都会影响团队的能力。

（二）团队结构

团队结构是指团队成员的组成，它包括年龄结构、专业结构、能力结构、性格结构、知识结构及观点信念结构等。一个团队的结构应是这些结构因素的有机结合，这也就是团队成员的搭配问题。各种人员搭配得当，能促使团队协调一致、取长补短、紧密团结，提高工作效率，激发团队的创造力；反之，则会使团队产生内耗甚至冲突，降低团队的效率，使团队失去应有的创造力。

（三）团队搭配

所谓团队搭配，就是指团队成员在团队中的不同地位和不同作用。团队角色有固定角色和流动角色之分。固定角色是个性特征显著，并在团队活动中地位稳定的主要人物。流动角色是围绕某一具体项目组合起来的发挥一定作用的人物。固定角色与流动角色必须合理搭配，团队才能如同一架由不同部件严密组成的机器一样高效运转。团队要培养出一些使团队成员感到富有活力、成为团队动力的角色，如：思维敏捷、专业知识丰富的带头人；经验丰富、善于出谋划策、有一定权威的倡导者；精力充沛、年轻有为的开路者；见多识广、互通情报、传递信息的联络者；埋头苦干、心灵手巧、善于实际操作的实干家。这样一个由不同角色组成的团队才具有较强的能力。

三、团队的类型

团队的类型很多。广义的团队包括企业间的战略联盟、国与国之间的经济联盟，以及政党、军队、企业中的团队等。而通常提到的团队大多指的是企业内部的小团队。根据任务和目标的不同，企业团队可分为工作型团队、整合型团队及促进型团队。

（一）工作型团队

工作型团队是为完成企业的基本工作任务（如负责某个产品的质量、数量等）而组建的团队。其任务是生产并向内部或外部顾客提供某种产品或服务，评判其工作成效的标准是质量、成本、交货期及内外顾客的满意度等。工作型团队的任务一般都比较具体，存续的时间较长，因此工作型团队相对来说较稳定。

（二）整合型团队

整合型团队的任务是使组织内部不同部分的工作互相协调，形成整体的战斗力。整合型团队通常要整合和协调两个或两个以上的工作型团队的工作。这些工作型团队相互关联，整合型团队为它们提供方向上的指导并经常协调其相互间的矛盾冲突。

（三）促进型团队

促进型团队是为了提高企业的能力与效率而组建的。与整合型团队不同的是，它的基本工作方式是通过重新设计组织的基本工作方式或改进组织完成基本工作的方法来促进效益的提高，其主要活动是对改进方案的设计与实施。

实践演练

请练习团队的不同类型，并比较分析不同团队类型的适用场合及目的。

四、成功团队的特征

团队始终是组织内部的一个“任务的接受者”、“问题的发现者和解决者”以及“发明的创造者”。一个高效和成功的团队，一般具有下述特征。

（一）规模较小

各种有效的团队，其成员大都少于10人。从理论上讲，成员较多的，比如30人、50人，也可以成为一个团队，但这样规模的团队更有可能被分割成若干子团队，而不是作为一个单位行动。团队规模较小是出于实用的考虑，也是团队成功的需要。成员过多会妨碍团队建设性的合作和有效的沟通，成员们一起实际工作的机会将减少，从而难以实现团队工作所要求的观点分享，难以形成共同的信念。

（二）有共同的愿景和目标

共同的愿景是团队之所以存在的主观原因，而共同的目标是共同愿景在客观环境中的具体化，并随着环境的变化而有所调整。共同的愿景和目标包容了个人愿景与个人目标，充分体现了个人意志与利益，它们是鼓舞成员斗志、协调成员行为的核心力量，具有强大的凝聚力和吸引力，使团队中的每个成员都愿意为之而努力奋斗。

（三）成员具有强烈的团队意识

团队意识主要表现为团队成员对团队的责任感、满足感、自豪感和归属感。这种意识能凝聚人心、鼓舞斗志，吸引团队成员自觉地实现团队目标，自愿地为团队做贡献。如中国科学院心理研究所曾对某工厂一个“信得过”班组进行了个案分析，研究表明：这个拥有 14 人的先进班组的基本特点就是具有很强的团队意识。形成团队意识的条件有以下几条：第一，共同的利益和共同的目标是形成团队意识的基础。第二，合理的管理制度和奖惩制度有利于团队意识的形成。第三，开展团队之间的竞争有利于团队意识的形成。第四，自然形成的群众领袖人物是团队意识形成不可缺少的条件。第五，友爱互助是团队意识的纽带。

（四）具有良好的行为规范

团队规范是指团队成员都必须遵守的行为准则，它影响着团队成员的行为，并规定团队对其成员行为可以接受或不能容忍的范围。每个成功的团队都具有良好的行为规范，这种行为规范或者是明文规定的，或者是不成文的。这种行为规范能够对团队成员产生积极而主动的影响，团队成员能够通过团队的行为规范自觉约束自己的行为，也能够通过观察和学习其他团队成员的行为来使自己更好地符合团队的规范。

（五）有效的技能互补

一个成功的团队不仅注重个人的技能和价值，而且更加注重团队成员之间技能的互补和融合，更加看重具有不同技能的人的价值，因为这些人具有不同的视角、不同的专长，从而能发挥出不同的作用。团队的主要职责就在于将不同特质的人结合在一起，并使他们互相协作，以尽可能有效地完成团队的任务。一般认为，一个有效的团队至少应具备以下三方面的技能，即技术性的能力、解决问题和决策的能力、处理人际关系的能力。很显然，一个团队如果没有最基本的技能互补，尤其是没有技术技能和沟通技能的互补，是很难发挥其作用的。

（六）能够开展有益的竞争

竞争是人类在生存和发展中普遍存在着的实践活动。它是促进生产提高、科学昌盛、文化繁荣的一种力量，也是促进人们能力发展的重要推动力。竞争对人的影响主要包括四方面：一是竞争使团队内部更加团结，其成员对团队更加忠诚，内部分歧减少。二是竞争使团队成为组织严密、纪律严明的团队。三是竞争使团队成员更加效忠和服从，形成坚强的阵线。四是竞争能够更加充分地体现公平，从而使团队成员更好地发挥自己的聪明才智。在成功的团队中，既存在着竞争又存在着协作，团队的成功就是凝聚力和竞争力协调作用的结果。

（七）通畅的沟通渠道

团队拥有全方位的、正式的和非正式的沟通渠道，信息沟通畅通高效，层次少，基本无滞延，沟通气氛开放、坦诚，队员在团队会议中能够充分发表自己的意见，也能接纳他人意见，并能够及时得到反馈意见。

（八）互相帮助和激励

在一个成功的团队中，团队成员不仅有过硬的专业知识、实用的技能和丰富的经验，更重要的是，成员们能够相互合作、互相学习，能够公而忘私，把团队的利益放在第一位，并且能够勇挑重担、不断进取。当遇到困难时，团队成员能够相互激励，互相帮助，齐心协力，

共同战胜困难；当发现错误时，团队成员能够相互包容，而不是相互指责、埋怨；当团队取得成功时，团队成员能够彼此分享成功的喜悦，并由衷地产生自豪感和荣誉感。总之，一个成功的团队能够荣辱与共，在失败和成功中接受考验和锻炼。

五、团队中心人物

任何一个团队都应具有一个不可缺少的要素——中心人物，如正式团队中的厂长、车间主任、班组长等，非正式组织中的中心人物则是自发形成的，是在人们相互交往、相互了解中共同认可的。

（一）中心人物的产生

心理学研究表明，任何团队的中心人物都不是天生的，而是造就出来的。一般来说，中心人物的出现主要取决于下述一些因素：团队的性质及目标，团队成员的能力和人格，团队在特定时间里所处的情境等。在团队中，中心人物一般具有以下特征：精通业务，注重贡献和工作实效；能有效地解决个人或群众遇到的困难；善于发现人才、培养人才和使用人才；热情直爽，乐于助人，对人坦诚相见；敢于为大家讲话，并承担责任；建立有效的工作秩序；具有较广的知识面和较丰富的生活经验。

（二）中心人物的作用

中心人物是团队的核心，他能够影响团队成员的思想和行为，并且在团队中扮演着组织者、引导者和激励者的角色。其具体作用主要体现在下述几个方面。

1. 统一团队意识

团队就某一管理问题展开讨论时，各种意见的比较、分析、综合往往由中心人物来完成。而中心人物的意见也相对具有权威性，易于为大家认同，从而有助于团队达成共识。在出现严重分歧的情况下，中心人物一方面要调动团队成员的积极性，分享他们的观点；另一方面要鼓励成员发表有关的、简洁的评论，从而将讨论推向深入。

2. 公平地分配责任

团队所有成员都要承担具体的责任，因为每个成员都有为团队作贡献的才能和热情，共同分担责任可以培养积极的团队精神和士气。这就意味着中心人物要有合理分配责任的能力，要避免责任分配的苦乐不均，这样成员才会感到自己受到了认真的对待，并能为团队做出自己的贡献。

3. 制定恰当的决策流程

对团队来说，制定一个恰当的决策流程，确保团队成员不陷入争执和惰性的泥潭之中，是很重要的。在团队作出结论和制定行动计划之前，中心人物都应先确定争论点或问题，然后再讨论，最后得出结论。不要假定大家的看法都一致，通常人们会有不同的想法、担忧和行动计划，因此有必要先对讨论的目的给予明确的阐释再讨论决定。

4. 鼓励创新性的观点

作为中心人物，要能够创造一个让成员感到安全、愿意冒险、敢于大胆设想的环境，要鼓励成员大胆创新，防止成员对他人的观点持消极态度或简单地下判断。

5. 进行科学的分析和评价

团队成员一旦提出可供选择的解决问题方案，中心人物就应该用坦率和客观的方式对它们进行评价，包括各自的优点、弊端、期望的结果、成功的可能性以及所需的进一步的信息等，并要提醒团队这是团队成员共同的事情，这样团队成员就会超越个体的利益和不安全感来考虑问题，进而减少习惯性冲突和防卫。

6. 维持团队的团结稳定

由于人们思想认识的差异，团队中不可避免地会出现各种矛盾、冲突。中心人物则能利用与绝大多数成员关系比较密切、融洽的地位来解决矛盾，鼓舞团队的士气，维持团队的相对稳定。不要让某些有问题的成员破坏团队的正常运转。如果某人试图支配和控制讨论，或将观点强加于他人，那么，中心人物就应直接告诉这个人他的行为是不合适的。如果某个成员过分消极和爱挑剔，那么，中心人物就应鼓励这个人以一种较有建设性的方式参与团队的活动。这样才能有效地抑制消极态度，倡导积极态度。

第二节　团队沟通概述

一、团队沟通的含义及特点

团队管理是否成功以及团队在组织中的作用如何，其重要的一个因素就是团队能否进行有效沟通。可以说，团队的有效沟通是团队建设和管理的重要保障。所谓团队沟通，是指为了更好地实现团队目标，团队成员之间所进行的信息传递与交流。概括起来，团队沟通具有下述特点。

（一）平等的沟通网络

团队成员之间的关系是平等的，是一种任务的协作和分工，而不是管理与被管理的关系。根据这一特点，团队形成了内部平等的沟通网络，团队成员之间是平等的沟通关系。另外，在团队内部既有正式的沟通渠道又有非正式的沟通渠道，信息传递高效直接，中间环节少。

（二）规范的沟通

与非正式团队相比，由于团队是一种工作的协作方式，团队成员为着同一个目的工作，有共同的目标，团队中的每个成员共同对团队所要达到的目的负责，同样也对团队采用的工作方法负责，所以在这种情况下，团队的沟通是以任务为导向的，有一定的群体规范和路径。

（三）沟通气氛融洽

团队内充满着健康、坦诚的沟通气氛，成员彼此间不仅能有效地进行工作任务方面的沟通，而且能进行情感上的沟通。不仅如此，团队成员还具有很高的情商，在各种沟通情景下能够做到有效倾听他人的意见，并清楚地表达自己的观点。

（四）外部沟通频繁

团队要有效地实现自己的目标，必须处理好与其他团队的关系。例如，团队要处理好与组织内的处于垂直关系的团队之间的关系，以使信息和资金流动通畅；要处理好与水平层次上其他团队及或部门之间的关系，以获得其他部门的技术支持和帮助；此外，团队还要处理好与外部顾客的关系，与社会公众的关系以及团队制度、作风、文化与整个组织制度、文化之间的关系等。处理好这些关系，才能实现团队与其他团队之间的配合与协作，并最终更好地实现团队目标。

二、影响团队沟通的因素

团队沟通受到团队行为规范、成员角色分担以及团队领导个人风格等多种因素的影响。概括起来，影响团队沟通的因素主要表现在下述几个方面。

（一）团队成员的角色分担

每个团队都由若干个成员组成，这些成员从团队成立之后到团队解体之前都扮演着不同的角色。按照团队成员对团队工作所起的作用，可将团队成员角色分成积极角色和消极角色两大类。

1. 积极的角色

在团队中，起积极作用的角色主要包括以下几个：

（1）领导者。该角色能确定团队目标任务，并激励下属完成工作。

（2）创始者。该角色能为团队工作设想出最初方案，其行为包括明确问题、为解决问题提出新思想和新建议等。

（3）信息搜寻者。该角色能为团队工作不断澄清事实，搜集证据，提供相关信息。

（4）协调员。该角色能协调团队活动、整合团队成员的不同思想或建议，并能减轻工作压力、解决团队内分歧。

（5）评估者。该角色主要承担方案分析、计划等工作。

（6）激励者。该角色能起到保持团队凝聚力的作用。

（7）追随者。该角色能将计划付诸实施。

（8）旁观者。该角色能以局外人的眼光评判团队的工作，并给出建设性的意见。

2. 消极的角色

在团队中，起消极作用的角色主要包括以下几个：

（1）绊脚石：是指那些固执己见、办事消极的队员。

（2）自我标榜者：是指那些总想靠自吹自擂、夸大其词来寻求他人认可的队员。

（3）支配者：是指那些试图操纵团队，干扰他人工作，以便提高自己地位的队员。

（4）逃避者：是指那些与别人保持距离，对工作消极应付的队员。

需要说明的是，团队中一个成员可能同时扮演着几个角色，也可能几个成员扮演着同一个角色。另外，团队成员所扮演的角色不是一成不变的。譬如，一个团队成立后，成员希望自己的领导是民主型的，能为团队工作提供指导，并鼓励各成员全力参与工作，但该领导可能是属于支配型的，他喜欢独断专行，成员若不服从就对之采取惩罚手段，这样的团队领导与成员的期待相去甚远。在沟通过程中，经过一段磨合期，两者就会互相适应——领导与成员的角色都会发生相应的变化。

在一个团队中，如果积极角色多，消极角色少，则该团队沟通是通畅的和有效的；如果两类角色比例相差无几，或者消极角色大大超过积极角色，那么这样的团队就无效率可言了。因此，在团队管理过程中，应根据工作需要不断调整成员构成，尽量增加积极角色，减少或剔除消极角色。

课堂互动

请举例说明团队成员的角色分担，你在团队中经常扮演什么角色？

（二）团队的行为规范

团队行为规范是团队成员共同遵守的行为准则，是团队内部的法律。一般来说，团队的规模越大，团队的行为规范可能就越复杂。团队行为规范可以以明文规定的方式存在，如规定、条例等，也可以以心照不宣的方式存在。前者容易被遵守，后者往往被团队新成员所忽略，或在不经意中触犯。例如，在一次例行的工作午餐中，大家一开始谈论着昨晚的足球比赛，过了一会儿又聊到与工作相关的一些事情，但并没有直接谈团队正在做的某个项目。后来在谈话的间歇，一位刚来不久的新成员突然说："我真希望天气能好起来，这种鬼天气使得我的孩子老是在家待着。"这样的闲聊似乎没什么不好，但是其他成员听了后默不作声，不愿搭腔，甚至有人显得不高兴，这位新成员对此感到很尴尬。之后有人告诉这位新成员："工作午餐中谈论家庭和孩子是不合时宜的。"这个例子表明，不成文的规范容易被触犯，同时，一旦发生这种情况，其他成员就会以不同方式对"犯规者"施加压力，迫使其遵守，在这一方面，团队内的沟通有时就会显得很微妙。

团队行为规范对团队来说非常重要，通过理解并遵守团队规范，不仅使团队成员知道自己该做什么、不该做什么，而且能够建立起团队成员的行为规则和秩序，增强团队成员相互合作的主动性和自觉性。但团队行为规范也有其消极的一面。例如，它们会阻碍团队成员创造性地工作，维护低效率或已经过时的做法，也有可能产生团队内的不公平现象，等等。所以，团队的领导者要对团队行为规范给予调整和引导，以便充分发挥团队行为规范的积极作用，而把团队行为规范的消极作用降到最低程度。

（三）团队领导者的个人风格

领导者角色在团队中的作用举足轻重。领导者个人的性格特征、管理风格与团队沟通效果密切相关。如果团队领导者是专制型的，或是放任自流型的，那么团队沟通就会低效或无效。前者压制了来自团队成员的新思想、新建议，后者则会使团队沟通显得漫无目的。现代管理越来越强调柔性管理，所以如果团队领导采用民主型的领导风格，则无疑会使团队沟通更加有效。

三、团队决策的类型和方法

（一）团队决策的类型

组建团队的目的是分析并解决问题。"工程队"、"项目组"、"委员会"等团队便是发挥这种功能的典型例子。这些团队常常是随着问题的产生而组成，随着问题的解决而解散。一般来说，团队决策的类型主要有以下六种。

1. 沉默型

如果团队成员提出的某种想法未经讨论就被放弃，这种方式就属于得不到响应的"沉默型"决策方式。这种沉默表明该团队内的沟通几乎不发生，毫无效率可言。

2. 权威型

这种情形中，团队成员可以讨论问题，分享信息，提出想法，但最后还是领导说了算。这种方式比较专制，团队成员可能抱怨团队决策机制不够民主，长此以往，成员可能不再积极参与团队内的沟通。

3. 少数人联合型

这种方式下，少数人结成一派，尤其是少数人与实力派人物结成联盟。当这些人强烈赞成某一意见，而其他人尚未发表看法之时，会有一种错觉发生——似乎团队已经达成一致。事实上，有可能多数人反对这一意见，但是没人愿意打破这种貌似一致的局面。显然，这种方式下作出的决策也没有经过团队内的充分沟通。

4. 少数服从多数型

这种模式为众人所熟悉。一个问题提出后，经过讨论，形成一个对策或建议，然后大家投票表决，根据票数来决定采纳或否决某项提议。这是一种被广泛采用的团队决策模式。

5. 一致型

团队成员准备接受某个意见时，即使有人还持保留意见，作为一个整体的团队也还是达成了一致意见。"一致型"模式并不"必然"表示所有成员完全而热情地支持某一意见，只是说明该问题经过了公开讨论，所有不同的观点都被考虑过了。尽管团队成员可能不完全赞同

该意见，但是讨论通过的结果尚在可接受的范围之内。

6. 完全一致型

当所有成员都完全同意或支持某个观点、建议、办法时，就是“完全一致型”的决策模式。这种情况是很少的，但却是一种理想的模式。

以上六种类型中，后两种是人们追求的解决之道。尽管这两种类型耗时费力，但能使问题顺利高效地解决。而前四种方式虽然能迅速地作出决定，但那些持不同意见者可能会很失落，并且可能丝毫没有支持团队决策的动力。

(二) 团队决策方法

团队决策的方法多种多样，在决策过程中变化无常。但是，人们在团队决策中往往采用下述几种方法。

1. 议会讨论法

该模式在西方社会应用得十分普遍。它根植于英国议会的相关法律，已有700余年的历史。具体做法如下：首先有人以动议的形式就某个建议作陈述，然后由大家辩论、修改、完善，最后投票表决。尽管有众多学者对这种方法的烦琐、低效提出抱怨，但此种方法保障了多数人行动的权利，也保护了少数人争辩、投票的权利。这种程序最适合于议会及各类正式商务会议。甚至有些团队规定，所有正式会议都要采用这种议会讨论法的某些程序。

2. 冥想法

这种方法是基于人们通常解决问题的逻辑顺序而被提出来的。具体做法如下：确定问题的范围；分析与问题相关的数据或信息；提出可能的解决办法；考虑每一种解决方案的利弊；实施最佳方案。

3. 头脑风暴法

该方法是小型团队产生创意最流行的做法，它最早是由美国人 A. F. 奥斯本（A. F. Osborn）于1957年提出的。该方法的目的是引发创意，其规则很简单，但要求严格遵守：严禁提出批评、非难；鼓励随心所欲地自由遐想；提出的想法越多越好；对各种想法进行综合和改进。

实施头脑风暴法有以下五个方面的要求：一是根据禁止批评的规则，消除妨碍队员自由想象的各种清规戒律。二是让以往从各自专业的角度参加决策的团队成员站在怀有共同目标的同一立场上提出创意。三是在开会时由主持人增加一些余兴，使会议有一种轻松愉快的气氛，以便队员自由想象。四是鼓励队员把他人的设想加以综合、修正、完善，以便造成敢于打破清规戒律的局面。五是事先让队员了解本方法的规则，并确定实施起来不会有难度。

这种实施方法的关键在于严禁批评别人，因为这种批评的态度可能会抑制新思想的产生。团队中的每个人都努力参与提出创意，不管这个想法看起来是多么奇怪甚至愚蠢，其目的是产生尽可能多的想法，然后通过综合再修改完善，得到完美的决策。这种决策过程需要有一个协调员来维护上述几条游戏规则。

4. 德尔菲法

该方法是由兰德公司于20世纪50年代发明的。这种方法大多用于收集专家意见，它的运用有赖于“监督小组”和“回答问题小组”之间的互动。具体步骤如下：第一，监督小组就某个问题设计出一套问卷，然后让回答问题小组来回答。问答问题小组的成员可以是某一领域或多个领域的专家，也可以是普通人，成员构成取决于问卷的目的。第二，回答问题小组的成员互不联络，他们单独完成问卷，亦即该小组只是个名义上的小组。第三，监督小组根据答卷作出小结，然后将数据、资料返回给回答问题小组，同时再给出一份问卷，以便弄清小组内的相同意见及其分歧所在。这一步可能需要重复多次，当然问卷需要不断修改。第四，监督小组最后就问卷结果写出小结，供决策者使用。

实施该方法有以下三个要求：一是选择合适的人参加“回答问题小组”。因为该小组要反映专家们或相关领域特定对象的知识水平和判断力，所以选择什么对象作为小组成员，从中吸取其远见卓识，就成为该方法成败的关键因素。二是由“监督小组”向“回答问题小组”及时反馈信息。通过各种形式向回答者反馈信息，使其能够得到更多的信息并以此修正原先的意见，就可以得到比较可靠的回答。三是用统计方法来处理问题。通过多次反馈来收集答复，就不会受特定意见的影响，这样就可以归纳出含成见较少的意见。

四、团队沟通的流程

（一）相互了解情况

相互了解情况是团队沟通的前提和基础，它不仅影响团队内部的人际关系，同时也决定着团队工作的效果和效率。任何成功的团队都必须是紧密配合、协调一致的团队，而配合协作的关键在于成员之间关系和谐、融洽。因此，要营造和谐、融洽的团队氛围，就必须在团队正式执行任务之前让成员们相互了解与交流，包括了解团队成员的姓名、专业特长、性格特点、兴趣爱好、工作方式、生活习惯以及在研究、分析、组织、写作方面所具有的技能等，既要了解团队成员各自的优点，也要正确看待团队成员各自的缺点和不足。团队成员只有进行广泛的对话与交流，才能认识、熟悉进而建立起良好的人际关系。

（二）明确组织对团队承担的责任

组织决定采用团队这种工作方式，这就意味着它有责任帮助和引导团队实现既定目标。因而，组织也必须对团队承担起必要的责任。这些责任包括四方面：第一，组织必须对团队成员进行培训，并给予团队自主权。第二，明确团队的任务和完成任务的时限。第三，对团队的自然环境、社会环境予以控制与协调，为团队的有效运营提供必要的保障。第四，帮助团队选择完成任务的流程并加以评估检验。如果组织能够对团队承担起这样的责任，那么团队的业绩可能会很好。当团队获得组织的有力支持时，成员会主动承担责任，他们往往会变得更富有创造性、更有活力，将工作做得更好。

（三）明确团队应承担的责任

在明确了组织对团队承担的责任之后，团队还必须明确自己应承担的责任，这些责任包括四种。

1. 营造分享式的管理氛围

团队是一个规模较小的组织，团队的每个成员既是团队目标的具体落实者，同时也是目标的领导者。这就要求团队成员必须具有主动意识、领导意识，要从全局的角度来明确团队的任务、所追求的目标等，以便统筹安排自己的工作，并不断与其他成员主动进行沟通。

2. 制定时间进度规则

团队从一开始就必须在时间、工作方式等细节方面达成一致意见，如每人每天、每周、每月能够花费多少时间开会，应花多少时间做准备工作。必须考虑其他人在时间方面可能会存在哪些问题，每个人愿意贡献出的时间有多少，团队工作时间是多少，等等。团队应能做到在时间和工作要求方面形成统一意见，如准时到会、开会不缺席、必须在最后期限内完成任务等。

3. 建立双向沟通机制

团队在维持关系和完成任务的过程中应保证双向沟通，保证作出的决策符合伦理准则。团队建立时要考虑如何在成员之间进行沟通，如何让迟到或缺席的人了解信息。为了让团队成员能够相互沟通了解，增强凝聚力，团队成员应该互相交换电话号码，了解各自的日程安排，并确定团队可以聚在一起开会的时间。在团队协作期间应确定具体开会的时间和次数，并且保证每个人都很清楚这样的时间安排。

4. 及时向组织汇报工作进展情况

团队既有相对的独立性，同时又要在组织的支持下开展工作，这就要求团队应保持和组织的互动，随时向组织报告工作进展情况，以得到组织的信任和支持。

(四) 设定团队目标

团队一旦组建起来，就必须制定明确的目标。在实现目标过程中，还应根据环境变化及时对目标进行调整。一般来说，明确目标的过程包括下述步骤。

1. 弄清组建团队的原因

弄清楚组织为了什么目的而组建团队，以及组建团队的背景如何和团队有可能面临哪些困难。

2. 明确组织对团队的要求

即组织希望团队解决什么问题，达到什么目的，解决这些问题需要哪些条件，需要组织提供哪些方面的支持和条件，需要其他部门给予什么配合与协助。

3. 了解团队成员的想法和愿望

在设立团队目标之前，不妨借用一些技术手段，了解团队成员对团队目标的投入程度。了解他们在完成团队目标时愿意付出多少时间和精力。这当然不是要求每个人发誓竭尽全力，每个人都有自己的需求和行事风格，不可能要求所有成员完全一致。这里强调的是通过了解团队成员的想法和愿望，使团队成员能够更好地为了实现目标而同舟共济。随着团队绩效的取得，团队成员对团队的忠诚度会逐渐提高。当他们在合作过程中体会到成功的滋味时，他们会更加积极，更愿意为团队目标的实现投入精力和时间。

4. 制定团队目标

团队应根据自身的优势和劣势以及组织对团队的要求制定出切实可行的目标。需要注意的是，在制定目标时，一定要讲求实际，不能把目标定得过高或过低，如果目标定得过高，实现不了，不仅会给团队带来不利的影响，而且也会失去组织对团队的信任和支持；如果目标定得过低，唾手可得，这样的目标也就失去了意义。可行的目标应该是既具有挑战性，而且又能够达到。

5. 制定行动方案

在明确目标以后，需要制定出具体的行动步骤。首先，应根据团队的目标、任务等情况设计调查问卷，要求每位团队成员根据自己对本团队目标、任务的理解给出团队的具体行动方案。然后，通过分析、综合团队成员对团队目标、任务的理解情况，进一步制定出有效的团队行动方案。最后，将团队行动方案变成工作计划，并制定相关的措施来保证工作计划的实施。

(五) 建立信息反馈机制

在团队运作过程中，需要收集各方面信息。一个有经验的团队有自己的信息反馈渠道，其主要从所属组织或团队成员以及其他相关源头获得信息。团队成员可以通过履行团队任务和与团队其他成员交流获得反馈信息。一般来说，团队对于反馈信息来源的管理，可以通过如下途径。

1. 运用反馈表

反馈表的内容可以围绕团队的任何方面，如个人的、相互交往的或团队任务的。团队成员通过定期填写有关问卷，分析问卷，可以从中获得有关的反馈信息。

2. 对团队运作流程进行观察和诊断

可以邀请团队以外的人观察和分析团队工作，然后帮助成员分析观察结果，设计出提高质量和效率的办法。

3. 制作录像带或录音带

将一段工作经历录制下来，然后进行回放。通过这种手段，团队成员能够了解他们在一起是如何工作的。这样，团队成员对协作过程中的优点和缺点就会一目了然。

4. 应用计算机系统

应用计算机软件不仅能够改善团队的工作流程和效率，而且能够为团队的信息反馈提供强大的技术支持。

5. 对反馈系统进行讨论

讨论的重点在于弄清楚以下问题：反馈是有效的吗？收集的反馈信息是否客观、全面？得到的信息是否和团队自身拥有的其他知识相一致？它能否给团队达成有效协作提供真知灼见？讨论这些问题能使团队信息反馈机制更加健全和完善。

（六）培养团队精神

团队精神是团队得以成功的灵魂。具有团队精神，团队就能够成为一个有机的整体，取得骄人的业绩；缺乏团队精神，团队则如同一盘散沙，一事无成。所谓团队精神，是指团队成员为了实现团队的利益和目标而相互协作、尽心尽力的意愿和作风。概括而言，团队精神主要表现在下述两个方面。

1. 强烈的归属感和一体感

在团队与其成员的关系上，团队精神表现为团队成员对团队有强烈的归属感和一体感。团队成员强烈地感受到自己是团队的一员，并且由衷地把自己的前途与团队的命运联系在一起，愿意为团队的利益和目标的实现尽心尽力。团队成员对团队表现出绝对的忠诚，一旦成为团队一员，他们便准备同甘共苦、同舟共济。不仅如此，团队成员对团队还具有很强的荣誉感，他们绝不允许有损害团队形象和利益的事情发生，会为团队的成功而骄傲，为团队的困境而担忧。在对待团队的任务上，团队成员会尽心尽力，全方位地投入。他们衷心地将团队的事视为自己的事，做事积极、主动、认真、充满热情。在处理个人利益和团队关系时，团队成员会将团队利益放在第一位，个人服从团队，宁愿牺牲自己的利益而顾全团队的利益。团队成员对团队的这种强烈的归属感和一体感，主要来自于团队目标与成员目标的高度一致。也就是说，团队目标既符合团队的利益，又符合绝大多数成员的利益，是一个集体和个人双赢的目标。团队通过一系列的制度使它与其成员结成一个高度牢靠的统一体，通过持久而强大的宣传及教育活动在潜移默化中培养成员对团队的共存共荣意识以及深厚的感情。

2. 运作上的默契

在团队成员之间的关系上，团队精神表现为成员之间创造出的一种运作上的默契。正如在一流的球队中队员既有自我发挥的空间又能协调一致一样，杰出的团体也会发展出运作上的默契，即每一位成员都非常留意其他成员的工作状态，而且人人都会采取相互配合、协调

一致的方式。这主要表现为：一是团队成员视自己为团队大家庭中的一员，大家同舟共济、相互依存。二是队员之间相互信任，能够互相容纳各自的差异性，真诚相处。三是在工作中相互帮助，共同前进。

（七）维护关系和履行任务

团队成员之间必须互相配合、互相沟通才能顺利地实现目标。而实现目标的关键在于营造团队中和谐的人际关系，保证成员之间彼此理解、精诚合作，并都能全力以赴地投入时间和精力去履行任务。因此，维护关系和履行任务就成为团队实现目标的关键和重点。事实上，团队成员在相互交往的同时也在履行着各种不同的任务。一般来说，维护关系是指团队成员之间通过充分的信息传递和交流形成良好人际关系的过程。维护关系所交流的信息既包括个人方面的，也包括团队及团队任务方面的。可以说，团队成员正是通过语言及非语言的沟通手段来实现团队成员之间以及团队成员与团队之间的和谐互动的。履行任务是指团队成员明确自己的职责，全身心地完成工作的过程。这个过程包括收集整理信息，分析问题，找到解决问题的方案并加以论证和实施。在这个过程中，团队成员的主要作用在于出色地履行职责，圆满地完成各自承担的任务。

第三节　会议沟通

会议是团队沟通的重要形式。人们在日常生活和工作过程中都要或多或少地举行或参加各种会议。会议是人们进行信息传递与交流的手段，也是人们进行决策的重要方式。但是，如果会议没有达到沟通信息的目的，而是变成走过场，那么会议就失去了它应有的意义。社会上曾流传这样的顺口溜："开会也有八股调，程序齐全不能少。报告发言照本念，何用头脑来操劳？会议事务何其多，简报多如雪花飘。五日开会三日游，古迹名胜眼福饱。会议结束打算盘，三万五万报销掉。若问效果怎么样，拿出材料一大包。解决问题有多少，那就只有天知道。"像这样的会议我们身边并不少见。难道是我们的会议太多了么？其实不然，《财富》杂志所评选的世界500强企业中，70%的企业的总裁每星期有超过15小时的会议，但是这些会议是十分严肃的，效率也高。可见，问题并不在于管理中会议太多，而在于对会议的管理水平太低。因此，如何提高会议的效率，加强对会议的管理，已经成为摆在企业面前的一个突出问题。

课堂互动

人们对会议有很多不满和抱怨，最常见的抱怨有："我不明白开这次会有什么用。""我去开会，无非是凑个数而已。""我所有的主张都遭到批评。""开会大家都在说自己的事。"等等。你认为导致人们抱怨的原因是什么？

一、会议的含义及目的

人们对会议并不陌生，但要真正给会议下一个确切的定义却并不那么容易。所谓会议，是指有两个以上的人共同参与的，有组织、有目的的一种短时间举行的集体活动形式。

人们之所以要举行、召开或参与会议，原因是多种多样的。会议可以给与会者一个表达自己观点的机会。管理过程中，需要听取员工的意见和建议，调动职工参与管理的积极性，而会议正可以给员工一个表达见解的平台，在这里员工可以献计献策，讨论问题的利弊；会议是集思广益的场所，大家互相交流与探讨，形成共有的价值观、目标、见解；会议可对与会者产生约束力，因为是大家共同讨论的，一旦作出决策，大家就要共同遵守；会议也是职工互相认识了解、展示自己的身份地位与职位的过程。概括起来，可以把会议的目的归纳为下述几个。

（一）上情下达

举行这种会议的目的是让员工彻底了解经营的目标、公司的现状、企业的工作计划，以此来指导员工的活动，或把上级某些重要的精神、指示、决策等传达给部下，让下属成员知情并遵守。

（二）分配任务

分配任务即把大家召集在一起，把某种任务进行具体的分工，落实到每个人头上，使大家知道要做什么、该怎样做、做到什么程度。通常这种任务安排会采取一种协商的形式，征求下属的意见。因为是大家面对面进行交流，所以更有利于意见的交换，不致发生下属不知情或发生问题后相互推卸责任的现象。同时，下属如果感到自身完成任务有困难，可当面向领导提出，寻求支持与帮助。并且，由于分配任务是公开透明的，因此有利于员工之间的相互信任，保持良好的协作关系。

（三）解决问题

在企业生产经营过程中，问题是无法避免的。为寻求解决之道，最有效的方法便是会议。通过举行会议，大家集思广益，献计献策。例如，销售部门讨论新产品投放市场的策略在销售渠道上究竟还要做哪些改进，公共关系部门讨论近期举行的一次大型公益活动还要做哪些准备工作，这些都属于解决问题的会议。这种会议是群体智慧的集中反映，其效果远远超过个人智慧的简单叠加。因为在这种会议中，大家的头脑都在不停地运转，对别人的意见、会议上反馈的信息进行综合、归纳、分析、处理，所以最终得出的解决方案有可能是最优的或仅次于最优的。

（四）作出决策

当企业面临某种两难选择的时候，通常要求职工进行投票决策。这时集中开会是既节省时间又有效率的方式。如当企业濒临破产时，是重整旗鼓，从头再来，还是被别人兼并，可让员工充分表达自己的意见，进行投票，然后企业根据投票结果进行选择。因为投票尊重了多数人的意见，可使大多数员工的意愿实现，因而有助于稳定军心，这种民主的气氛也使大家不会产生太多抱怨，从而避免了由于不知情而带来的怨恨情绪。

（五）产生新的创意

新的构思是业务成长与发展不可或缺的因素。任何机构若长期执行某一种制度，势必导致僵化现象，新创意亦难以出现。要打破这种状况，脱离陈旧的观念，同时发掘人们的不同想法，会议无疑是最佳形式。

二、影响会议成效的因素

开会虽然是团队沟通的主要形式，但若控制得不好，很容易产生负面的影响，既达不到开会的目的，又浪费了人力、物力和财力。因此，为了提高会议的质量和效率，就必须了解影响会议成效的各种因素，只有这样，才能采取正确的对策，避免无效会议的发生。造成会议无效的因素是多方面的，归纳起来大致有下述几个方面。

（一）会议目的不明确

许多会议之所以没有成效，让人生厌，是因为会议目的不明确，与会者不知道为什么要开会，开会要达到什么目的和取得什么结果。如果对这些问题都没有一个明确的回答，那么

会议只能是漫无边际的闲聊，或者变成了大家谈论新闻、发牢骚或抱怨的场所，结果只能是会议彻底陷入混乱，越开越长，毫无效率，既浪费时间、金钱、精力，又得不到任何成果。有的会议虽然有目的，但目的过于抽象和空洞，如树立企业形象、追求成本节约、提高经济效益、采取流线型管理等，围绕这样的目的开会同样无法收到应有的效果。

（二）会议持续时间过长

有些会议像马拉松似的，开起来没完没了，原本只需要半小时就可以解决问题的，结果却非要开上一小时的会，而本该开一小时的会，却要花上两个小时，致使与会者过于疲倦。而人的精力毕竟是有限的，并且要受生物钟的影响。由于每个人都有自己的生物钟和时间表，在一天中何时工作、何时休息，是形成习惯的，因此，如果会议时间过长，会使与会者感到无聊、疲倦、精力不集中，会议的成效肯定会降低，甚至让人讨厌、反感会议。

（三）简单问题复杂化

高效率的会议能够把复杂问题简单化，在简单之中把握规律和重点；而低效率的会议正好相反，常常把简单问题复杂化，结果是为了复杂而复杂。如有的会议，对于一个很简单的问题，本来三言两语就可以解决的，却要与会者反反复复地讨论、争辩，这样不仅花费了与会者大量的时间和精力，而且往往会使问题变得复杂化，引出许多不必要的矛盾和争论，进而导致太多的方案或细节没法处理，太多的情绪、对立面和误解产生，甚至还会使会议再生出新的会议，产生恶性循环，会议越开越多，越开越解决不了问题。

（四）意见分歧处理不当

与会者由于知识结构、文化素质、个人阅历、所处地位及部门等各不相同，难免对同一事情会有不同的看法，产生意见分歧。如果处理不好意见分歧，双方各执己见，互不相让，就可能导致冲突的发生，从而影响会议的正常进行，使会议的效率降低，甚至无法实现会议的目标。

（五）会议主持人主持不力

会议主持人是会议的领导者与组织者，其主持能力高低直接影响会议的效率和效果。一般来说，会议主持人主持不力主要表现在以下几个方面：一是不告诉开会的目的。领导者唯恐别人的意见超过自己，以致在开会时不告诉人们开会的目的，结果是“一人台上讲，众人台下听”，领导者高谈阔论、口若悬河，而与会者则“丈二和尚摸不着头脑”。二是不准时到场。有的主持人为了凸显自己的地位，故意迟到，向与会者显示自己是会议中的主角。要知道，如果领导不能以身作则，准时参加会议，那么下次会议迟到者会更多。三是官气十足。有的主持人说话慢而低沉，意图用这种声音吸引观众，让他们知道自己是老板。还有的领导者经常“打官腔”，“嗯”、“哈”等口头语过多，显示出一种高高在上的姿态，官气十足。四是搞形式主义。有的领导善于做表面文章，开会时泛泛地让大家自由发言、讨论，但最终还是自己一人说了算，并不接受与会者一些善意的、合理的建议。五是“控制”会议。有的领导者在会议上常常讲一个长长的故事，来显示自己的经验和学识，而对关键问题又常常打太极拳，东拉西扯，回避主要问题。还有的领导在会议上经常用一些信号来强调自己的地位，如看手表、打哈欠、插话等，其意图在于告诉别人自己时间紧、地位重要等。所有这些，都严重影响会议的成效。

（六）物质环境不利

开会需要一定的物质条件和安静的周边环境，如果会议的物质条件欠佳或者环境条件过差，则会影响会议的有效性。例如，会议场所选择在闹市区或车流量较大的公路旁边，声音嘈杂，与会者会受到外部环境的强烈干扰，很难集中注意力，而且这种嘈杂的环境还会令与会者变得烦躁不安，希望能够早点结束会议。另外，会议室房间过小，人员拥挤，灯光昏暗，吸烟人过多，坐椅不舒服，缺乏可利用的视觉辅助设备，房间温度过高或过低，音响设备效果差，开会时手机铃声不断，以及服务员沏茶倒水的时机不当等，都会影响会议的效率。

三、提高会议成效的对策

有时会议是一种既耗时费力又令人疲倦的活动。因此，若要提高会议的效率，掌握一套行之有效的策略显得尤为重要。经常运用的策略主要包括以下几个。

（一）明确会议目的

在会议开始的时候，会议主持人或组织者最好向与会者明确交代会议的目的与目标，使与会者清楚为什么要开这次会，在这次会上重点讨论哪些问题，要达到什么目的，与会者围绕会议的目的应该做哪些准备。这样才能使与会者对开会的意图做到心中有数。值得注意的是，会议的目的既要明确又要具体，如“这个计划是执行还是不执行”、“如何提高产品的市场占有率”等，让与会者围绕这些具体问题展开分析与讨论，这样不仅能使讨论更加集中、针对性更强，而且也便于控制会议和检验会议目标。

（二）缩短会议时间

会议举行时间不要太长，如果有很多议题要讨论，可以分几次会议进行。在会议进程中，应适时安排一定的休息时间，在这段休息时间内，与会者既可以自由活动，放松一下紧张的神经，又可以对会议内容进行更为自由的讨论和交流。在会议议题和时间的分配上，可将会议的大部分时间放在重要议题的商讨上，不要在次要的议题上耽搁太多的时间。另外，在会议刚开始时，与会者注意力较集中、精力较充沛，此时可安排讨论一些重要的、复杂的问题，会议节奏也可以稍快些；在会议的后半段，与会者开始感到疲劳，可以安排一些例行的、次要的、易于达到目标的活动，会议节奏可以放慢一些。为了方便主持人控制会议节奏与进度，可以在主持人对面的墙上挂一个时钟，以使主持人随时注意时间，掌握进度，根据所剩的时间把每件事情安排好。

（三）领导者以身作则

领导者要以身作则，要求与会者做到的，自己首先必须做到。如在开会期间规定不能接听电话，要准时参加会议，不管与会者是一般员工还是各级领导，都要遵守，这样才能保持会场安静、维持开会的秩序。如果会议的一些规定只要求其他人遵守，而领导者可以违背，那么这种要求就没有约束力，最终谁都不会遵守规定。不仅如此，领导者还要和与会者保持平等的地位，坦诚相待，要表明自己是一个服务者而非领导者。要知道，领导者是下属效仿的对象，领导者如果能严格要求自己，下属也能够严格要求自己，这样的领导者不仅能得到下属的尊重和信任，而且也能确保会议取得应有的成效。

（四）选择好会议主持人

会议主持人在会议中扮演着重要的角色，发挥着重要的作用，因此要在开会前选好主持人，以便能更好地控制会议的议题和进程。主持人在主持会议时应注意让每个与会者都有发表意见的机会。讨论中虽然常有主要发言者，但发言不能被某几个人所垄断，必要时可以限定发言时间。主持人还应随时把握讨论的方向，使之不偏离主题，要对发言者进行必要的引导，避免发言之间毫无联系，各唱各的调，问题分散，甚至形成小群体。主持人在这中间可以通过一些必要的插话、简短的小结使讨论问题集中在某一点上。有时，为了保证与会者都有机会发表意见，主持人也可以采取限制参加人数或分小组讨论的方式进行会议。

(五) 正确处理各种矛盾和分歧

会议进行中常会出现这样那样的不同意见，甚至出现争执，这也是多数会议不可避免的问题。对会议中出现的矛盾和分歧，既不能听之任之、放任自流，也不能一味压制和排斥，这样不仅无助于矛盾和分歧的化解与缓和，而且还会冲击和影响会议的主题，甚至影响人际关系和团队凝聚力。因此，采取正确的方式和方法处理会议的矛盾和分歧，也是提高会议成效必须关注的问题。一般来说，处理会议中的矛盾和分歧可以采取以下方法和策略：

(1) 对争论各方的观点加以澄清，使争论各方明确彼此争论的焦点是什么，这种争论是否与会议主题有关，是否是解决会议主题的关键，以此将人们的注意力引导到对会议主题或重要问题的争论上，从而避免为了一些细枝末节而争论。

(2) 分析造成分歧的原因，了解各方的分歧是根本性的还是表面的。可能某些分歧只是语言表达方式的不同，或者是看问题的角度不同；也可能某些分歧带有根本立场的差别。通过分析造成分歧的原因，了解协调的可能性。

(3) 对不同的分歧采取不同的解决办法。对那些表面性的分歧可采取求同存异的方法加以解决，对那些根本性的分歧可将其作为会议的主题之一，展开全面的讨论，以便把会议引向深入，或者将这些分歧暂时搁置，按照会议议程进行下一项，待以后有时间时再专门解决这些分歧。

(六) 做好会议备忘录和会议简报的分发工作

在会议召开之前，应以备忘录的形式提前通知与会者，以便使他们有充足的准备时间。备忘录的内容包括时间、地点、会议参加人员、主要议题等。在会议结束之后，要及时整理好会议简报，将会议作出的决定、采取的主要方法和措施、职责分工和完成时间要求等传达给有关人员，以使会议精神和各项决定、措施能更好地得到贯彻落实。

实践演练

假设你是公司某部门的负责人，你在召集本部门人员开会时，总遇到下述情况，作为部门的负责人，你会采取什么措施处理?

(1) 小张拖拖拉拉，开会总是迟到；

(2) 小王在会上默不作声，不管正确与否，从不发表意见；

(3) 小李在会上十分活跃，不管会议内容如何，总爱打断主持人的讲话，对会议内容进行评价，时常导致会议主题难以正常进行。

四、会议管理技巧

(一) 做好会议的各项准备工作

没有人愿意在一个无聊的会议上浪费自己的时间和精力，每个人都希望会议具有价值。但是，在实践中人们几乎都曾有过这样的经历，在繁忙的工作中抽出宝贵时间却参加了一个毫无意义的会议。在会议召开之前，进行充分而必要的准备，不仅关系到会议的成效，而且关系到与会者对时间的合理利用。一般来说，会议的准备工作主要包括下述内容。

1. 明确会议的必要性

任何会议在召开之前都必须先回答一个十分简单的问题，即“开这次会真的有必要吗?”事实上，有些会议效果不好的原因并不在于组织得不好、持续的时间过长或是没有获得实质性的结果，而在于它从一开始就没有召开的必要。开会是为了解决问题，如果所要解决的问题通过开会不可能解决，或可以通过其他途径解决，那就不必开会。对于那些有必要召开的会议，也要能合并的合并，能压缩的压缩。总之，要做到能不开的会坚决不开，可开可不开的会尽量不开，必须召开的会尽量少开。

2. 明确会议的目的

明确会议的目的和目标是保障会议顺利进行的基本条件。如果会议没有一个明确的目的和目标，召开的会议就有很大的盲目性和风险性，最直接的表现就是浪费与会者的时间和组织的各种资源。会议的目的各不相同，有的会议是为了传递信息，有的会议是为了分配任务，也有的会议是为了进行决策或动员等。不管会议的具体目的如何，都要求在会议召开之前将目的明确下来，并且越具体越好，这样才能使会议更具有针对性。会议目的决定了与会者的规模、性质和资格等。

3. 确定会议议题

会议议题是指根据会议的目的而确定的要讨论的话题或决策的对象。议题的确定可使会议重点突出，不容易出现跑题现象。企业中常见的议题有两大类：一是讨论工作中已经出现的各种问题，分析问题原因，提出改进措施与避免措施；二是分析未来工作中可能会发生的问题，建立预警机制，防患于未然。一般来说，议题的确立要遵循以下原则：第一，议题必须紧扣会议目标。凡是与会议目的无关的议题都不能列入会议议程，以免分散会议主题，影响会议目标的实现。第二，议题数量要适中，既不能太多，也不能太少。议题太多，会使议题难以深入；议题太少则会浪费时间，增加会议成本。第三，各项议题之间保持有机联系，并按逻辑顺序排列，这样会议就可以在问题一个接一个均得到解决的前提下顺利进行。第四，应清楚地指出各项议题所需的讨论时间，那可以使与会人员做到心中有数。

4. 确定会议成员

确定会议成员，实质上也就是要确定与会人员的结构和规模。在人员结构上，哪些人应参加会议取决于会议的性质和目的，因此应本着会议需要的原则确定人员。会议成员一般包括以下几类：对会议主题有深入研究或对情况较为熟悉的人；对会议目标及成果起关键性作用的人；对达到会议目标有帮助的人；善于做客观判断、勇于表达自己的见解或有高度沟通意愿的人；有权作出决策的人。在确定与会人员的规模时，要本着精简高效的原则，与会人数最好控制在10人以内。另外，对那些与达到会议目标有冲突的人要谨慎邀请，在请他们参加会议之前可以事先进行沟通和说服，以免其在会议上公开宣布对立或搞干扰活动。

5. 安排会议议程

任何会议，不论大会小会、正式的或非正式的会议，都始终要有一个明确的议程。所谓会议议程，就是会议的基本程序，它表明会议先做什么，后做什么。会议议程通常包括以下内容：会议时间、地点；与会者的姓名与联系方式；议程中每个项目的暂定目标；每个议程项目的负责人等。在安排会议议程时需要注意的是：主要的议题往前排；相对次要的议题往后排；时间紧迫、要立即作出结论的往前排，时间余地大的往后排；需要与会者高度集中讨论的问题往前排，大家有极大兴趣、相关知识已了解较多的问题可往后排。

6. 安排会议时间

时间安排得恰当是会议成功的关键所在。安排会议时间包括何时开会、开多长时间、何时结束，以及如何按时开始。时间安排不当，会使会议在很多方面出现差错，比如：会议太短，一半议题要留在以后讨论；会议太长，人们在多出来的时间里无所事事；时间分配不平衡，在某些议题上花太长时间，却匆匆跳过其他一些议题；等等。会议的时间安排必须按照

实际情况来定，力求使会议准时开始、准时结束。

7. 选择会议地点

会议在何处召开，会场怎样布置，这些都是影响会议成效的重要因素。一般来说，选择会场要考虑以下因素：会议的规模大小与人数多少，到达会议地点的交通是否方便，是否有足够的停车场地，是否不受外界干扰，会场设备是否完好，会场租用费用是否合理，会场环境与与会者的身份、地位是否相称，等等。会场布置要根据会议的性质、规模和会场的大小来决定，通常会场布置包括座位布置和与会者座序安排两个方面。在座位布置上，经常采取的有礼堂式、教室式、花瓣式、圆形会场、正方形或长方形会场、U 型会场等多种形式，应根据会议地点的条件、会议的实际需要而选用相应的布置形式。在与会者的座序安排上，通常根据与会者的身份、单位及是否发言等安排顺序。

8. 准备会议资料

为了帮助与会者更好地理解会议议题和内容，最好在会前准备一些相关资料，并将这些资料提前发到与会者手中，以保证与会者有充足的时间来研究。准备会议资料时应做到内容准确、简朴、易懂，页码齐全，字迹清晰。对分发的资料还要规定用后的处理办法，尤其是一些保密的资料，要特别注明“用完交回”等字样。

9. 发放会议通知

在一切准备就绪后，就可以发放会议通知了。不管是以何种形式发放会议通知，都应做到简明扼要、清楚明了、准确无误，以确保会议如期顺利举行。在会议通知中，一般应注明会议时间、地点、名称、参与人员、主要议题、主办单位、个人需支付的费用、与会者答复是否参加的最后期限及回复的地址和电话等。可能很多人对这种约定最后期限的方式比较反感，而不愿意回复允诺，所以组织者应在最后期限前打电话向各位受邀人征询一下，以确定他们是否参加会议。对于能收集到的回函要进行登记，并给那些可能参与会议者安排座次、餐饮、住宿等。对于那些特别重要的会议，可事先寄发会议通知，对方答复后再寄发精美的请柬，这样可以表示出对他们的尊重。

(二) 对会议过程进行合理控制

会议能否顺利进行，不仅有赖于主持人对会议节奏和方向的有效把握，而且取决于对会议过程的合理控制和协调。一般来说，会议的控制和协调主要包括下述方面。

1. 有效控制会议议题和议程

为了保证会议能够按规定的议程完成规定的议题，在开会过程中必须加强对议题和议程的控制。一般来说，控制会议议题和议程大致可按以下步骤进行：

(1) 明确会议议题所要达到的目标。在开始讨论任何议题时，会议主持人都应该先明确该议题所要达到的目的，并确保所有成员理解所讨论的问题以及为什么讨论这个问题。所讨论的问题可能是大家熟悉的，也可能是大家并不熟悉的。对于大家不熟悉的议题，主持人要向大家做一个简单介绍，包括该议题列入议程的原因、议题的来源背景及目前的状态、调查研究的路线、需要的行动方针、争论的焦点等。

(2) 就会议议程顺序征求与会者意见。如果没有意见，则按原计划进行。如果有异议，则及时调整并争取与会者同意。

(3) 给每个人表达自己意见的机会。如果与会者对议题有误解或概念上有混淆，或使用了错误的概念，这时主持人应及时纠正并予以说明。

(4) 控制讨论进程。当与会者的发言与议题毫不相干，离题太远，或者争论激烈又毫无意义时，主持人要及时将之引回议题上来。对那些喋喋不休者，可适当打断他的发言；对那些不善言谈、经常保持沉默的人，要引导发言，征求意见，避免冷场；对于那些对会议有敌意的人，要采取适当的方法引导他们理性地表达自己的见解和意见。

（5）当会议上出现见解不一致而引起争论时，主持人要做过渡性的总结，即用几秒钟的发言对议题做一小结，要既能表明不同意见，又能帮助与会者理清思路、把握要点。

（6）控制会议时间，按时结束。一旦会议达成某一共识时，就要及时结束会议，否则，再拖延就是浪费时间。在下列情形下，也应及时采取措施结束会议：进一步的讨论需要补充事实和根据；本次会议没有足够的时间来审核下一议题；该议题的结论需要进一步处理；意见过于分歧；与会者情绪波动；情况发生变化，需要进一步解释决策的理由。

（7）每个议题讨论结束后，主持人应就已经达成一致的内容给出一个简短、清晰的概括。这样不仅有助于进行会议记录，也有助于人们理解已经在会议上取得的有价值的成果。如果在概括中包含了某一会议成员的行动，则应要求他确认自己在行动中所要承担的责任。

2. 合理控制与会人员的行为

要使会议有效进行，就必须采取有效的方法对与会人员的某些不良行为进行控制，以便使会议做到严肃而不沉闷、活跃而不混乱。

（1）严肃对待迟到行为。准时开会能使迟到者汲取教训，使他们意识到，即使没有他们，会议仍能照常进行。另外，可将迟到者和早退者列入会议记录，这种做法不仅表明在制定某项决策或讨论某个问题时他缺席了，而且在提醒他缺席的信息可能会公布于众，而人们通常不希望关于自己的这种信息被公开，因此这种做法能很好地强化未来会议的准时性。

（2）控制喋喋不休者。在会议上，有些人可能滔滔不绝，喋喋不休；也有些人可能夸夸其谈，高谈阔论。对于这些人，控制他们的最好办法是中断他的发言，或者提醒他最好将自己的发言进行概括，如："在我们深入讨论之前，能否将你刚才在第一阶段说的看法概括一下？"或者将发言的机会交给别人，如："其他人对这种观念有什么看法？"也可以具体问某个人："李明，你对这个问题有什么想法？"

（3）对沉默给予积极引导。在大多数会议上，多数人在多数时间里是保持沉默的。沉默可以表示同意，或者没有什么建议，或者是期待得到更多信息，对这些沉默不必担心。但如果是缺乏自信的沉默或者对抗的沉默，则需要领导者来加以引导。有人想提出建议和意见，但是担心所提出的意见是否有价值、是否会遭到反对，因而保持沉默。引导这样的人表述自己的意见时，领导者应表现出兴趣和喜悦来鼓励其发言，尽管你可能并不同意这些意见。对抗或敌意的沉默，尤其是对领导者的敌意或是对会议本身和决策过程的敌意，常常蕴藏着某种轻蔑的情绪，预示着某些事情的爆发。事实上，有些事情爆发要比不爆发更有利于问题的解决，因此领导者要适当引导人们理性地表达自己的意见和感受。

（4）保护下级。参加会议的下级人员可能招致上级的反对，这是很自然的事情，但是如果这种反对发展到下级成员没有权利来发表自己意见的地步，会议的作用和功能就被削弱了。所以，会议领导者必须尽力维护下级的权利，就其所谈内容的价值来肯定他们的观点，或者对他们的观点进行书面记录，来强化和鼓励他们的行为。

（5）鼓励思想碰撞。有效的会议不是与会者间的一系列的对话，而是伴随着领导者的引导、思考、激励、概括，与会者以讨论、争辩的方式进行交流，最终产生有价值的结果的过程。然而，会议必须是观点的争论，而不是人的冲突。当两个人开始变得激动时，会议领导者应该向持中立态度的与会者征询意见，扩大讨论，要求他们提出纯粹的、现实的答案。

（6）提防对建议的压制。与会者提出的建议往往比阐述的事实和观点更容易受到嘲笑，如果会议中有排挤现象，就更容易形成对某人的建议加以压制的现象。如果人们感到提出的建议会招致嘲笑、会被压制，他们就不会提出任何建议。尽管所提出的建议不一定都会有结果，但是应该给所有的人以提建议的机会。当有人提出建议时，会议领导者要特别关注并表现出足够的热情，尽可能避免其他人压制该建议的做法。比如，你可以从建议中挑出最好的部分，让其他成员加以补充和讨论；要求嘲笑者或压制者就该问题提供更好的建议等。

3. 加强对会议的组织协调

由于会议时间短、内容多、头绪烦琐、人员集中，因此，要想高质量、高效率地完成会议的主要议程，对会议的组织协调工作就显得尤其必要。概括而言，对会议进行组织协调应遵循以下原则：

（1）目的性原则。对会议进行组织协调的目的是单纯而专一的，就是一切为会议服务。具体说就是贯彻会议的指导思想，完成会议的各项事务，实现会议的目标，发挥会议的重要作用，使与会人员集中精力于会议，保证会议的正常进行。凡是有利于会议的工作，要想方设法去完成；凡是不利于会议的事情，就坚决不做。

（2）应变性原则。会议在进行过程中可能随时会遇到突发事件，如会议地点临时改变，或开会期间遇到突然停电等，这些都可能导致会议中断或改变原定的计划安排。这就要求会议组织者必须具有随机应变的能力，要根据可能出现的变化制定出相应的应对方案，否则将会给会议带来混乱，使与会者无所适从，给会议带来不良的影响。

（3）果断性原则。会议的组织者必须有果断的决策力。在会议的会务、生活管理、保卫工作中出现职责不明、相互推诿、影响会议正常进行的情况时，要果断决策，迅速处理，协调各部门的工作，必要时可给那些对会议进行造成不良影响的人以惩处。

（4）灵活性原则。在会议进行过程中会涉及各方面的关系，任何一个环节出现问题都会使会议或多或少受到影响。这时，会议的组织者要有适当的灵活性，只要不是原则性的问题，可采取灵活的方法予以通融，协调好上下、左右、内外的关系，以保证会议的正常进行。

（三）做好会后工作

会议结束后，还应做好会后的各项工作，重点是做好落实工作。有一副对联对没有落实的会议作了入木三分的讽刺，上联是：今日开会，明日开会，天天开会；下联是：你也讲话，我也讲话，人人讲话；横批是：谁来落实。该对联讽刺的这类会议并不少见，这样的会议大多是领导者一讲了之，与会者也是一听了之，会后无人落实。为避免这种现象发生，会议应善始善终，并尽力做好下述几项工作。

1. 整理会议纪要

在会议结束后，要派相关人员把会议的主要内容整理成会议纪要，分发给有关部门、有关人员，以便有案备查和职责清晰地贯彻执行会议的决定。会议纪要中应包括相关部门应承担的工作任务、责任人、完成时间及验收标准等内容。

2. 报道会议消息

如果是对外公开报道的会议，事先应邀请或通知新闻记者到会，进行采访。在征得领导同意和符合新闻单位业务报道要求的情况下，根据会议的不同情况确定发布会议消息，或进行专题报道，或配发评论、社论，以推动会议精神的贯彻、宣传和落实。其间会议秘书要与新闻单位互相配合，撰写、修改稿件，并送相关领导部门审阅。

3. 监督检查执行情况

会议的决定应切实执行，并有进度报告、责任人、监督人以及检查考核的时间、标准、方法等。会议纪要可以作为检查工作的一项依据。一定要明确会议是一种手段而不是目的，会议形成的某种思想必须通过贯彻落实才能真正取得实效。“议而不决”是开会的大忌，同样，“决而不行”只能助长走形式、说空话的习气，白白浪费了时间，因而一个有效的会议一定要做到议而有决、决而有行、行必有果。

纵观会议的整个过程，可将会议概括为“九不”，即：可开可不开的会不开；准备不足的会不开；议题不明确的会不开；拖延时间的会不开；领导意见代替全体决策的会不开；跑题和重复发言的会不开；对建议压制的会不开；议而不决的会不开；决而不行的会不开。

本章提要

团队是指按照一定的目的，由两个或两个以上的人员所组成的工作小组。团队的构成主要包括团队大小、团队结构和团队搭配三个方面。团队的类型很多，根据任务和目标的不同，企业团队可分为工作型团队、整合型团队及促进型团队。一个高效和成功的团队一般具有以下特征：规模较小；有共同的愿景和目标；成员具有强烈的团队意识；具有良好的行为规范；有效的技能互补；能够开展有益的竞争；通畅的沟通渠道；互相帮助和激励。团队中心人物的作用主要表现在：统一团队意识，公平地分配责任，制定恰当的决策流程，鼓励创新性的观点，进行科学的分析和评价，维持团队的团结稳定。

团队沟通是指为了更好地实现团队目标，团队成员之间所进行的信息传递与交流。影响团队沟通的因素主要有：团队成员的角色分担；团队的行为规范；团队领导者的个人风格。团队决策有六种方式，即沉默型、权威型、少数人联合型、少数服从多数型、一致型、完全一致型。团队决策方法主要有议会讨论法、冥想法、头脑风暴法和德尔菲法等。团队沟通流程包括以下环节：相互了解情况；明确组织对团队承担的责任；明确团队应承担的责任；设定团队目标；建立信息反馈机制；培养团队精神；维护关系和履行任务。

会议是团队沟通的重要形式。会议的目的多种多样，主要有上情下达、分配任务、解决问题、作出决策、产生新的创意等。造成会议无效的因素是多方面的，大致归纳起来有以下几方面：会议目的不明确、会议持续时间过长、简单问题复杂化、意见分歧处理不当、会议主持人主持不力、物质环境不利。提高会议成效的对策包括：明确会议目的、缩短会议时间、领导者以身作则、选择好会议主持人、正确处理各种矛盾和分歧、做好会议备忘录和会议简报的分发工作。会议管理技巧包括：做好会议的各项准备工作；对会议过程进行合理控制；做好会后工作。

能力训练

思考练习

1. 什么是团队？成功的团队具有哪些特征？
2. 团队中心人物在团队中具有哪些作用？
3. 简述团队决策的类型和方法。
4. 一般而言，会议的主要目的有哪些？

5. 影响会议成效的因素有哪些？
6. 怎样才能提高会议的成效？
7. 在会议召开之前要做好哪些准备工作？

能力测评

测评1　会议能力测评

根据你平时在会议沟通中的表现，对下列叙述回答“是”或“否”。

1. 总是在会议开始前三天就已经安排好了会议日程，并将该议程通知到每位与会者。（　）
2. 当与会者询问议程安排时，总是回答：“还没有定呢，等通知吧。”（　）
3. 对于会议将要进行的每项议程都胸有成竹。（　）
4. 会议开始前半小时还在为是否进行某个议题而犹豫不决。（　）
5. 提前将每一项会议任务安排给工作人员去落实，并在会议开始前加以确认。（　）
6. 临到会议开始前才发现还有一些会议设备没有安排好。（　）
7. 预先拟定邀请与会的人员名单，并在开会前两天确认关键人士是否出席会议。（　）
8. 自己记不清邀请了哪些人员出席会议，会议开始前才发现忘了邀请主管领导参加。（　）
9. 会议时间安排恰当，能够完成所有的议题。（　）
10. 会议总是被一些跑题、多话者干扰，难以顺利进行。（　）
11. 会议室布置恰当，令与会者感觉舒适又便于沟通。（　）
12. 会议室拥挤不堪，令与会者感觉不快，大家盼望着早点结束会议。（　）

评分标准：

对于第1、3、5、7、9、11题，回答“是”得+1分，回答“否”得−1分。

对于第2、4、6、8、10、12题，回答“是”得−1分，回答“否”得+1分。

结果评价：

- 如果你的得分在3分～6分，表明你具有很强的会议沟通能力。
- 如果你的得分在0分～3分，表明你的会议沟通能力很一般，需要进一步改进。
- 如果你的得分在0分以下，说明你的会议沟通能力相当低下，需要加倍努力培养和训练。

测评2　团队协作能力测评

请阅读下面题目，并根据自己的实际情况回答“是”与“否”（答“是”得1分，答“否”得0分）：

1. 我尽量少下达书面指示，多与部下直接交流。
2. 我会定期与每位部下谈话，讨论其工作进展情况。
3. 我每年至少召开一次总结会，表扬先进，鞭策后进，同时广泛征求群众意见，让大家畅所欲言。
4. 我经常召集部门会议，既讨论工作问题，又探讨一些大家共同感兴趣的问题。
5. 当单位内出现人事、政策和工作流程的重大调整时，我会及时召集部下开会，解释调整的原因及这些调整对他们今后工作的影响。
6. 我经常鼓励部下畅谈未来并帮助他们为自己设计。

7. 我经常召集“群英会”，请员工为单位经营出谋划策。

8. 我喜欢在总经理办公会上将本部门工作进展公布于众，以求得其他部门的合作和支持。

9. 我在与人谈话时喜欢掌握话题的主动权。

10. 我鼓励员工积极关心单位事务，踊跃提问题、出主意、想办法，集思广益。

11. 我喜欢做大型公共活动的组织者。

12. 我常在部门内组织协作小组，提倡团结协作精神。

结果评价：

● 如果你的得分在 8 分～12 分，说明你表现得很好，善于与他人尤其是与部下交流情况，促进互相了解，因此能避免各种由于沟通不足所产生的问题。在原则问题上，你既善于坚持并推销自己的主张，还能争取和团结各种力量。你自信心强，部下也信任你，整个部门中充满着团结协助的气氛。

● 如果你的得分在 4 分～7 分，说明你比较重视将自己或上级的命令向下传达，但不太注重听取下级的意见，认为众口难调，征求意见只会使问题复杂化。因此在你的部门内，虽然各项任务都能顺利进行，但下属的意见不受重视。

● 如果你的得分在 0 分～3 分：说明你对交流能力重视不够，导致你距优秀管理者尚有一段不小的距离。要知道，作为一名管理者，你有责任主动将充分的信息传达给下属，而不应让他们自己千方百计寻找信息。

案例分析

某制造企业的会议沟通

最近，客户对产品质量提出许多批评意见，有的甚至要求退货，形势很严峻。以前从未发生过这样的事，这不仅影响到企业的声誉，而且涉及全厂的生产计划。目前正面临着上半年的工作总结，如果这一环节处理不好，不仅企业经济效益要受影响，而且会使全厂上半年的成绩前功尽弃。

问题是从销售部开始的，客户的意见反映到销售部，销售部找到质检科，质检科的人认为是生产车间的责任，而生产车间认为事情并不那么简单，事态很有些扯皮的倾向。为了尽快解决这个问题，厂领导经过商量，决定由销售副厂长主持、生产副厂长辅助，召开由销售部长、生产车间主任、质量控制部副主任、技术开发部部长、该产品的设计小组负责人等参加的联席会议，主题为：如何解决这批产品销售中出现的问题。会议通知在两天前经厂办公室电话或口头传达到各部门和车间。

经过初步调查，这批产品的质量与生产制造有关，所发生的问题主要是零部件易损。所以，本次会议的主角将是生产车间主任。此事已通知生产车间，责令他们尽快查出原因并上报。

会议原定 8:30 正式开始，现在时间已到，除生产车间主任外，其余人员全部到齐。会议主持人销售副厂长决定再等一会儿。10 分钟过去了，还不见生产车间主任的影子。生产副厂长有些着急，毕竟是属于他管的人，便让人打电话去催。打电话的人回来报告说：主任一早就来了，在车间布置完工作就和一个人出去了，不知去了哪里，临走时还交代上午开会。这时，参加会议的其他人员开始交头接耳地议论起来，有的人甚至发起牢骚。生产副厂长和销售副厂长商量了一下，决定不再等了。在拖了近 20 分钟后，会议开始了。先由销售副厂长把

最近发生的事向与会人员作了简短说明，并希望大家就两个问题发表意见：

第一，出事的原因是什么？

第二，现在怎么办？

销售副厂长刚说完，销售部长就发言："我看当务之急是挽回声誉，这批产品确实有质量问题，我的意见是允许用户退货，由生产车间返修。"

技术开发部部长接着说："从技术的角度看，返修的工作量是很大的，短时间内完不成。再说，这批零件是由外协单位加工的，让生产车间返修也不合适。"

销售部长说："外协单位也是生产车间的责任，本来这个单位就是他们找的嘛，他们应该负责到底。"

作为生产副厂长，他知道生产车间的任务很重，便说："可是生产车间现在任务很重，如果不加班，连上半年的生产计划都很难完成，再返修，不仅压力太大，恐怕要影响正常的生产任务。"

销售部长的口气有些生硬："作为生产副厂长，你不能只考虑你的生产车间，你应该考虑全厂职工的利益，我们销售部因为此事受到客户责骂，谁又来体谅我们？"

正在这时（大约9:10），生产车间主任匆匆地赶了进来。大家几乎同时把目光集中在他身上，有埋怨，有疑问，有好奇……生产副厂长作为生产车间主任的上司，这时感到很难堪，于是便气愤地责问："你干什么去了？不知道开会吗？"

"对不起，我去和部件加工单位谈质量问题，想进一步弄清原因。"

"说好8:30开会，主要讨论你们的问题，你不来，还开什么会？"

"不是说销售会议吗？怎么会讨论我们的问题？"

"销售会议主要是解决产品质量问题，你当然是主要人物嘛。"

"通知我是销售会议，我以为就是销售问题。再说，以前开会不是也有人迟到吗？何必大惊小怪。我也不是为自己的私事，还不是为了弄清原因！"

（资料来源：孙健敏主编：《管理中的沟通》，224～226页，北京，企业管理出版社，2004。）

讨论：

1. 如果你是生产副厂长，接下去该怎么说？
2. 如果你是销售副厂长，这时你该怎么办？
3. 从团队沟通的角度看，为什么会发生这个问题？如何才能使团队会议更有效率？

延伸阅读

提高团队沟通技巧

一个优秀的企业，强调的是团队的精诚团结，团队成员之间如何沟通是一门大学问。因为，成员之间如果沟通不好，往往会产生矛盾，形成内耗，影响企业的正常运转。为此，我们专门收集了著名企业提高团队沟通技巧的7个方法，供大家借鉴。

1. 讲故事法

美国波音公司，在1994年以前遇到一些困难，总裁康迪上任后，经常邀请高级经理们到自己的家里共进晚餐，然后在屋外围着个大火炉，讲述有关波音的故事。康迪请这些经理们把不好的故事写下来扔到火里烧掉，用来埋葬波音历史上的"阴暗"面，只保留那些振奋人心的故事，这极大地鼓舞了士气。

2. 聊天法

奥田是丰田公司第一位家族成员之外的总裁，在长期的职业生涯中，奥田赢得了公司内部许多人士的爱戴。他有 1/3 的时间是在丰田公司里度过的，常常和公司里的多名工程师聊天，聊最近的工作，聊生活上的困难。另外有 1/3 的时间是用来走访 5 000 名经销商的，和他们聊业务，听取他们的意见。

3. 制定计划法

爱立信是一个“百年老店”，每年，员工都会有一次与人力资源经理或主管经理面谈的时间，员工在上级的帮助下制定个人的发展计划，以跟上公司的业务发展，甚至超越公司的发展步伐。

4. 越级报告法

在惠普公司，总裁的办公室从来没有门，员工受到顶头上司的不公正待遇，或者看到公司的什么问题，都可以直接提出，还可以越级反映。这种企业文化使得人与人之间相处时，彼此之间都能做到互相尊重，消除了对抗和内讧。

5. 参与决策法

美国福特公司，每年都要制定一个全年的“员工参与计划”，动员员工参与企业管理。这个举动引发了职工对企业的“知遇之恩”，使得员工的投入感和合作性不断提高，合理化建议也越来越多，生产成本大大减少。兰吉尔载重汽车和布朗 2 轿车的成功就是很好的例子。在投产前，公司大胆打破了那种“工人只能按图施工”的常规，把设计方案摆出来，请工人们“评头论足”，提意见。工人们提出的各种合理化建议一共有 749 项，经过筛选，采纳了 542 项，其中有两项意见的效果非常显著。

以前装配车架和车身，工人得站在一个槽沟里，手拿沉重的扳手，低着头把螺栓拧上螺母。

由于工作十分吃力，工人往往干得马马虎虎，因而影响了汽车质量。工人格莱姆说：“为什么不能把螺母先装在车架上，让工人站在地上就能拧螺母呢?”这个建议被采纳以后，既减轻了劳动强度，又使质量和效率大为提高。另一位工人建议，在把车身放到底盘上去时，可使装配线先暂停片刻，这样既可以使车身和底盘两部分的工作容易做好，又能避免发生意外伤害。此建议被采纳后果然达到了预期效果。

6. 培养自豪感

美国思科公司，在创业时，员工的工资并不高，但员工都很自豪。该公司经常购进一些小物品如帽子，给参与某些项目的员工每人发一顶，使他们觉得工作有附加值。当外人问公司的员工，你在思科公司的工作怎么样时，员工都会自豪地说，工资很低，但经常会发些东西。

7. 口头表扬法

表扬不但被认为是当今企业中最有效的激励办法，事实上也是企业团队中的一种有效的沟通方法。日本松下集团，很注意表扬人，创始人松下幸之助如果当面碰上进步快或表现好的员工，他会立即给予口头表扬，如果不在现场，松下幸之助还会亲自打电话表扬下属。

主要参考文献

1. 王建民主编. 管理沟通实务（第三版）. 北京：中国人民大学出版社，2012.

2. 赵慧军主编. 管理沟通——理论・技能・实务. 北京：首都经济贸易大学出版社，2004.

3. 康青主编. 管理沟通教程. 上海：立信会计出版社，2003.

4. 申明，郭小龙编著. 管理沟通. 北京：企业管理出版社，2002.

5. 盖勇，王怀明主编. 管理沟通. 济南：山东人民出版社，2003.

6. 孙健敏主编. 管理中的沟通. 北京：企业管理出版社，2004.

7. 陈春花主编. 管理沟通. 广州：华南理工大学出版社，2002.

8. ［美］查尔斯・E・贝克著. 管理沟通——理论与实践的交融. 北京：中国人民大学出版社，2003.

9. 魏江编著. 管理沟通——理念与技能. 北京：科学管理出版社，2001.

10. 王磊编著. 管理沟通. 北京：石油工业出版社，2001.

11. ［美］基蒂・O・洛克著. 商务与管理沟通. 北京：机械工业出版社，2002.

12. ［美］迈克尔・E・哈特斯利，林达・麦克詹妮特著. 管理沟通——原理与实践. 北京：机械工业出版社，2000.

13. 时代光华图书编辑部编. 有效沟通技巧. 北京：中国社会科学出版社，2003.

14. MBA 核心课程编译组编译. 哈佛商学院 MBA 最新核心教程——谈判与沟通. 北京：九州出版社，2002.

15. ［美］R. 勒德洛，F. 潘顿著. 有效沟通. 北京：中信出版社，1998.

16. ［美］拉尔夫・G・尼科尔斯等著. 有效沟通. 北京：中国人民大学出版社，2001.

17. 苏勇，罗殿军主编. 管理沟通. 上海：复旦大学出版社，1999.

18. 罗锐韧，曾繁正主编. 管理沟通. 北京：红旗出版社，1997.

19. 谢进编著. 精妙沟通技巧. 广州：广东高等教育出版社，1998.

20. ［美］史蒂芬・P・罗宾斯. 管理学. 北京：中国人民大学出版社，1990.

21. ［美］史蒂芬・P・罗宾斯. 组织行为学精要. 北京：机械工业出版社，2000.

22. 汤小映主编. 演讲谋略与技巧. 成都：四川大学出版社，1997.
23. 李东主编. 知识型企业的管理沟通. 上海：上海人民出版社，2002.
24. 赵春明主编. 团队管理——基于团队的组织构造. 上海：上海人民出版社，2002.
25. ［美］钱德勒著. 看得见的手——美国企业的管理革命. 北京：商务印书馆，1987.
26. 胡巍主编. 管理沟通——原理与实践. 济南：山东人民出版社，2004.